图书馆学理论的使命与担当

——第六次全国图书馆学基础理论研讨会论文集

刘兹恒　张久珍　主编

国家图书馆出版社

图书在版编目(CIP)数据

图书馆学理论的使命与担当:第六次全国图书馆学基础理论研讨会论文集/刘兹恒,张久珍主编.—北京:国家图书馆出版社,2011.12

ISBN 978-7-5013-4699-8

Ⅰ.①图… Ⅱ.①刘… ②张… Ⅲ.①图书馆学—文集 Ⅳ.①G250-53

中国版本图书馆 CIP 数据核字(2011)第237624号

责任编辑:王涛 杨璇

书名 图书馆学理论的使命与担当
——第六次全国图书馆学基础理论研讨会论文集

著者 刘兹恒 张久珍 主编

出版 国家图书馆出版社(原北京图书馆出版社)
(100034 北京市西城区文津街7号)

发行 010-66139745 66151313 66175620 66126153
66174391(传真) 66126156(门市部)

E-mail btsfxb@nlc.gov.cn(邮购)

Website www.nlcpress.com→投稿中心

经销 新华书店

印刷 北京科信印刷有限公司

开本 787×1092(毫米) 1/16

印张 18

字数 290千字

版次 2011年12月第1版 2011年12月第1次印刷

书号 ISBN 978-7-5013-4699-8

定价 64.00元

本书的出版，得到北京人天书店的经费资助

序　言

吴慰慈

《图书馆学理论的使命与担当——第六次全国图书馆学基础理论研讨会论文集》一书与读者见面了。其撰稿者大多是改革开放以来成长起来的新一代图书馆学人。我衷心祝贺这部著作的诞生。

这本论文集所反映的内容是丰富多彩的,有些内容是以前同类书籍中没有或很少提及的。有的论文将事实和数据寓于理论体系之中,使图书馆工作实践与图书馆学思想融为一体;有的作者在论文中引用了大量的研究文献,尤其是21世纪头10年的文献,这就使得本书在内容上体现了我国图书馆学研究出现了新的态势。这本书是一项凝聚着集体智慧的学术成果,它给人们的启迪应该是多方面的。现根据我对该书内容的领悟,就当代图书馆学人应担负的学术责任问题,简要地陈述以下看法:

第一,要进一步增强科研能力。科研能力包括五个方面:①追踪并把握学科发展方向和前沿,判断并确定选题的能力;②获取和利用各种科研文献的能力;③确定正确的研究技术路线,形成明确的科研课题的能力;④进行开放式研究,与外部进行合作与交流的能力;⑤较强的论文写作、论证能力。在选题确定后,作者还应在撰写过程中高度重视"论证"这个环节。应该在深入实际、调查研究的基础上,用有力的论证阐明自己的观点;要科学地论证前人已提出但未证实的观点;要提出新观点或新论点,填补所研究领域的理论空白,或推动该领域的理论研究;从新视角分析论证老问题。总之,应该做前人未做过的工作,创造出新的成果。

第二,要严谨治学,摒弃"简单化"。科学研究是一种复杂的思维活动,在图书馆学研究中,要严谨治学,摒弃"四个简单":①简单移植,只是对他人方法的应用和重复;②简单解释表面现象,没有深入研究事物的发生、发展的内部关系和外部关系;③简单延伸,只是进一步证实他人的研究工作;④简单推理,只是采用一定的实验证实已知的结论。

第三,要重视理论创新。科研工作者的历史使命是创新。一项学术成果是否具有创新性可以从以下四个方面考察:①在开拓研究领域方面是否具有创新性;②在使用研究方法上是否具有创新性;③在运用论证资料方面是否具有创新性;

④在阐述观点或理论方面是否具有创新性。具备任何一种形式的创新,都可以称得上是具有创新性的学术成果。

图书馆学理论创新应该注意学科发展中基础问题的解释,其中图书馆学的理论基础问题尤为重要。它是基础理论的逻辑起点,为图书馆工作实践提供最基本的理论指导。应该注意学科新框架的建构,为新的知识生长点提供可发展的空间。应该瞄准学科前沿性课题,密切关注应用领域的发展变化和存在难点,力求更好地贴近实践,努力解决实践中出现的现实问题。

第四,要更加关注应用研究。信息技术革命带来了新型的信息载体和信息服务手段。信息技术主要是计算机技术、远程通信技术。多媒体技术、高密度存储技术已大量应用于图书情报工作实践。图书情报工作必须研究信息技术才能跟随技术进步的步伐。21 世纪头 10 年,在图书馆学情报学期刊中关于信息技术研究的论文比重不断上升。有关信息技术应用领域方面的问题主要包括:文献信息的可视化、数字图书馆的语音识别、信息资源管理系统、网络检索、搜索引擎、人工智能技术等。对信息技术广泛而深入的研究解决了图书馆学情报学学科体系面临的信息技术应用问题,使得图书馆现代化技术研究从自动化管理领域向数字化网络化方向推进了一步。很多研究人员开始从信息管理和信息服务的角度去认识图书情报机构,把图书情报机构置于社会信息系统的大框架中去研究它的本质、职能、属性和社会定位,表现出难能可贵的探索精神。历史和事实都已经证明,唯有探索才能使一门学科有所发展。正是图书馆学情报学领域中的科学探索行为,在信息技术革命的推动下促进了本学科体系的变化与发展。

第五,关注方法论研究。研究方法的创新对理论创新常常具有革命性的意义。在科学史上,每门学科获得重大进展往往都与方法论的突破紧紧联系在一起。文献研究表明,数十年来,各国图书馆学界采用的主要科研方法有:①思辨方法,即从概念出发,讨论图书情报工作的基本规律;②调查方法,即通过调查统计寻找问题的答案;③历史综述法或系统设计方法。其他科研方法包括:文献研究方法、案例研究方法等。最近 10 年来,系统方法、数学方法、文献计量方法、移植法和比较法也在图书馆学一些新领域中得到应用。

我们还应该看到,信息技术的应用促进了图书馆学研究方法的变化。例如,由于现代信息技术与图书馆学研究日益紧密地结合,信息系统的开发必然大量地运用系统分析,设计和试验的方法,又如,对用户需求的研究涉及行为分析、心理分析。越来越多的图书情报专业人员重视文献调查、用户信息调查、统计分析等方法。

图书馆学的发展与其科研方法的演进是分不开的。除了传统的调查研究方法,应该根据研究任务的需要,采取实验法、数学方法、统计分析法、比较研究法等新的研究方法。如何进一步完善图书馆学方法论体系，我想这将是21世纪图书馆学研究的任务。

第六，关于跨领域或跨国的研究合作。面对信息传播和信息交流日益一体化，信息政策的制定、商业行为的规范、知识产权、信息安全、信息的国际交流与图书馆的国际合作项目、信息的国际法环境及标准化等议题，已不是一个国家或一门学科就能解决的，而要世界各国同仁积极参与，跨领域、跨国界的共同合作已是大势所趋。因此，中国的图书馆学人应立足国情，放眼世界，密切关注世界图书馆学研究的主体，积极参与国际图书馆学学术研究活动，努力将自己的研究成果推向国际，使图书馆学研究在国际合作中走向世界。

以上陈述了我对新一代图书馆学人应担负的学术责任问题的一些看法，不知是否妥当。我的本意是引发更多的人思考此问题，共同促进中国图书馆学的繁荣昌盛。

2011年10月12日
写于北京大学

前　言

自第一次全国图书馆学基础理论研讨会1984年在杭州召开以来，至今已逾27年。27年来，全国图书馆学基础理论研讨会历经了杭州、庐山、常州、郑州、重庆五次会议，每次会议都是在一定的社会历史背景下召开，都具有特定的学术意义，对推动中国图书馆学基础理论研究起到了重要的作用。

多年来我国图书馆学理论研究的经验表明，图书馆学基础理论研究除了要关注图书馆事业发展的重大现实问题，如图书馆精神与价值、图书馆权利与知识自由、图书馆作为维护社会信息公平的机制、图书馆在构建和谐社会过程中的地位、图书馆在社会主义新农村建设中的作用等外，还必须注重学科发展中的元问题的解释，如图书馆学研究对象、图书馆学的学科性质、图书馆学的研究方法等；必须注重图书馆学科新框架的建构，为新理论提供发展的空间；必须关注应用领域基本现象的变化与存在的问题，使理论更好地贴近实践。

为了系统总结和梳理2007年重庆会议以来我国图书馆学理论研究的进展和存在的问题，为新信息环境下图书馆学理论的进一步发展奠定基础，中国图书馆学会图书馆学理论专业委员会决定于2011年秋季在深圳举办第六次全国图书馆学基础理论研讨会，并发起了以"图书馆学理论的使命与担当"为主题的征文活动。

到征文截止日期，本次征文活动共收到应征论文84篇，现选出其中的30篇汇编成这本论文集。从入选论文情况看，既有探讨我国图书馆学基础理论研究的现状及未来应然走向的，也有对现代图书馆理念的职业价值进行探讨的；既有对图书馆的使命与社会责任进行科学辨析的，也有探讨图书馆学理论创新方法论的；既有分析现代图书馆理念、图书馆制度与信息技术关系的，也有对我国公共图书馆管理体制改革与创新进行研究的。论文集所涉及的内容基本反映了我国图书馆学基础理论研究的现状，表明我国图书馆学基础理论研究比起四年前又有了新的发展。

感谢北京大学资深教授吴慰慈先生，他作为中国图书馆学会图书馆学理论研究专业委员会的原主任，一直关心着、指导着、参与着我国图书馆学的基础理论研究，在这本论文集即将付梓前，他又欣然命笔为本书作序；感谢国家图书馆出版社的金丽萍女士，为保证本书能够在第六次全国图书馆学基础理论研讨会召开之前正式出版，不辞辛苦，加班加点，认真负责地完成了本书的编辑工作；感谢北京人天书店慷慨解囊,为本书的出版提供了必要的经费支持。还要感谢所有参加本次征文活动的论文作者,特别是那些提交了论文却因各种原因未能入选本论文集的论文作者,正是他们的积极参与才使这次征文活动取得了圆满的成功!

由于论文集的编辑时间恰逢新学期开始,学校的教学和其他工作都非常繁忙。为了保证在出版社规定的交稿期限前完成对论文集最基本的审查、删改和编辑任务,我们只能尽可能多地利用业余时间来完成这一任务。再加上我们受自身水平的限制,论文集的编辑工作肯定会有许多不足,希望所有论文作者和读者能够谅解。

刘兹恒

2011 年 10 月 15 日　于北京大学

目　　录

图书馆情报学研究的知识创新与实践参与

——兼论我国图书馆情报学研究的国际化与本土化

于良芝(南开大学商学院信息资源管理系)

1 引言

20世纪80—90年代,图书馆情报学研究中理论与实践的关系问题曾引发热议。相关讨论大都集中于我国图书馆学理论研究与实践的脱节现象。[1-3]一些文章认为我国图书馆学理论研究与图书馆实践严重脱节,进而讨论这种脱节的原因和纠正方案;另一些文章认为脱节指责是对理论研究的误解,进而分析理论研究的性质及其与实践的正当疏离。近年来,有关图书馆情报学的国际化和本土化问题也成为人们议论的焦点。[4-7]相关讨论主要集中于本土化的含义、必要性及可能性、本土化的实现策略等方面。

不难看出,讨论理论与实践的关系问题旨在引导图书馆情报学研究产生对实践活动有用的成果,讨论本土化问题旨在引导图书馆情报学研究产生具有中国特色的成果。因此,无论是理论与实践的关系问题还是国际化及本土化问题,归根结底都是图书馆情报学研究活动如何开展的问题。

当我们把困扰我国图书馆情报学的两个抽象问题转化为研究活动如何开展的具体问题,我们就不能不注意到,截至目前的讨论缺失了一个重要的语境或参照:图书馆情报学及其研究的使命或任务。这个语境之所以重要,是因为它至少会从以下方面限定相关讨论。(1)本土化讨论的焦点及意义:如果图书馆情报学及其研究活动的使命是解决超越国界的人类问题,那么相关讨论必须首先解决本土化的必要性和可行性问题(即:一个中国特色的知识体系和研究范式确实可以对相关人类问题的解决产生特殊贡献吗? 确实可能吗?);如果其使命是部分地解决超越国界的人类问题,部分地解决区域性问题,那么相关讨论则需要思考本土化的“度”和“点”问题。(2)研究活动对实践的价值之判断标准:如果图书馆情报学及其研究活动的使命决定,本领域的研究结果对实践具有多样的、多层次的、多实现途径的价值,那么,根据单一的有用性标准审视理论和实践的关系,将不再合适。

本文的目的就是结合图书馆情报学及其研究活动的使命,重新阐释理论与实践、国际化与本土化的关系。它首先根据图书馆情报学的发展历程提出:(1)图书馆情报学的使命是支持图书馆职业解决人类信息的有效查询和有效获取;围绕信息有效查询和有效获取而发展的理论、技术及其哲学基础(本体论、认识论和伦理学)就构成了图书馆情报学的知识体系。(2)图书馆情报学研究的任务就是一方面不断充实和创新这个知识体系,另一方面辅助图书馆职业解决实践中出现的具体问题。(3)我国图书馆情报学研究的目标就是一方面参加图书馆情报学知识体系的创新,使其中来自中国的贡献不断增加,另一方面帮助图书馆职业解决我国经济、政治、社会、文化背景下出现的有关信息查询与获取的具体问题;前者构成我国图书馆情报学研究的国际化过程,后者则构成其本土化过程。

2 现代图书馆职业及图书馆情报学的使命

人类对信息的需要是一种普遍而基本的需要。早在20世纪60年代初,谢拉就引用认知学、生理学等学科的发现,指出信息之于人类就如同阳光之于植物,是生存的基本需要。他试图通过信息需要的基本性阐明图书馆情报学的价值。[8] 20世纪80年代,Wilson在阐释人类的信息行为时进一步指出,人的生理、情感和认知活动都产生信息需求,因而都可能导致信息搜寻行为(information seeking behaviour)的产生。[9]

在很多时候(特别是面对复杂的信息需求的时候),信息搜寻者首先需要确认他需要的信息是否存在,存在于何处,这个过程就是信息查询(information search)。在确认相关信息确实存在之后,信息的搜寻者还需要得到信息,然后才谈得上利用信息并解决问题。信息的很多特性,如分布的离散性、表达的多样性、依附于情境的相关性(即特定信息与特定问题的相关性随情境的变化而变化)等决定,无论是信息的查询还是信息的获取都不是简单的过程。为了改善信息的获取条件,人类先是赋予竹帛等实物以信息记录功能,然后发明了纸张、缩微胶片(卷)、数字化载体等专用的信息载体;为了改善信息的查询效率,人类发明了书目、索引、文摘、数据库、搜索引擎等技术。可以说,整个人类文明的发展史同时也是人类不断改进信息查询与获取效率的历史。

图书馆职业的使命就是利用最新的人类技术,通过对信息的组织整理和传递传播,最大限度地保障信息的有效查询和获取。在上述历史进程中,这一使命大约在现代科学革命到19世纪之间逐渐具体化和明晰化。现代科学革命后,由于研究信息(知识)的迅速增长,人类社会产生了专门负责知识评价、编辑、出版、印刷、传播、查询和获取的分工,即所谓科学交流链;链条的上半部分由科学共同体、出版商、书商等参与者承担，后半部分由图书馆职业和后来出现的情报科学家群体承担。事实上，情报学科学家(最初称文献学家)的出现正是因为早期的图书馆职业在保障某些知识的查询和获取方面效率太低的缘故——19世纪末20世纪初的图书馆职业精于组织整理和传递传播以图书为载体的知识，却疏于其他载体中的知识。为了弥补早期图书馆职业的不足，一部分科学家从科学共同体中分流出来，专门保障研究信息(特别是非书载体中的信息)的有效查询和获取。情报科学家的出现大大改善了人类查询和获取信息的效率(20世纪60年代以后这一领域的很多重大进步都与这个群体的贡献相关)，但由于他们解决的问题与图书馆职业的问题高度同质，这两个职业的关系从一开始就十分尴尬：他们来自两种不同的背景，又通过各自的话语体系命名了两种不同的职业身份，但他们争相解决同一人类问题的局面，又令他们在很多方面分离不清。如果说，人类拟解决的问题的性质是划分职业分工的基础，那么图书馆职业和情报科学家的并存就是对这种分工逻辑的违背。20世纪70年代，这两个团体首先在教育和研究领域开始融合，并导致了融贯的图书馆情报学(Library and Information Science，简称LIS)的形成。2001年，英国的图书馆协会和情报学科学家协会在组织上实现了合并，标志着这两个团体在英国的进一步融合。尽管这一举动在其他国家没有引起广泛跟进(与此相比，20世纪60年代当文献学家决定将他们的身份名称、组织名称、刊物名称由“文献”改为“情报”的时候，以及70年代当图书馆学和情报学在专业教育平台上开始融合的时候，世界范围的跟进活跃得多)，但其意义不可低估，它标志着信息有效查询和获取的使命有望由统一的职业团体来承担，从而终结这一领域对人类分工逻辑的背离。本文为了表述的方便，把这一团体统称为图书馆职业。

图书馆情报学的使命就是发现信息的组织整理、传递传播过程可以遵循的规律，从而不断提高知识信息的查询效率和获取效率，提高图书馆职业完成其使命的能力。正是从这个意义上，图书馆情报学被认为是基于专业化职业的学科(profession-based discipline)。

3 现代图书馆情报学的知识体系

图书馆情报学的使命决定，它必定围绕信息的有效查询和有效获取而构建自己的知识体系。现代图书馆情报学知识体系的第一块核心基石是19世纪末以杜威十进分类法和卡特目录技术为代表的信息组织整理技术——它们直到今天都是图书馆情报学知识体系的重要组成部分。杜威的十进分类法把所有人类知识都纳入到一个从一般到具体的等级体系中，并为每一个类目配备了专属号码。这一技术不仅可以把任何一个知识要素置于层层递进的庞大分类体系中,而且可以按类号把所有的知识记录(文献)以及它们的书目数据排列成线性序列。在受时空限制的物理空间中,这种等级分类加线性序列的方法使一个图书馆的所有馆藏文献都可以拥有独一无二却又彼此关联的位置,也使它们的书目数据在图书馆目录中拥有同样的位置,大大提高了信息查询的效率。以此为基础,经过20世纪及21世纪初的发展,信息的组织整理技术已经发展为包括各类情报检索语言及信息描述技术(叙词、本体、自然语言处理)、元数据及编码技术(MARC、SGML、XML)、情报检索系统及其设计技术在内的复杂技术体系;与此同时,解释这些技术运行机理的信息组织理论、信息查询行为(information searching behaviour)理论以及相关的认识论基础,也不断丰富,最终形成了相对完备的有关信息组织整理暨信息有效查询的图书馆情报学知识体系(图1左栏)。

有关信息有效获取的图书馆情报学知识元素或许可以追溯到更早的时间(例如17世纪法国图书馆活动家诺德的《关于图书馆建设的意见书》就包含了有关图书收集、提供与利用的内容),但杜威围绕"用最少的成本将最好的图书提供给最多的读者"的原则而试图建立的图书馆学,无疑最接近于"有效获取"的现代知识体系。20世纪,经过文献资源建设理论与方法(如零增长理论及其派生的文献资源体系建设方法)、服务创新理论与方法(如用户中心论及其指导的服务创新)、信息搜寻行为(information seeking behaviour)理论、文献分布与利用规律(特别是引用规律)、图书馆及信息中心管理理论与方法、信息服务伦理(如有关信息平等、信息自由的理论阐释)等的充实,图书馆情报学最终形成了相对完备的有关信息有效获取的知识体系(图1右栏)。

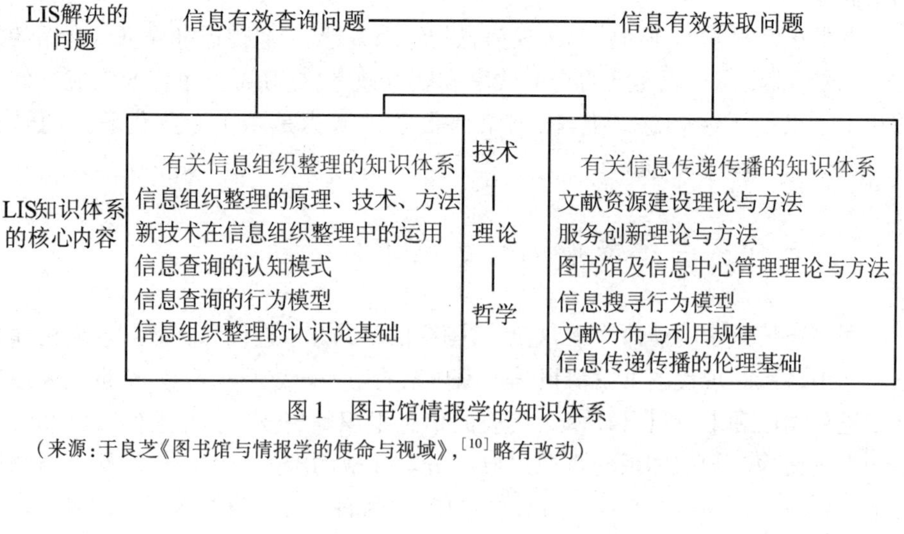

图1　图书馆情报学的知识体系

(来源:于良芝《图书馆与情报学的使命与视域》,[10]略有改动)

4 图书馆情报学研究活动的任务:知识创新与实践参与

如前所述,信息的有效查询和获取是人类社会一个基本而普遍的问题,而这一问题的解决永无大功告成之日,从竹帛到纸张再到数字化媒介的载体技术演化史、从图书馆档案馆不分的文献储存机构到各类藏书楼再到现代意义图书馆的机构演变史、从书本式目录到卡片目录再到联机公共目录以及从手工索引到机器辅助索引再到各类数据库和搜索引擎的查询工具发展史都表明,人类社会对信息查询和获取效率的追求几乎是无止境的。

为了帮助图书馆职业不断改进信息查询和获取效率,图书馆情报学就需要不断创新其知识体系,以便为信息组织整理及传播传递活动提供更具洞察力、解释力或预见力的理论,或提供更有效的技术与方法。与任何其他学科一样,图书馆情报学知识体系的创新主要是通过规范的、科学的研究活动而实现的。因此,利用规范的科学研究方法实现本领域的知识创新就构成了图书馆情报学研究活动的基本任务之一。尽管这一领域的一些核心技术(如杜威十进分类法和卡特编目技术)早在19世纪末就已出现,但通过科学研究活动创新这一知识体系则始于20世纪上半叶,特别是美国芝加哥大学按照现代社会学和教育学的研究方法改造图书馆学研究规范、早期的文献学家按自然科学范式探索文献运动规律之后。此后,规范的科学研究活动就成为推动现代图书馆情报学知识体系创新的主要途径。图书馆情报学发展史上存在一些被公认为具有重大影响的(seminal)研究,可以诠释该领域的知识体系如何通过其研究活动实现创新。美国学者德尔文围绕意义建构理论而开展的研究就是这类研究之一。20世纪70年代,德尔文和兹维基格等人在对公共图书馆的用户进行调研时发现,人们在遇到问题的时候很少想到去图书馆寻找答案。他们发现,这主要是因为图书馆在进行信息组织整理及传递传播时,对信息及信息交流的性质作出了与用户认知过程不符的假定,即假定知识和信息是对客观实在的反映,信息交流则是把信息像物一样从生产者传递到接受者的过程。德尔文在深入考察各类人群信息搜寻及利用过程的基础上,提出了与上述假定相反的意义建构理论,重新对信息、信息交流、信息利用都作出了基于建构主义的阐释。它认为信息不是独立于个体的客观存在,也不是对客观实在的反映,而是一种主观建构;信息的交流过程不是从信源经由信道到达信宿的“物流”过程,而是一个由信息接受者积极参与的建构过程;信息的利用过程也不是信息接受者按预设方式“解码”信息、提取意义的过程,而是信息利用者解释信息、赋予意义的过程。

与其他面向职业活动的学科(profession-based discipline)一样,图书馆情报学领域的研究活动还担负着直接解决现实中出现的问题的任务。无论在保障信息的有效查询还是保障其有效获取方面,图书馆职业都可能遇到一些复杂的问题,这些问题往往不能从现有的图书馆情报学理论、技术、方法中直接获得解决方案,而是需要以图书馆情报学知识体系中的哲学、理论为观照,以其技术方法为支撑,结合问题产生的具体情境,通过调查、实验、行动研究等研究过程,确定有效的解决方案。因此,帮助解决现实中出现的复杂问题,也是现代图书馆情报学研究活动的重要任务。与知识创新不同的是,知识创新型研究追求的是相对普遍的人类认识,解决现实问题的研究则寻求基于具体情境的解决方案。正因为如此,除非问题的解决最后引发了知识的创新,这类研究结果的最终去向通常不是进入由学术刊物的编者、同行评审专家等作为守门人的科学交流系统,而是进入政策制定过程、管理决策过程、流程或技术改进过程等。在图书馆职业发展史上,比较经典的此类研究活动包括:二战期间,英美图书馆协会为确定这两个国家公共图书馆的未来发展方向而开展的研究;在开放存取运动背景下,为解决学术期刊的商业模式而开展的研究;在中国建设普遍均等公共服务背景下,为解决公共图书馆覆盖全民的有效途径而开展的研究;在制定公共图书馆法背景下,为合理选择我国公共图书馆制度而开展的研究;在数字化资源不断增长的背景下,OCLC 为确定编目未来发展方向而开展的研究等。

因此,图书馆情报学的研究活动同时承担着创新其知识体系和参与解决实践问题的双重任务。前者以提出新的概念体系或分类体系、揭示事物之间的内在联系、阐释事物运动变化规律、发明特定功能的技术等为目标,后者是以解决特定情境下的具体问题为目标。人类不断递进的信息查询和获取需要既是推动图书馆情报学知识系统不断创新的根本动力,也是导致现实问题不断出现的根源,因而是图书馆情报学研究活动之所以产生价值的根本原因。需要指出的是,知识创新和实践参与的任务并不总是泾渭分明的,不少研究可以同时完成知识创新和支持实践的任务,更多的研究则是在致力于知识创新任务时为实践提供启迪,或致力于解决实践问题时为知识创新提供素材。

5　我国图书馆情报学研究的任务及其国际化与本土化

根据上述四个方面的阐释,我国图书馆情报学研究活动的任务可以表述为以下两个方面:(1)为世界图书馆情报学知识体系贡献来自中国的哲学理念、理论发现和技术创新;(2)根据我国社会的具体情况,支持政府和图书馆职业在事关信息的有效查询和有效获取等问题上,进行科学决策或形成解决方案。

显然,我国图书馆情报学研究者承担的第一个任务,要求他们不仅要了解国际图书馆情报学(LIS)团体在相关领域里已经积累的思想、理论、技术、方法以及目前正在关注的热点问题,而且要按照国际LIS团体认同的研究规范研究问题,采用他们可以理解的方式(话语体系)报告研究发现。这意味着,我们需要在研究兴趣、研究选题、研究规范、意义阐释、话语体系等众多方面与国际接轨,即走国际化道路。在我国整体学术水平相对落后的情况下,这甚至意味着我们需要使用英语语言在国际学术刊物上报告研究成果(我们毫不怀疑,在我国整体学术水平提高之后,国际学术界为了跟踪我国的研究发现,会不惜成本翻译中文研究结果,但在现阶段,这种期待是不现实的)。

我国LIS团体承担的第二大任务要求它必须根据我国的具体情况,分析问题产生的具体情境和原因,形成切实有效的解决方案,即需要对问题作出本土化的阐释、分析和处理。我国图书馆情报学研究活动的任务和国际化/本土化取向如图2所示。

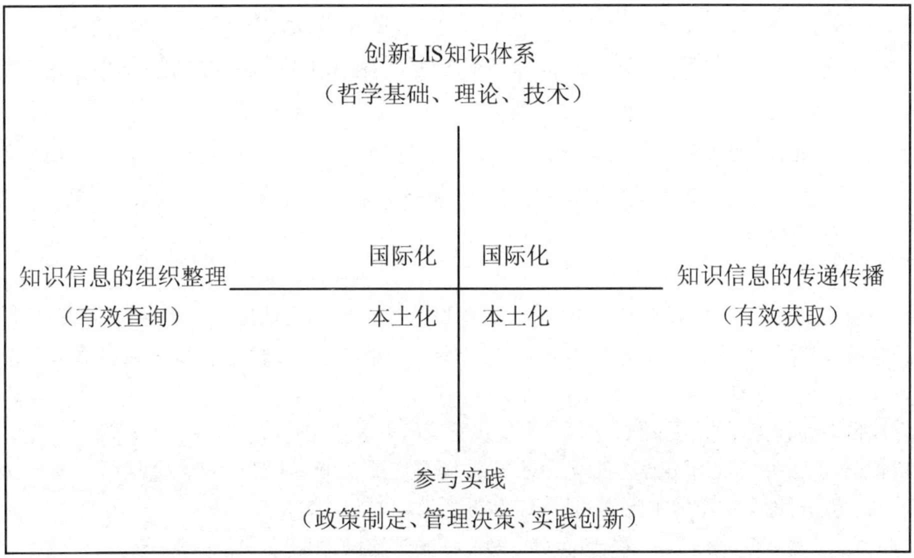

图2　我国图书馆情报学研究活动的任务及其国际化/本土化取向

6　结语

理论与实践、国际化与本土化的关系问题,长期困扰着我国图书馆情报学研究者。当我们结合图书馆情报学的学科使命和研究任务思考它们,我们将不难发现,以往的讨论存在若干有待澄清的地方。首先是“理论与实践关系”问题涉及的以下关系：研究与理论、理论与实践、研究与实践。现有的很多讨论都把理论与研究等同，然后把它们与实践对立，然后指责它们脱离实践。本文的阐释显示，图书馆情报学的研究结果不是只有理论一种形态，而是有很多形态。取决于研究问题的性质，研究活动可能产生理念、理论、技术（包括方法）和问题解决方案。不同的研究结果具有不同的价值表现形式，因而与实践具有不同的沟通渠道和关系。理念与理论只有转化为从业者的智慧（批判分析能力、洞察力、预见力等），才会影响实践，而一种理念或理论能否转化为智慧，不仅取决于它本身的质量，也取决于它被理解和吸收的程度。与理念与理论相比，技术与方法只有在被运用的时候，才会影响实践，其应用效果不仅取决于它本身的先进性和实用性，也取决于应用情境和方式。与技术和方法相比，问题解决方案或许与具体的实践问题具有最直接的联系，但即使是解决方案的价值，也受到实施过程的影响。因而，用单一的实践标准判断所有图书馆情报学研究活动及其成果的价值显然不合适。其次是本土化讨论涉及的国际化与本土化关系。本文显示，国际化与本土化并非相互对立的取向，当研究活动的目标是创新图书馆情报学知识体系时，国际化应该成为主要的取向；当研究活动的目标是支持政府在相关问题上的决策或实践界对复杂问题的解决，本土化应该成为主要的取向。这也表明，国际化与本土化的关系问题以及理论与实践的关系问题，其实是两个相互关联的问题：在判断研究活动的效果或贡献时，实践价值与本土化取向兼容，理论价值与国际化取向兼容。

参考文献

[1]柴纯青. 改革十年图书馆学的理论与实践脱节讨论述评. 图书情报工作，1991(2)：13 – 17.

[2]柴纯青. 改革十年的图书馆学："理论与实践脱节"解决方法研究述评. 中国图书馆学报，1991(1)：39 – 41.

[3]代根兴，周晓燕. 关于图书馆学理论与实践脱节的思考. 图书馆，1991(6)：20 – 25.

[4]王子舟，廖祖煌. 图书馆学本土化问题初探. 图书情报工作，2002(1)：22 – 28.

[5]刘兹恒. 再论图书馆学本土化. 图书与情报，2005(4)：13 – 16.

[6]白君礼，刘掌全. 图书馆学本土化误解举隅. 图书馆建设，2010(4)：23 – 26，32.

[7]黄宗忠. 论图书馆学研究的国际化、本土化、专业化. 图书馆学刊，2010(8)：1 – 4.

[8]Shera，Jesse. Social Epistemology，General Semantics，and Librarianship. *Wilson Library Bulletin*，1961，35(June)：139.

[9]Wilson，T. D. On user studies and information needs. *Journal of Documentation*，1981，37(1)：3 – 15.

[10]于良芝. 图书馆与情报学的使命与视域. 图书情报工作，2009(9)：5 – 10.

面向“十二五”的图书馆学理论研究

黄　斌(绍兴市图书馆)

图书馆学是研究关于图书馆的产生发展、组织管理和工作规律的科学。研究的目的是总结图书馆工作和图书馆事业的实践经验,建立科学的图书馆理论体系,以推动图书馆事业的发展,提高图书馆在人类社会进步中的地位和作用。图书馆学是一门处在不断发展中的科学。随着社会和科学技术的进步,特别是人类对信息、文献交流的需要日益增强,图书馆学研究和应用的前景将更加广阔。

1　我国图书馆学的理论体系

1.1　图书馆学理论研究的方法

方法论是把握图书馆这一研究对象的途径、手段、工具和方式的总和。它包括各种具体方法和方法论,是一个由哲学方法、现代科学思维方法和图书馆具体研究方法等组成的多层次、多种类方法的有机体系。它对于充实和完善图书馆学理论体系,拓展研究领域以及图书馆学理论研究成果的形成具有十分重要的意义。因此,图书馆学理论研究方法是图书馆学理论的最高层次。

1.2　图书馆学基本理论

任何一门学科,首先需要研究的对象是本学科基础性的原理和概念,之后是由此派生出来的外延等范畴,以形成该学科的基本理论。其中最本质和基础性的概念和原理,如图书馆的本质、职能、对象、性质、程序与方法等构成基本理论的第一层次,而图书馆的目标、要素、精神、图书馆文化等属于外延的派生,它们构成图书馆学基本理论的第二个层次。

1.3　图书馆学理论分类

图书馆学理论有发展图书馆学理论、比较图书馆学理论、宏观图书馆学理论与应用图书馆学理论之分。发展图书馆学理论是运用历史和逻辑的方法,研究不同时期图书馆环境与图书馆工作实践、图书馆学理论之间的相互影响、相互制约的关系，认识和把握图书馆产生和发展的规律，从而形成的关于图书馆进化规律性的理论。比较图书馆学理论就是用比较分析的方法，对某一特定时期内世界各国图书馆事业建设的理论与实践问题进行比较分析而得到的系统知识，找出图书馆事业发展的共同规律和发展趋势，揭示各国经济、社会的状况以及各国的民族特性，作为发展本国图书馆事业的借鉴。宏观图书馆学理论指宏观图书馆学的具体研究和客观工作的对象，包括文献信息系统、资源共享与图书馆网络建设、藏书建设与文献保障体制、社会化书目事业、读者工作与馆际互借、参考咨询与情报服务、计算机应用、图书馆系统的反馈控制、图书馆法等。图书馆学基本理论与发展图书馆学理论、比较图书馆学理论和宏观图书馆学理论是互为前提、互相制约的。在整个理论体系中，图书馆学基本理论是主体，发展图书馆学理论、比较图书馆学理论和宏观图书馆学理论是支撑，图书馆学理论研究方法是手段。应用图书馆学理论，是运用图书馆学基础研究的成果，结合特定环境条件而形成的应用技术或规范，可直接指导实践。图书馆学基本理论为应用图书馆学理论提供理论依据和指导，应用图书馆学理论则是图书馆学基本理论的具体化，直接用于指导图书馆工作实践。所以，图书馆学应用理论是联系图书馆学基本理论和图书馆工作实践的桥梁和纽带。

2 我国图书馆学研究与图书馆工作现状之间的矛盾

2.1 实际工作跟不上理论研究的步伐

20 世纪 90 年代，大多数学者认为图书馆学研究的对象是图书馆。但自 90 年代末以来，科学的进步与信息技术的迅猛发展为图书馆学的进一步发展拓展了空间，也强烈冲击了图书馆学的研究。许多学者不满足于将图书馆学的研究对象定位于图书馆，他们认为图书馆学的研究不应集中于文献的收集、管理与交流，而应把图书馆学的研究对象提升到文献中所包含的信息、知识的组织、交流等，这些学说大大超越了图书馆工作主体的现状。

一直以来，图书馆的实际中心工作就是对文献的收集、管理与交流，这是一种粗放式的管理，实际技术含量并不高。而图书馆学的各种信息、符号、知识等学说，要求图书馆工作人员的工作对象转变为书本、网络中的知识，转变为对潜在知识的挖掘，这一层次的工作对人员素质、技术及制度有很高的要求，这与图书馆现有的人员素质管理制度有极大的不同，这种不同造成了目前的图书馆工作跟不上理论发展的步伐。表面上图书馆学理论研究取得了许多成果，但事实上，图书馆的工作仍在原地踏步。

2.2 图书馆工作的发展对理论研究提出了新的要求

图书馆学基础理论中有不少关于各种“论”的研究，有些理论甚至已经超越了目前图书馆工作所处的现状。因此，图书馆的实际工作反而缺乏相关基础理论的支持。以网络信息技术为主体的现代技术在图书馆的广泛应用，各种电子图书、期刊全文以及数据库的出现，使得电子资源在图书馆资源中所占的比例越来越重要。如何充分利用电子资源，挖掘其中的知识资源成了图书馆工作中面临的新课题，而目前这方面的基础理论并不多。图书馆工作人员在实际工作中遇到无法解决的问题需要相关图书馆学理论加以指导解决时，却找不到相关的理论依据。因而，在当前的数字图书馆时代，建立与实际工作相对应的较为系统的新理论显得十分迫切。

目前图书馆实践与理论不对应的矛盾主要存在于三个方面。一是电子资源的知识组织缺乏相关理论的指导。电子资源以一定的格式存放于虚拟网络中，网络环境下的图书馆学研究要以信息为基点，着眼于信息的组织与利用，要在传统的图书馆学理论基础上，融合信息学、管理学和通讯网络技术等各方面的内容进行研究。二是资源的整合缺乏理论的指导。图书馆不断引进各种数据库，但由于每个数据库的开发商不同，它们的功能、检索界面与检索方式不相同，给用户的使用带来不少问题，有的还严重影响到这些数据库效能的发挥。在这方面，国内许多图书馆的数字化资源平台整合总体上处于起步阶段，水平不高。三是电子资源的检索缺乏理论的指导。与传统文献相比，网络电子信息资源呈现动态性、分布性、多元性和无序性的特点，增加了实现电子资源一体化检索的难度。在实现一体化检索过程中涉及异构兼容、格式转换以及信息识别等问题，这些都给图书馆学的应用研究提出了新的挑战。在国外，人们已对电子资源检索的理论研究进行了较为深入的研究。在国内，相关的研究还是比较少，研究的程度也不够深入。

2.3 理论研究已经落后于图书馆学的应用研究

近年来，图书馆学的理论研究已经逐渐落后于图书馆学的应用研究。目前，许多图书馆拥有大量的知识资源以及网络信息资源，而管理这些资源的相关基础理论尚未建立。促进图书馆电子化、网络化的最大动力源自于网络技术、数据库技术与存储技术的革新，而图书馆学在这个革新过程中，起到的作用非常有限。因此，可以说，是其他学科的进步改变了图书馆的原有状态，并非是图书馆学的发展促使这一改变的发生。

图书馆学的应用研究是指采用各种科学技术结合图书馆学的方法对文献、信息、知识的组织、管理、交流等一系列的技术活动。从这个意义上去解释，各种知识资源数据库、网络资源的生成都不能算是图书馆学的研究成果。图书馆只有对这些数字资源按图书馆学的方法进行二次的组织、提炼、加工，形成图书馆所独有的管理体系才属于图书馆学的应用研究成果。在科学的发展过程中，基础研究的发展促进了应用研究的繁荣；应用研究的拓展推进了基础研究的创新。由于图书馆学的应用研究缺乏相应的投入，导致理论研究与应用研究的不协调发展，以至于出现图书馆学的理论发展脱离了图书馆的实际现状；而图书馆的实际工作，也因应用研究的不足而缺乏后劲。图书馆学的本质特点决定了图书馆学的发展离不开各种技术的支持，图书馆学只有利用先进的技术解决图书馆实际工作遇到的问题，才能取得进步。图书馆学的应用研究在图书馆工作中，有很多值得研究的问题，如图书馆的效能评价、图书资源的分配、图书利用情况分析、知识挖掘等。这些都是图书馆在发展过程中早就遇到的问题，却难以得到有效的解决。

2.4 图书馆学教育不适应图书馆的需求

当前图书馆学的教育与图书馆学课程设置存在很多问题，主要表现在：(1)理论课程设置过多，而目前图书馆学真正值得深入研究的理论还不多；(2)课程涉及面过于宽泛，从管理学、网络到数据库再到图书馆学，包罗万象，而学生所能学到的都只是一些皮毛。目前图书馆学大而全的人才培养方式，与图书馆对高技能人才的要求存在极大的落差。图书馆学教育要走出当前的困境，必须要对课程进行科学重组，摈弃大而空的理论知识，积极向图书馆学应用研究转变。只有加强图书馆学教育的技术含量，才能有效提高图书馆工作者对各种技术的应用技能，促进图书馆从文献管理向知识管理的转变，提高图书馆的工作水平，进而支持图书馆学理论的发展。

3 关于新时期图书馆学理论研究的新思考

近年来，随着改革开放事业的不断推进，我国图书馆学研究在不少方面出现了一些新气象——新学科的兴起，旧学科的更新，理论方法的革新，新课题、新领域的拓展等，令人耳目一新，呈现出一种生动活泼、鼓舞人心的新局面。随着“十二五”的到来，图书馆学理论研究还需要我们加以更多的思考与实践。

3.1 理论研究要体现系统性和宏观性

图书馆学研究应当以辩证唯物主义和历史唯物主义为指导，但在具体研究方法上应有自己的特点。我国图书馆学界长期以来以定性研究为主，这在一定程度上推进了图书馆学研究，有利于保证图书馆学研究的理念或思辨深度，但它的高抽象性和模糊性，则影响了研究范围的扩大和研究的准确性。随着“十二五”时期的到来，图书馆学要有针对性地探讨现代化建设实践中出现的新情况、新问题、新矛盾，总结新经验，从而提出新观点、新结论，为实践提供精神动力和智力支持，为决策提供依据。当图书馆学面临一些具有争论性的问题时，我们所依据的必须是具有严密性系统性的知识体系，并进行有组织、有系统的研究、实验。为此，新时期的图书馆学研究，应偏重广泛地开展社会调查，搜索有关材料和数据，运用有关统计技术，在调查统计的基础上发现问题、研究问题、总结经验，在实证研究中把图书馆事业推向前进。

3.2 理论研究要体现生动和活力

长期以来，图书馆作为一种社会现象，在社会生活中起着十分重要的作用。但在现实生活中，尽管图书馆已经被证明具有巨大的作用，然而社会对图书馆的认识，还是仅局限于投入大而产出小。根本原因在于图书馆学研究没有很好地同社会现实发生紧密联系，图书馆学的科研选题对社会常规状态的冲击程度非常低，因而图书馆学研究的社会效果不佳。有些图书馆学家缺乏科学研究所应有的胆识和气魄，在研究选题上竭力回避科学劳动上的风险，喜欢选择一些与世无争、无关痛痒的题目，在尖锐复杂的社会问题面前无动于衷，习惯于坐而论道、纸上空谈，使得图书馆学偏离了生动的社会现实问题，失去了继续前进的力量。

3.3 理论研究要符合国情

在我国图书馆学理论研究中，媚外的倾向十分明显，如盲目引进西方图书馆学观点，认为西方的图书馆学理论就是先进的，基本上没有很好地吸收中国传统图书馆学的积极成果，许多范畴、命题、原理都局限在西方图书馆学的范围内，诸如知识交流论、文献信息学、三无图书馆、图书馆危机论、图书馆信息革命等，甚至有人无视我国图书馆事业赖以生存和发展的国情基础，以发达国家图书馆事业为参照系数来衡量和要求我国图书馆事业的发展。这样一些不切实际的所谓对策、构想、发展战略等，有百害而无一利。当前我国公共图书馆事业的发展现状有力地说明，脱离国情的发展战略是行不通的，只有从中国的国情出发，在中国的土壤中孕育、生长出来的中国图书馆学理论，才是最具有生命力、最有前途的。这说明对中国图书馆事业越是研究得深入，越是抓住了中国图书馆事业发展问题的实质内容，得出的结论就越能准确地说明我国图书馆事业发展的轨迹。

3.4 理论研究应增强学术论著的可读性

我国的图书馆学研究，若以《图书馆学》(1923 年商务印书馆)出版为正式起点,或以武昌文华大学开设图书馆学专业教育为起点,迄今已有近90年的发展历程。长期以来,我国不仅出版了众多关于图书馆学理论的文章和专著,而且在有些名牌大学里,图书馆学专业已能授予博士学位或硕士学位了。可以说,图书馆学理论研究的发展已经颇有基础了。但是,长期以来,总有许多人认为图书馆学研究是"冷门",图书馆学研究很难引起社会上的关心和兴趣。因此,图书馆学研究界走出图书馆学研究也是其突破和创新的一个方面。图书馆学研究界的"天地"很窄,读者人数有限,许多著作和文章很难走出专业学术研究的圈子。这种情况当然与图书馆学研究本身的特点和局限性有关,但是如果大量的学术著作和文章总是在研究者们内部转圈子,甚至成为研究者们"互相传阅"的东西,那就过于褊狭了。应该指出,有些专业性很强、学术性很强的图书馆学研究专著,不需要也不能有很多的读者,但是很多与图书馆现实工作密切相关的著作,读者越多越好。这就需要研究者们改进著作的内容和形式,就是说,既要增强研究工作与现实生活的有机联系,又要尽可能增强论著的可读性、生动性,引起人们的关心和兴趣,从而帮助读者获得知识,受到启发,使图书馆学研究更好地为图书馆事业服务,充分发挥它的科学价值和社会意义。

3.5 理论创新的关键在于人才的培养

可以预见,随着时代的进步和科学的发展,科学研究工作的社会化势在必行,高效率、高效益要求群体合作愈来愈为研究者所重视。图书馆学研究视野的不断扩大,专业分工越来越深入精细,新的课题也随之层出不穷。这些新的研究课题在深度和广度上都同以往的研究有了新的飞跃,要求研究者不仅要具备专业知识和专业基本功,还需具备广博的知识面和较强的学术综合能力。与之相应,研究工作的成效,也将更多地取决于研究者之间是否能够组成合理的多学科的知识结构和智力结构,彼此之间能否建立起良好的学术合作关系和气氛。如果一味地囿于过去那种研究者之间的自我封闭、彼此隔断的状态,那么只能有碍于研究工作的推进。同时,这也要求对图书馆学研究后继人才的培养,除专业知识和专业基本功外,应着重训练他们的理论思维能力和社会洞察力,开拓其胸襟和视野,切忌把门户之见、学阀作风传给后继者。为此,也就需要改革现行的教育与科研体制以及有关的教学方法。

3.6 努力构建以读者为核心的图书馆学

构建以读者为核心的图书馆学,要坚持"读者至上,服务第一"的原则,一切以读者为核心。首先,图书馆工作必须以读者及其需求为核心。满足需求是图书馆工作的根本目的,对读者需求的满足程度及效果的大小是衡量图书馆工作整体成效的主要标准。读者的需求是不断提高和变化的,图书馆的各项工作必须随着读者需求的变化而变化,同读者的需求相适应。其次,为读者提供服务在图书馆工作中处于突出的位置。由于读者需求的不断变化,图书馆只能是最大限度地满足读者需求,这个供求矛盾是永远存在的,从这个意义上讲,图书馆的全部工作应当是最大限度地缩小供求之间的差距。再次,图书馆的服务工作同以文献资源开发建设为代表的图书馆内部各项工作是第一线和第二线的关系。只有二者之间协调运转,才能以最少的投入获得最大的社会效益。最后,从图书馆事业整体看,其规模与布局,即资源的配置,也必须以读者的需求和效果为依据,不断地发展和调整。读者的需求和效果,通过反馈,可以不断地改进和提高图书馆的各项工作,进而达到不断地满足读者需求的目的。

图书馆学是研究图书馆的产生发展、组织管理以及图书馆工作规律的科学。图书馆学又是一门处在不断发展中的科学。现代图书馆学融入了多种属性的科学内容。随着社会和科学技术的进步,特别是人类对信息、文献交流的需要日益增强,新时期图书馆学研究和应用的前景必将更加广阔。

参考文献

[1]韩松涛.应用图书馆学学科体系探讨——以图书馆为研究视角.图书馆杂志,2007(8).

[2]叶鹰.图书馆学学科体系简论.图书馆建设,2005(1).

[3]严丽.图书馆学属性、理论建构与学科形象.图书馆学研究,2010(21).

[4]范并思.新世纪图书馆学基础理论的转型——理论体系重构的初步设想//刘兹恒,张久珍.构建面向图书馆职业的理论体系——第五次全国图书馆学基础理论研讨会论文集.北京:北京图书馆出版社,2007.

[5]尹鸿博.图书馆学基础理论研究的开拓与创新//刘兹恒,张久珍.构建面向图书馆职业的理论体系——第五次全国图书馆学基础理论研讨会论文集.北京:北京图书馆出版社,2007.

论图书馆学理论研究的科学化

刘兹恒　周佳贵(北京大学信息管理系)

1　引言

1957 年,刘国钧先生发表了《什么是图书馆学》一文,该文清楚地回答了图书馆学作为一门独立科学存在的条件，即与一般科学一样，存在着独立的研究对象、独特的科学研究方法和实践的目的，并对图书馆学的基本研究内容提出了独特的看法。[1]在此文的影响下，经过半个多世纪的发展，我国的图书馆学理论建设取得了丰富的成果，理论研究的范围得到了极大的拓展。但是，我国图书馆学理论研究者心中一直有着挥之不去的阴影，因为从数量上看，尽管我们取得了丰富的研究成果，但却一直感觉到理论的空洞和贫乏，无法回答现实中的突出问题；而且图书馆学的理论体系至今尚不完善，理论的积累还十分欠缺。基于此，本文拟在反思的基础上提出图书馆学理论研究科学化的命题，进而对我国图书馆学理论发展的合理路径进行一些探讨。

2 我国图书馆学理论研究非科学化的表现种种

2.1 对理论及理论研究的轻视

对理论及理论研究的轻视本身就是一种不科学的态度，这种态度的形成有其历史原因。首先，由于我国的图书馆学来源于西方，所以不可避免地带上了他国的烙印。1920 年 3 月，武昌文华大学图书科的成立标志着近代图书馆学在中国正式诞生。[2]当时图书科采用的是美国的教材，表明中国图书馆事业以欧美各国的图书馆事业为蓝本。此后，我国图书馆界对美国的图书馆学思想，尤其是对美国图书分类法的研究形成了高潮，一时间“仿杜”、“补杜”蔚然成风。而十进分类法的作者——杜威，是一个典型的实用主义者，他明确表示“不追求理论上的完整体系，只从实用观点出发设法解决实际的问题”，[3]其轻视理论的实用主义思想不仅深刻地影响了美国，而且对中国也产生了广泛的影响。其次，图书馆学本身是一门应用性较强的社会科学。传统研究领域中的文献分类、编目和信息资源建设等，新兴研究领域中的数字图书馆、网络信息资源的开发与管理等，无一不是带有较强应用性质的。现在，对现代信息技术的追赶已经使相当一部分图书馆学研究者越来越向着“技术专家”的方向发展，他们带有强烈的技术情结，对图书馆学理论研究不屑一顾。第三，理论研究尤其是基础理论研究的失误带来的消极影响。20 世纪 80 年代，图书馆学基础理论研究曾有一段百家争鸣的辉煌时期，但由于当时没有采取正确的研究策略，使得这些研究成为了“书斋式研究”或“经院式”研究，内容主要为图书馆学的研究对象、图书馆学的学科性质和学科体系等，缺乏对现实问题的关照，从而遭到了图书馆业界的责怪，认为这些理论是脱离实际的理论，并因此造成了图书馆业界对图书馆学理论研究的偏见。

2.2 理论研究的定位不清

2007 年 11 月，第五次全国图书馆学基础理论研讨会在重庆召开，会上有学者提出了一项有争议的命题——构建面向图书馆职业的理论体系。争议的焦点有二:一是图书馆学理论体系究竟是否应该为图书馆职业而构建,如果是,那图书馆学研究是否又要回到20世纪人们批评的“馆内科学”的道路上去?二是不解,即什么样的研究才算是面向职业的研究,图书馆学理论研究还要不要有自己的特殊功能和任务?[4]不难看出,一直以来大家对我国图书馆学理论研究的定位并没有一个明确的认识。

金胜勇等人对“科学”、“学科”和“专业”的关系进行了探讨,认为这三个概念的内涵在不同层面是有交叉的,但三者各有侧重。“科学”的内涵侧重于知识本身,由于自然界、人类社会的发展规律是客观存在的,因此各领域的知识或科学也是客观存在的;“学科”的内涵侧重于对科学的划分,划分的依据或是科学的内在属性,或是某种人为的因素;“专业”的内涵侧重于根据工作需要或教学需要将人类已掌握的知识分解成的若干不同单元,它很大程度上是管理的产物。[5]卢儒珍更进一步指出,与科学理论研究对应的概念框架是科学理论体系;与学科研究对应的概念框架是反映本学科各个子领域组成有机整体的学科概论框架,如图书馆学概论所包含的那种“可以自动完成的”理论;与专业研究对应的概念框架是职业规训纲要,满足的是培养从业者从事某种职业必须具有的知识和心理特征。[6]由此可以看出,“构建面向图书馆职业的理论体系”这一提法是值得商榷的。我们认为,图书馆学专业教育面向职业是理所当然的,这是当前形势下提高图书馆学专业毕业生职业竞争力所必需的。但是如果把图书馆学理论的整体构建也限定在图书馆职业范围内,就犯了以偏概全的错误,因为面向科学的理论体系远比面向职业的理论体系要全面和深刻得多,两者是不能等同的。图书馆学理论研究要实现科学化必须重点发展前者,而后者可以根据学生培养方向的需要从前者衍生而来。

2.3 移植方法的滥用

移植方法本身是一种很好的学术研究方法,将一个学科成功的理论和方法移植到另一个学科,往往能使学术研究收到奇效。对于图书馆学而言,移植方法的提出与受到重视有以下两个背景:第一个背景是为了图书馆学在建立之初打破学术封闭的需要。如1933年图书馆学家徐家麟在其论文《论图书馆作业之学术化与事业化》中提出,图书馆学学术化有两种途径,除了图书馆自身已有学术的整理、积累之外,另有图书馆学术之外的相关学术的沟通与印证;研究方法除了应用图书馆学治学方法外,还要尽量应用科学方法和各学科独有的有效方法。[7]第二个背景是20世纪70年代末80年代初因应中国图书馆学恢复重建的需要。当时,学者们为了建立图书馆学的理论体系,广泛采用了移植方法,把其他学科的理论移植到图书馆学中,期望我国的图书馆学能迅速摆脱“馆内科学”的地位而堂堂正正成为立足于科学之林的一门学科。在这样的背景下,我国图书馆学确实产生了一些具有生命力的理论。不过,后来的研究者更多的则是不顾移植的前提条件是否具备,只要觉得是图书馆学原来没有的“新”内容,一概吸纳进来,并贴上图书馆学的标签。[8]这种对移植方法的滥用,缺乏科学研究应有的严谨性与深刻性,造成了图书馆学研究的庸俗化。王宗义先生认为:在对社会科学一般理论或其他学科理论的借鉴过程中,应该避免片面地将不同学科中语词层面的相关,当做不同社会领域活动原理的一致性,以致简单照搬类似语词,套用一般结论,代替本专业活动特定规律的探索和专门方法的研究。[9]而这种简单化的概念搬运,对于不同社会环境下不同专业活动的科学推进,会引发致命性的判断失误。

2.4 对国外理论的盲目引进

在我国图书馆学100多年的发展过程中,“西方化”的倾向一直在左右着我们的研究,图书馆学的自主性还没有得到确立。许多图书馆学研究者在研究中往往习惯于未经批判性的审视,就把西方的一些概念或理论框架套用于中国图书馆现象的分析之中,如一些人盲目崇拜西方的图书馆学,以为外国的东西就一定是好的,于是在自己的研究中不加分析地照抄照搬西方图书馆学概念和图书馆学理论;一些人对中国传统的图书馆学思想缺乏研究兴趣,甚至持完全否定的态度,以至于时至今日,有中国特色的图书馆学理论体系仍然没有完全建构起来。这些问题正在成为我国图书馆学进一步发展的障碍。

因为我国与国外的文化背景不同,思维方式与价值观念不同,理论本身有普遍与特殊之别,简单地照搬国外现成的理论不仅无益于我国的图书馆学理论研究,更会造成我国图书馆事业发展的失误与损害,所以必须引起足够的重视。近年来,我国一些图书馆学研究者提出了“图书馆学本土化”命题来对以往的非理性做法进行反思。但图书馆学本土化不是拒绝国外的图书馆学成果,重要的是要对国外图书馆学成果科学地加以借鉴与吸收,使之转化成适用于我国的图书馆学理论。

2.5 理论研究缺乏连续性

我国的图书馆学以20世纪80代初出版的《图书馆学基础》为分水岭,之前的图书馆学被称为“经验图书馆学”,之后的为“理论图书馆学”。经验图书馆学理论如上文所述,它是从学科的角度而不是科学的角度来定义图书馆学理论体系的,它虽然能反映学科研究的全貌,但却无法从学科概念的逻辑关系上来组织本学科的内容,至多是以实践领域的逻辑关系来反映本学科的研究内容。由于经验图书馆学的理论不是严格意义的科学理论，因此受到了后来的许多学者的批评。这些学者以批评《图书馆学基础》为契机，试图建立起科学意义上的图书馆学理论。因此，“理论图书馆学”一开始就从追问图书馆的本质入手，然后围绕相关的回答来确定图书馆学的研究对象并构建图书馆学理论体系。这种理论思维产生出了多元化的理论格局，先后提出的“图书馆学研究对象”就有五六十种观点，构建的图书馆学理论体系也有三十多种观点。[10]尽管这些研究都试图从各方面论证自己的理论体系最合理、最科学，但仍然还是被其他学者不断地找出漏洞并加以否定。于是，在走马灯似的“新理论”构建图景中，各种理论框架本身还来不及充实和完善就已经失去了生命力。由于我国图书馆学理论研究缺乏历史的延续性，总是在彻底否定现有理论后去追求所谓“全新”的理论，而恰恰这种急功近利的理论发展模式与科学发展的积累原则是格格不入的，带来的只能是学术研究资源的浪费。

2.6 科学与伦理的混淆

科学是人类为探索自然、社会及思维领域的运动及变化发展规律而进行的一种认识与实践活动，它主要回答“是什么”的问题；伦理则是指在处理人与人或人与社会之间关系时所需遵守的一系列准则，它主要回答“应该怎样”的问题。众所周知，科学源于西方的古希腊，相对于古埃及、古巴比伦等东方人的实用观点，古希腊学者更喜欢从事独立的纯理性思考。早期的希腊哲学家把宇宙和谐有序的整体看做是“善”，因此也把“为知识而求知”的科学探索看成是“善”，这时的科学与伦理是统一的。苏格拉底说：“道德即知识。”柏拉图认为，其最高理念是“善”，求知的最高、最后的目的是达到“真理本身”，即纯粹的理念，而纯粹的理念即是“至善”。[11]直到18世纪哲学家休谟在其名著《人性论》中提出著名的“休谟问题”，人们才发现了真理与价值、科学与伦理的不同。以康德、摩尔、罗素和韦伯为代表的主流观点认为，从“是”中不可以逻辑地推出“应该”来，而“是什么”与“应该是”的问题常常被不调和的混杂在一起，成为产生大量混乱思想的一个根源。[12]

其实在图书馆学理论研究中也同样面临这样的问题。以“研究观念而非概念”的理论研究者为代表，常常把国外的图书馆理念作为价值的标杆用来对我国图书馆进行评价。从科学的角度来看，这样做是存在问题的。首先，作为一种价值观研究，并不是真正的科学理论研究。科学理论研究讲究概念的界定与逻辑推理的严密性，追求的是真，而价值观研究则充满了价值与道德的评判，论证的严密性让位于事实上的价值水准的评价，以为这就是真理。且由于价值观的不同，常常会对同一现象产生不同甚至相反的看法，让人产生真理不存在的错觉。其次，国外的图书馆理念是以国外相应的制度与文化背景作为基础,作为一种价值观有其存在的合理性,但这并不代表我国图书馆界就要毫无条件地当做真理接受。我国的文化价值观和图书馆事业基础与西方是不同的,如果不顾现实基础而照抄照搬过来,恐怕也不是实事求是的科学态度。

坚持科学与伦理问题的区分有时是比较困难的。例如,“用户永远都是正确的”这一观点由作者当做了科学层面的定理放入了某本教材,然后形成了讨论的热潮,质疑者较多。作者最后把对这个问题的不同看法归结于学术立场的不同,并认为这是在用户立场下所得出的结论。[13]事实上,“用户永远都是正确的”这一命题作为科学定理显然是不妥的,只要稍有常识就会觉得有问题,因为很容易找到反例。作者把它的正确与否归结于学术立场的不同也欠考虑,难道学术立场不同能左右“定理”本身的真与假? 这有点混淆视听的意味。但“用户永远都是正确的”作为职业伦理则是可以的,它反映的是一个价值判断:我们应以读者的需求为导向来改进我们的图书馆工作。类似这样把伦理问题当做科学问题的错误,在今后我国图书馆学理论研究中需要加以克服。

3 图书馆学理论研究的未来发展

以上只是图书馆学理论研究非科学化的较典型的表现,并不代表全部。这些问题是我国过去理论研究存在的硬伤,毫不夸张地说,其中任何一个问题没得到解决都是对理论科学化的严重阻碍。本文并不打算针对各个问题分别谈解决之道,而是从发展的角度提出关于图书馆学理论研究的方向及方法论的看法,相信只有在发展中才能自然而然地解决上述问题。

3.1 后现代主义思潮下的理论研究

后现代主义是相对现代主义而言的。现代主义起源于18世纪法国的启蒙运动,它认为人是理性的,强调人能运用科学的方法来解决面临的问题;相信有一个规律在指引着人类向更高的阶段发展。现代主义是西方反对宗教蒙昧主义和封建专制制度背景下产生的社会思潮,对西方科学发展与社会改革产生了重要影响。但是在后来的现代主义建构过程中却产生了事与愿违的现象,如两次世界大战带给人类的灾难,以及全球污染、能源危机等人类难以解决的危机,于是出现了质疑现代主义的后现代主义思潮,即认为理性并不像现代主义所标榜的那样美好,并且使用各种否定的、解构的和破坏的方法对现代主义进行批判,倡导多元论、相对性、差异性和不确定性等价值观念。

在图书馆学领域,我国许多研究者对后现代主义带来的影响进行了思考,他们对图书馆学理论研究的历史与现状进行分析,潜台词是图书馆学已经进入了后现代主义时代。主要观点为:图书馆学没有研究对象,符合后现代主义对本质的否定;图书馆学没有理论体系,因为理论体系是"精神监狱",它只不过是提出者主观构建的产物;制造图书馆学"元叙事",实际上是在制造图书馆学的"真理";他们否定逻辑实证的研究方法,提出理论研究要多元化等。[14]不可否认,今天的图书馆学理论发展确实出现了一些后现代特征。如"研究对象"虽然被研究多年仍无法确定,使人不得不怀疑其是否存在;而构建理论体系的"元叙事"思维总是把理论研究引向一个封闭的境地,并且理论体系也不止一种。但我们认为,这些只是表面的现象,而研究者们对这些现象的评述更像是后现代思想套用在图书馆学理论研究领域而缺乏实质的分析。虽然"研究对象"现在不能确定,但它并不代表未来就不可以;学科理论体系现在没有形成,有可能是理论研究的策略存在问题。这种把真理绝对主观化的思维其实是在消解科学研究的意义。科学研究真是无效的吗?答案必然是否定的,因为人类依靠科学取得的进步是显而易见的,否认理性的作用就等于抽掉了科学研究的基础。况且,从对现代主义进行反思的背景看,对后现代主义的选择何尝不可以看做也是一种理性的选择呢?其实质还是人类趋利避害的理性在起作用。后现代主义有一个特别的优点就是多元化,否定一元论,并指出了理论构建的主观性质,因此允许不同理论观点的提出,提倡和平共处、民主对话。这对于营造包容宽松的学术环境很有益,因而值得借鉴。另外,后现代主义对传统科学只见物不见人的批评也是中肯的。对于图书馆学而言,过去我们对信息技术的盲目崇拜已经使图书馆服务及图书馆学走进了一个误区,出现了单向度发展的倾向,[15]产生了不良影响。按照莱德福德(G. P. Radford)的观点,图书馆的目标是使读者和作者自由建构自己的知识,而不是理解外界强加的知识排序。[16]今后的图书馆学理论也应围绕用户来构建,而不能单纯以"文献"、"信息资源"或"知识"作为理论的逻辑起点。充分考虑用户的因素,这是图书馆学理论研究可以做到的。

3.2 从理论层次的缺陷看理论研究的方向

英国哲学家怀特海(Whithead)说过,无论是研究人类社会生活的学者,还是自然科学家,都面临着一项对双方来说都极其重要的共同事业,那就是世界是可以理解的;他们必须"建构一个融贯的、逻辑的、必然的一般观念系统,以使我们经验中的每一个要素都能够据此得到解释……",[17]由此说明了理论的重要性。其实我国图书馆界有一段时期也曾前所未有地重视过理论,对理论研究投入过巨大热情。从1957年刘国钧先生提出"事业说"开始,一直到1990年年初,我国图书馆学理论研究经历了二次高潮。从1957年前后至1960年代中期,形成了"事业说”、“矛盾说”，从1981年至1990年初形成了“规律说”、“文献交流说”、“知识交流说”、“文献信息交流说”、“中介说”和“管理说”等学说。这些学说无一例外都是图书馆学的“元叙事”，属于基础理论研究的范畴。

当然，任何一门综合性学科理论都包含基础理论和应用理论两个层次，两者的关系为：基础理论为应用理论提供科学基础和理论基础；应用理论则是基础理论在社会实践层面的延伸和应用。[18]而我国图书馆学理论长期以来经常受到“理论脱离实践”的指责，原因是多方面的，但根本的还是对理论与实践的关系问题认识不足。

我们认为，理论与实践是一个有机体。打一个比方，基础理论比作心脏，应用理论比作动静脉血管，实践中的经验比作机体的细胞。“理论营养”输送方向是从基础理论→应用理论→经验。但是基础理论是凭空产生的吗？不是，它的形成应该是通过回流形成的，即经验→应用理论→基础理论。过去的基础理论研究绕过了应用理论这一层次，企图通过经验→基础理论的模式来发展基础理论，这是不科学的，而那些“文本研究”型的基础理论研究则更是不科学的。我们认为，基础理论应该是应用理论的理论（或称元理论），它只能依靠应用理论来发展，基础理论不能也不应该直面实践。所以我国基础理论研究长期存在问题要从应用理论这一理论层次找原因。目前，我国图书馆学引以为傲的应用理论并不多，除了信息组织理论、文献资源建设理论、文献计量理论等少数理论可称为图书馆学应用理论的代表外，其他大量所谓的应用理论还停留于经验描述水平，还不能算做真正的应用理论。

显然，如何形成有效且可靠的应用理论是解决图书馆学理论与实践脱节问题的关键。社会学的“中层理论”可供我们借鉴。美国著名社会学家默顿（Robert King Merton）在其著作《社会理论与社会结构》阐述了“中层理论”的具体形式及特点。他指出，中层理论是指逻辑上相互联系的一组命题，从这些命题中可推导出经验一致性。他援引了涂尔干（Emile Durkheim，另一位社会学家）的理论分析范式来说明什么是“中层理论”。例如，长期以来对不同的人口进行统计后发现了一个一致性的经验现象：天主教徒的自杀率低于新教徒。此经验现象是由一系列事实资料经过整理、概括得来的。显然，科学研究不能仅停留于经验的描述，需要构建某种理论来解释经验现象。“中层理论”的核心思想是要构建一组具有逻辑关系的命题，通过推导，把经验现象变成这组命题的结论。涂尔干是这样推导的：①社会内聚力为经受严重紧张和忧虑的群体成员提供精神支持；②自杀率是人们所经受的无法解除的忧虑和紧张的函数；③天主教徒比起新教徒有更大的社会内聚力；④因此，可以预料，在天主教徒中比在新教徒中有较低的自杀率。[19]

“中层理论”是一种“小体系”理论，用以形成具体的、局部的理论，它完全以事实经验为基础来解释各种现象，能融入不同的理论体系。它不仅能有效积累理论，而且能积累研究发现。例如上述理论形成以后，其适用的范围不仅限于分析天主教徒与新教徒自杀率高低产生的原因，而且通过对“社会内聚力”等变量的分析，可解释或预测社会其他两个不同群体自杀率的高低对比。“中层理论”包含于应用理论，沿用前面的比方，它可比作联系动静脉血管与细胞的毛细血管。至此，理论与实践才真正形成了有机联系。

3.3 理论研究的方法论

为了提高图书馆学研究的可靠性，有学者提出要弘扬实证研究。[20]实证研究主张从经验入手，采用程序化、操作化和定量分析的手段，使社会现象的研究达到精细化和准确化的水平。实证研究方法曾在美国图书馆学的芝加哥学派大放异彩，并培育了一批图书馆学的精英人物。在 D. Wapls 的倡导下，《美国公共图书馆的行政管理》《图书选择：原理和实践》《芝加哥公共图书馆：起源和背景》等一批代表当时美国图书馆学最高水平的研究成果都采用了实证方法。但实证方法并不是完美无缺的，对其提出质疑的同样是芝加哥学派的巴特勒，他认为，直接观察不可能直接地形成知识，因为“在认识对象和认识主体的心之间存在着不可克服的鸿沟”，知识不能只通过求证的方式获得，还需要通过人的主观认识的再构筑过程。[21]

结合巴特勒的观点，我们认为，实证研究完成的只是从某种假设到科学结论的求证过程。[22]假设可以是通过某种理论演绎形成，也可以是研究者个人的猜想或其他人的某个观点。假设形成后再通过直接观察或调查获得数据，运用各种定性和定量的分析手法验证假说，如果为真，假说就可变为科学结论。这种方法类似于胡适所提出的“大胆假设，小心求证”的治学方法。实证研究可形成作为科学结论的知识，但知识并非理论，因为理论是系统化的知识。理论的形成还需进一步主观构建。各种经验事实（包含实证研究所得的结论）为基础，运用逻辑中的归纳方法，抽象出相应的一组概念，然后构建出概念之间的逻辑联系，根据概念化的事实和概念的逻辑联系进行推理，得出结论，从而形成一套体系完整的知识。这一方法就是上文提到的“中层理论”方法，主要的逻辑方法是归纳法。必须指出，现有的图书馆学理论中有特色的学科概念偏少，同时一些概念存在着定义模糊的情况，因此，理论研究首先要构建起精确无误的概念体系，能以现有概念为基础的可保留使用，否则，只能大胆创造新的概念，这是保证推理与验证等后续研究得以顺利进行的基础。

参考文献

[1]刘国钧. 什么是图书馆学. 中国科学院图书馆通讯，1957(1)：1－5.

[2]倪波,荀昌荣.理论图书馆学教程.天津:南开大学出版社:115.
[3]徐引篪,霍国庆.现代图书馆学理论.北京:北京图书馆出版社,1999:53.
[4]刘兹恒.我国图书馆学理论研究的内容究竟应该是什么.图书情报工作,2009(21):10.
[5]金胜勇,谷艳锋,于淼.论科学哲学对图书馆学科学性的观照.图书馆,2008(2):1-4.
[6]卢儒珍.图书馆学基础理论体系≠图书馆员职业规训纲要.图书馆,2008(4):1-3.
[7]徐家麟.论图书馆作业的学术化与事业化.文华图书馆学专科学校季刊,1933,5(2):179-186.
[8]刘兹恒.对提高我国图书馆学研究科学性的一些建议.江西图书馆学刊,2006(1):1-5.
[9]王宗义.专业思维与专业方法——关于当代中国图书馆学基础研究的散思.图书情报工作,2009(21):21-24,133.
[10]马恒通.论图书馆学理论的规范化建设.图书馆工作与研究,2000(1):13-16.
[11]张世英.科学与伦理.江海学刊,2005(1):14-21.
[12]段小虎.图书馆研究中的事实命题与价值命题.图书馆杂志,2006(6):4-7.
[13]程焕文.关于改变图书馆学研究立场的思考——从“用户永远都是正确的”说起.中国图书馆学报,2008(3):89-93,102.
[14]蒋永福.不再追问本质:图书馆学理论的后现代走向.图书情报工作,2010(1):5-7,90.
[15]陈业奎.质疑图书情报学的单向度发展.情报资料工作,2002(3):20-22.
[16]王平.国内外后现代主义哲学与图书情报学研究的述与思.图书情报工作,2010(13):22-26.
[17]王子舟.我们追求的是什么?——图书馆学基础理论研究之感想.图书馆,2003(1):11-13.
[18]吴慰慈,杨文祥.关于图书馆学研究的理性思考.图书馆,2003(1):5-10.
[19]默顿.社会理论与社会结构.唐少杰等,译.南京:译林出版社,2008:184.
[20]邱五芳.中国图书馆学应进一步弘扬实证研究.中国图书馆学报,2008(1):16-21.
[21]黄纯元.论芝加哥学派(中).图书馆,1998(1):7-10.
[22]叶鹰,金武刚,刘青华.图书馆学实证研究导引.图书馆,2008(1):2-3,12.

图书馆学理论研究简析(2001—2010年)

武　旭(河北医科大学)　李　娜(白求恩军医学院图书馆)

1　引言

自步入21世纪以来,我国内地的图书馆学研究较以前受到较多的重视。业界人士对研究路向、研究方法的选择也更趋科学、慎重。为对本学科研究的发展有所了解,笔者做了一次调查。

检索《中国期刊全文数据库》,选择其中《教育与社会科学综合》和《电子技术及信息科学》两个专辑,将检索时间限定在2001年至2010年之间。设定检索式为"主题=基础理论 or 主题=理论研究 and 主题=图书馆"。检索方式为模糊检索。共检中有关文献题录3073条。又经手工检索复核,删除其中信息、简讯、消息、启事……之类及与本主题研究关系不大的题录,筛选出2806条。通过逐条浏览文摘,又精选其中约1/10的文献研读,拟结合自己学习上述时间范围同行们对这一领域研究成果的体悟,就图书馆学理论研究进展及应然走向略陈浅见。

2 调查简述

2.1 文献分布

本次调查实际筛选出的2806篇文献(下同),分别刊登在521种期刊上。其中有图书情报学期刊54种,刊登2038篇,占本次统计有关文献总量(下同)的72.630%。各高等学校学报259种,刊登310篇,占11.048%。其他社会科学期刊151种,刊登338篇,占12.046%。其他自然科学期刊57种,刊登120篇,占4.277%。

刊登有关文献30以上的期刊共22种,见表1(按发文量降序排列)。

表1 发表图书馆学理论研究论文30篇以上的期刊

刊名	发文量(篇)	刊名	发文量(篇)
*图书情报工作	160	*图书馆工作与研究	62
现代情报	152	*情报杂志	62
*图书馆	122	图书馆学刊	61
科技情报开发与经济	95	*情报资料工作	59
*图书馆建设	91	农业图书情报学刊	58
图书馆学研究	91	*情报科学	56
*图书馆杂志	85	*情报理论与实践	44
*图书馆理论与实践	79	河南图书馆学刊	43
*图书馆论坛	79	*大学图书馆学报	38
*中国图书馆学报	74	情报探索	35
*图书与情报	63	江西图书馆学刊	34

(注:加"*"号者为核心期刊,以《中文核心期刊要目总览》2008年版为依据)[1]

表1列举的22中期刊，共载文1643篇，占本次统计范围文献的58.553%。

2.2 作者情况析略

2806篇文献的作者情况分别讨论如下：

(1)作者分布概况

按作者供职机构所在地区（省级行政区）划分：北京市271人次；广东省205人次；河南省195人次；江苏省178人次；湖北省163人次；黑龙江省156人次；湖南省146人次；山东省139人次；河北省134人次；浙江省119人次；天津市108人次；陕西省102人次；辽宁省98人次；上海市97人次；吉林省92人次；四川省68人次；重庆市65人次；福建省54人次；安徽省49人次；广西壮族自治区47人次；山西省41人次；江西省40人次；甘肃省38人次；云南省37人次（10年内发文低于30篇的省份从略）。另有外籍作者4人。还有44篇文献未标示作者供职机构。应说明，以上均系按文献署名的第一作者统计。在本次统计范围内，除了港、澳、台地区外，我国内地省市自治区的某些机构，均有人参与图书馆学研究，并有研究成果得以发表。

从作者供职机构的类型划分，供职于公共图书馆的151人次；供职于专业图书馆（指各类型科研机构）78人次；供职于各类院校图书馆和其他部门的2497人次；供职于其他机构（行政机关、企业、中小学等）的32人次。另有外籍作者4人次。48篇文献未标示作者供职的机构。

(2)作者数量及合作程度

共有署名作者3935人次（指全部作者）。2806篇文献中有799篇系合作完成，其中二人合撰的572篇，三人合撰的169篇，四人合撰的38篇，五人合撰的8篇，六人合撰的7篇，七至十人合撰的5篇，篇均作者1.402人，论文合作度28.475%。

我们将发文5篇及5篇以上的作者划入相对高产作者范围。这些作者是：于鸣镝19篇；杨文祥17篇；柯平15篇；范并思、刘兹恒、吴慰慈各13篇；王知津12篇；梁灿兴11篇；郑全太10篇；陈业奎、黄宗忠、卢儒珍、马恒通、涂湘波各9篇；蒋永福8篇；毕强、韩继章、金胜勇、吴稔年、夏有根各7篇；白君礼、刘莲、肖希明各6篇；彭泽华、邱均平、任全娥、盛小平各5篇。上述27位作者共发文249篇。发表论文数量占本次统计有关文献的8.874%。可见，这是本领域研究中名副其实的高产作者。

2.3 基金资助情况

共有271篇文献标示曾得到各类科研基金资助，占本次统计有关文献的

9.658%。其中包括国家自然科学基金21篇,国家社会科学基金68篇,部级科研基金16篇,省社会科学基金19篇,省自然科学基金资助8篇,厅级科研基金项目63篇,市科研项目4篇,院校科研项目40篇。对不易划入某一类型的零星基金资助项目,一律归入“其他”类。这类文献共28篇。有近1/10的论文得到科研基金赞助,说明本学科研究比以往更加得到行政系统的重视。

3 讨论

3.1 从文献分布情况看研究状况

从文献“产出”地看,有12个省市的作者在本次统计范围内发表有关文献100篇以上。上述12个省市的作者共发文1916篇,占本次统计范围文献的68.282%。以往在图书馆学某领域研究中,发文较多的省区往往只限于北京市和东南部沿海省市,但本次统计结果表明,河南省以195篇位列第三,黑龙江省以156篇位居第六。以往在某些领域研究稍欠活跃的陕西省这次也以102篇跻身于第十二位。说明图书馆学理论研究引起业内较广泛的关注。

从文献在期刊中的分布看,文献分布虽说是“集中与分散”并存,但毕竟集中态势明显。22种期刊登载了1643篇论文,占本次统计文献的58.553%,说明多数文献集中在本学科期刊上,这与其他领域的文献分布大不相同。据笔者在今年两次调查反映,2003—2008年图书馆规章制度研究的文献,有53.365%发表在非图书情报学刊物上。[2]2003—2006年文献检索研究的文献,有46.76%发表在其他学科期刊上。[3]图书馆学有其专门研究对象,除了文献学和计算机技术等学科、专业外,和其他学科交互指涉的情况不多。大量的文章刊登在本学科以外的期刊上,未必说明图书馆学“繁荣发展”,倒是反映出某些同行在功利心驱使下,炮制了大量学术泡沫使本学科刊物无法容纳。才“外溢”到其他类型刊物上。本次统计结果表明,多数有关文献刊登在本学科期刊上。这种情况说明多数研究者的态度是相对严肃的,而且论文的质量也在一定程度上得到保证。

从文献发表的年代看,自2006年以后有关研究论文增多,2006—2010年间共发表有关文献1938篇,占69.066%;2001—2005年发文868篇,占30.934%。这一现象说明自2006年以来,本领域研究者相应增多。

从研究者合作程度看,近年合作程度有所提高。2009—2010年两年间,本领域研究中由2位及2位以上作者完成的文献261篇,占本次统计中合作完成论文的32.789%。合作撰文是协同努力和扩大参与的表征之一。合作程度的提高,也是促进研究深入的方式之一。

3.2　研究内容的拓展

借助文献计量方法,从文献及其作者有关数量上分析,至多能了解某个领域研究的表象。只有辨析研究内容的实质进展,才有助于人们了解研究进路与研究深入的实际状况。

(1)对基本理念的梳理和探究

郑全太先生就图书馆学基础理论的特点、功能作了讨论,指出“图书馆学基础理论研究,就是对图书馆实践和图书馆学领域的基本问题进行……分析、概括”,并就基础理论的超前性、创新性和批判性作了中肯的阐释;[4]杨文祥先生则从图书馆学发展的时代背景、理论和发展趋势、理论基点和基本内容等方面,系统阐述了功能图书馆学的理论建构问题;[5]黄宗忠先生对图书馆定义在网络环境下定义有限性作了比较系统的论述。[6]

如果说以上学者主要是探讨图书馆学基本理论框架,那么程焕文先生对图书馆精神的论述则是侧重于对图书馆核心理念的阐发。“智慧与服务”理念的提出并在华南著名大学付诸实践,雄辩地印证了程先生倡导的理念的合理内涵。[7]即使不在专著中旁征博引,也足以令人信服。对一种新说法“见仁见智”,正是业界严肃、坦率的健康学风的体现。如黄俊贵先生的辨析驳正,[8]老槐在博客中质疑、调侃,都是言之成理的一家之言,同样值得业界关注。而范并思先生对此的专门讨论,更是追本溯源,条分缕析,可以视为大家风范的一家之言。[9]至于程焕文先生在引申、阐释图书馆精神时表述的某些看法,其中有些显得独特,甚至“另类”,[10]同样显示出片面的深刻或深刻的片面。人们可能对此持不同看法,但不会无视于上述意见。

(2)对研究方法的探析

研究方法对一个学科的发展而言,和研究路向有同等重要的意义。图书馆学界对于研究方法的讨论,从来是研究重点之一。世纪交替之际更趋彰显。倡导“抽象图书馆学”者和侧重思辨研究者之间一直在以不同方式切磋。如叶鹰先生反复表述自己的祈盼,“希望抽象图书馆学的思考和方法能为当代图书馆学理论注入生机和活力”。[11]“能否像精密科学那样用一个模型或一组方程把图书馆的核心理论统一表达出来,并通过对模型进行求解来统一研究,包括传统图书馆和现代图书馆在内的图书馆学”。[12]对此,业内颇有不同看法,陈业奎先生的看法较有代表性。他指出“用科学的技能,哲学的思维,人文的价值,构建健全的图书馆学体系,服务于图书馆事业”。[13]叶、陈等先生各自表述了良好的愿望。但对实现愿望的进路或者说服同仁的理由还有待深入和完善。倒是前辈学人黄俊贵先生的见解,更直截了当有说服力。“……我们应当肯定定量研究确实是现代科学研究方法的一个特点，但如果把它强调到绝对化，以它作为优于一切的方法，试用数学方法去代替甚至取消逻辑和哲学方法，显然是不妥的”。[14]其实，不同的研究方法适用于不同研究领域。比如，评价引进一个数据库的使用效益，应该考察该数据库在一定时域内被点击、浏览、下载乃至用户发表论文引用的频率，并赋予不同权值综合评析，自然会得出令人信服的结论。但若辨析业界人士“职业倦怠”或者了解读者阅读倾向，仅凭定量分析往往是表面文章。

自2006年以后，有一些值得注意的讲研究方法的文章。如陈青华先生等人对图书馆领域本体构建方法研究的讨论。重点介绍了原型法和知识工程法。[15]虽说属于“引进”研究方法的意向，但毕竟含有新意。李智慧女士撰文分析了我国图书馆学方法论研究中存在的主要问题，并从拓展方法论研究领域，加强定性与定量研究结合等方面提出一些主张，[16]都是青年学人对研究方法关注的反映。

与“引进”、借鉴其他学科的探析相比，立足于本学科实践，讨论构建研究方法更有意义，在这方面，陈业奎先生近年做了有益的探索，或通过本学科期刊评价阐述定性研究，[17]或针对定性研究特点作剖析。[18]通过立论建设学科，比驳正更有价值。

还有的同行讨论了分形在图情学中的应用，也属于有益的工作。[19]

（3）对图书馆学发展方向的论述

在世纪交替之际，不乏业界的专家学者对图书馆学的发展、研究进路作出分析和预测，相继发表了一些文章。如吴慰慈先生的《开拓创新 再创辉煌》；[20]杨文祥先生撰写的《21世纪理论图书馆学的理论起点、历史任务和研究思路》；[21]王子舟先生写的《未来图书馆学发展的理性走向》等。[22]还有一些专著同样讨论了这方面问题。[23-25]

知名学者的论文、专著，起点高、持论正是其所长。或许是名人行文更宜老成持重，拜读上述文献后，我们的体会是稳妥、严谨是其所长；犀利、新颖则尚有改进余地。人们更为期待的是，学术带头人高瞻远瞩，揭示研究中的问题。

与展望未来的预测相比，对历史回顾研究中的力作更引人瞩目。如马费成先生、宋恩梅博士合撰的《我国情报学研究的历史回顾》。[26-27]用文献计量方法对学科发展特征作分析，又从理论体系和研究对象方面，对国内情报学研究成果作了系统总结。当然，演绎和归纳是两种不同方法，不宜简单类比。但仅从揭示问题的深度和提出对策可行性的角度考察，马先生等人的论述堪称这方面研究的范例。

（4）对国外有关研究的介绍和分析

杨文祥先生先后撰文，对美国、俄罗斯等国图书馆学思想源流和方法论思想变化作了介绍和分析；[28-29]弓克先生等人评析国外图书馆定位研究与实践的论述；[30]肖勇先生就我国内地图书馆学与西方图书馆信息学内在关系的探讨。[31]图书馆学研究的深入发展，需要不断地从各个方面汲取经验。对境外有关学术成果的介绍，无疑是有益的。与资料性的叙述相比，考量式的评价更有价值。如弓克先生等人的论述中，指出“国外对图书馆学理论的研究已经达到较深入的层面，从环境出发进行图书馆服务定位，从管理出发进行图书馆员角色定位，从战略出发进行图书馆资源定位，从发展出发进行图书馆社会功能定位……”。[32]这种分析评价就从介绍情况升华到剖析经验、更新理念。限于篇幅不更多列举。

(5)其他方面

有些同行借助文献记录方法，从不同视角考察，分析了近年图书馆学研究走向。其中以黄艳芬、张果果、黄敏等几位女士的研究结果较有代表性。[33-35]上述论文或分析图书馆学在特定领域的研究特点，或从期刊发文倾向对学术研究趋势分析预测。上述女学人研究成果材料真实、方法合理，起码对同行深入研究有资料价值。

李伟超先生等就图书馆联盟知识资源建设对知识转移与共享的影响作了讨论，[36]赵文媛女士对我国图书馆联盟研究近况作分析，[37]指出“中国图书馆联盟研究虽然论文数量增多，但有很多文章研究内容重复，中国图书馆联盟要快速发展，需要更多高质量的研究成果作为支撑”。

应当申明，笔者仅能选择近几年有代表性的文献为例，大致勾勒研究进展的脉络。并非对专家学者及广大同仁评议。“挂一漏万”应该不是自谦，但正如在一处风景园区的简易路标，未必能承担全方位的指津导航功能，但为行人提供一些简单信息，还可能有点作用。这也是笔者不揣简陋，想就正于同行的原因。另外，调查中发现的一些情况，值得人们寄予关注。

3.3 几个值得关注的情况

(1)出现了一些犀利明快，发人深省的文章

这类文章未必以博大精深见长，却凭借其观点鲜明、分析透彻、有的放矢使人耳目一新。如邱五芳先生在《超越习惯学术分野》一文中指出目前图书馆界存在“理论层面热热闹闹的研究，实际工作不闻不问的现象常常可见”，“知而不行在实际工作中十分普遍，很多道理不是图书馆人不懂，而是不愿或不能照着去做”，[38]可谓快人快语。再如卢儒珍、梁灿兴等同行就“理论联系实际”的讨论中指出“基础理论研究的‘理论联系实际’的要求，就是要求理论能够在对实际情况作出精确解释和判断，并能够提出有效发展本学科技术科学的思路”，[39]可谓言简意赅，一语中的。再如邱五芳先生就“理论联系实际”讨论时，指出“为了使理论研究更准确，需对探讨的问题进行必要的界定，分清不同陈述形式的功用”，并

仔细辨析了词语、定义、口号、比喻的异同。[40]表面看来这些似乎是语言学、逻辑学的基本知识。但邱先生阐幽发微，有针对性地剖析，确有醍醐灌顶之效。笔者读后"心有戚戚焉"。笔者以往也曾感慨，某些同行若能补习一些修辞、逻辑知识，可能会写出较有水平、有见地的文章，使本学科期刊弥足珍贵的版面得到有效利用。

梁灿兴先生对基础理论建设的讨论，也颇有见地。[41]这类简练又有力度的文章还有一些，限于篇幅不再列举。

(2)专家学者的示范、导向作用

吴慰慈、黄宗忠、黄俊贵等先生常有新作发表。这些前辈年逾古稀，本宜颐养天年，但仍治学孜孜不倦。这种超越了功利的奉献是业界的表率。他们热爱事业的人格魅力是一种有效的示范。另如张欣毅、韩继章、毕强、王景发等学者，本身都主持一份学术期刊的编务，在繁忙的公物中不废治学，近年大都有力作问世。[42-44]或视野开阔，归纳全面；或体大思精，鞭辟入里。对业界同仁深入研究大有裨益。而王知津、马恒通先生或多年一直在图书馆的分编岗位工作，或在重点院校传道授业，但对理论研究均颇有建树。[45-46]类似专家学者在业界数以百计，他们致力于理论研究，不仅对繁荣我国图书馆学有直接贡献，同时对业界也起到了指引和示范作用。与20世纪图书馆研究中新人迭出，"各领风骚三五天"不同，目前业界已形成了一个稳定的、有影响力、研究领域分明的学术群体。

(3)研究中的新契合点、新角度

现代信息技术广泛应用，正在或即将使图书馆运作机制发生深刻变化，从而将调整乃至重构图书馆学理论体系。在变革的进程中，寻求理论研究与图书馆工作的契合点，是深化研究的有效途径之一。在本次调查中，发现有些同行为此付出了努力。如李保珍先生等研究网格环境时指出"信息主体间的关联性更加突出，由于每个信息主体都是利益主体……不同信息主体间会存在动态的竞争与协作"。[47]李伟超先生等分析了信息技术对情报学发展的正面与负面影响。[48]以上研究既体现了青年学人对业界新动向的把握，更是为在新形势下建设图书馆学筚路蓝缕的探索。

钟丽萍女士将在医学界、教育界较为成熟的研究方法 EBP 及 AR 引入图书馆学领域，[49]是对新研究方法的借鉴。郑全太先生提出"网络图书馆学"，[50]虽是未必成熟的构想，但若能引起深入讨论，也是有益的。

王知津、张利等先生分别撰文，就图书馆核心竞争力，核心价值观作讨论，[51-52]是这方面研究较有代表性的文献；龚蛟腾先生就图书馆知识管理范式的研究；[53]毛赣鸣先生等人对图书馆无形资产特性的研究，[54]都是从不同角度诠释、辨析了图书馆知识管理。

韩淑举女士就制度图书馆学发表了中肯的见解；[55]蒋永福先生就制度图书馆学所作的论述；[56]虽说未必在于“建立新的分支学科”，但其视角的独特性，对拓展研究领域有较大的积极意义。

(4)出现了一些健康的学术争鸣

除前述有关图书馆精神、学科定位、知识管理等广泛参与的讨论之外。有一些针对性强、理性健康的学术争鸣。如于鸣镝先生对某一专著的评析；[57]刘国华先生对“矛盾说”争鸣的归纳分析；[58]梁灿兴、朱少强先生就“可获得性论”的讨论；[59-60]白君礼等先生的“图书馆学本土化”中认识误区的辨析驳正都应属于这类讨论。[61]在学术发展中，不仅需要对某些理论证实；更宜通过切磋、驳正“证伪”，立论与驳论从来都是相辅相成的。黎晓辉先生关于图书馆学多元化和学术批评的论述，[62]对澄清这方面认识有较大的启迪作用。

(5)学术期刊繁荣研究的积极作用

近十年来我国图书馆学理论研究进展的重要因素之一，是本学科期刊发挥的引导、扶助、促进作用。如《图书情报工作》《中国图书馆学报》《大学图书馆学报》等刊物，历来位居高端，久享盛誉。这里着重说出几种“地方性”本学科期刊，对繁荣理论研究功不可没。其中《图书馆杂志》和《图书馆建设》以文风清新、视觉敏锐、能把握学科新动态见长。《图书馆理论与实践》和《图书馆》则以质朴厚重、稳健持恒而享誉业内。《图书与情报》则以清新、淡定的办刊风格引人注目。世纪交替之际，《图书与情报》曾稍有坎壈，但该刊编辑部门从容应对，以质取胜，不久便恢复了应有的位置。尽管上述诸刊办刊风格不同，但对理论研究都较重视，是其共同特征。30 年来，有两代学人从青年渐入老境，一些人成为学界魁首，有的则是人以文传，如范并思、卿家康、蒋永福、王子舟、傅荣贤、程焕之等，始终和上述诸刊有较密切联系，在刊物上发表了有价值的文章。梁灿兴先生近年声名鹊起，其学识与勤奋固然是主因，但与得到《图书馆》刊物的扶助有极大关系。当前，某种程度上是个“熙熙攘攘，皆为利往”的环境，一份知名刊物能超越乡党、同窗关系，不看所谓“背景”，扶持名不见经传的业界人士，难能可贵。另外，以上各刊都能设置专栏，引导研究、组织专题讨论。如《图书与情报》设置“学术方阵”，组织刊登了一大批有见地的佳作就是明显例证。

以上仅举某些刊物积极作用的荦荦大端。仅以上事例，足以说明优秀期刊对繁荣学术的贡献。

4 结语

学习同行们近十年在图书馆理论研究中的论述，使我们获益良多，也有一些感触，我们觉得，无论从研究内容、研究对象抑或是研究方法选择上，都比以前有不同程度的改进。在同行里切磋争鸣的理性态度上，尤其与以往有显著不同。而专家学者及广大研究者与本学科刊物形成良性互动，对学科建设是一个实质性贡献。在学科建设的历史中，十年毕竟是弹指一挥间，我们不指望在弹指间绽出奇葩，结出硕果。只要取得一种良好的态势，就预示着未来的希望。

至于从整体上衡量研究，肯定是瑜瑕互见，在一篇小文中难以全面表述。对于研究中的负面情况及改进构想另拟文讨论。在本文结束时，我们仅表示以下祈盼：

第一，业界参与理论研究者，宜珍惜学术繁荣的机遇，郑重、执著地深入研究。

第二，学术精英和广大基层研究者在研究中的交流、互动尚待加强。

第三，前述几种专业期刊，已经成为理论研究的主要论坛，祈盼这些刊物能为繁荣本学科研究作出更大贡献。

参考文献

[1]朱强，戴龙基，蔡蓉华．中文核心期刊要目总览．北京：北京大学出版社，2008：914.

[2]李娜，武旭，贾向春．对图书馆规章制度研究的调查和思考．图书馆工作与研究，2009(12)：30－33.

[3]李娜，武旭，贾向春．2003－2006年文献检索研究述略．现代情报，2007(11)：129－132.

[4]郑全太．浅谈图书馆学基础理论研究的特点和功能．图书馆杂志，2003(6)：18－21.

[5]杨文祥．功能图书馆学若干问题的理论思考．图书馆，2008(5)：6－8，12.

[6]黄宗忠．对图书馆定义的再思考．图书馆学研究，2003(6)：2－10.

[7]程焕文．实在的图书馆精神和图书馆精神的实在．大学图书馆学报，2006(4)：2－14.

[8]黄俊贵．看图书馆现状要客观 讲图书馆精神要科学——对《图书馆精神—体系结构与基本内容》一文的商榷．图书情报知识，2005(6)：36－38.

[9]范并思．图书馆精神学习札记．图书与情报，2006(6)：1－3，10.

[10]程焕文，王蕾．21世纪高校图书馆管理的新理念．大学图书馆学报，2003(2)：15－21.

[11]叶鹰．抽象图书馆学的理念与方法．大学图书馆学报，2000，18(1)：14－15.

[12]叶鹰．抽象图书馆学的分析化．中国图书馆学报，2002，28(6)：71－73.

[13]陈业奎．图书馆学研究中的科学主义．图书与情报，2003(2)：63－66.

[14]黄俊贵．图书馆需要哲学．图书与情报，2001(2)：64－67，68.

[15]陈春华，贾保先，赵传申．图书馆领域本体构建方法研究．情报杂志，2008(10)：37－39.

[16]李智慧．关于我国图书馆学方法论研究的理论思考．图书馆学刊，2009(1)：11－13.

[17]陈业奎．图书馆学定性研究专业化的引领．图书馆建设，2008(4)：13－14，19.

[18]陈业奎．图书馆学定性研究的必要准备与洗礼．河南图书馆学刊，2008，28(5)：5－7，15.

[19]郦金花．分形在图书馆学情报学中的应用研究．情报科学，2005，23(12)：1782－1785.

[20]吴慰慈．开拓创新再创辉煌．中国图书馆学报，2002，28(4)：7－8.

[21]杨文祥．21世纪理论图书馆学的理论起点、历史任务和研究思路．中国图书馆学报，2003，

29(2):27－31.
[22]王子舟. 未来图书馆学发展的理性走向. 中国图书馆学报,2003,29(5):5－10.
[23]吴慰慈,张久珍. 当代图书馆学情报学前沿探索. 北京:北京图书馆出版社,2002.
[24]戴维民,等. 20 世纪图书馆学情报学. 北京:北京图书馆出版社,2002.
[25]张怀涛,等. 网络环境下图书馆的发展. 香港:天马图书有限公司,2002.
[26]马费成,宋恩梅. 我国情报学研究的历史回顾(Ⅰ). 情报学报,2005,24(4):388－397.
[27]马费成,宋恩梅. 我国情报学研究的历史回顾(Ⅱ). 情报学报,2005,24(5):515－523.
[28]杨文祥. 美国图书馆学学术源流与方法论思想历史嬗变和理论反思:关于 21 世纪图书馆学方法论体系及相关问题的若干思考之三. 图书与情报,2008(3):1－8.
[29]杨文祥. 俄罗斯图书馆学术思想源流与方法论历史嬗变的理论反思:关于 21 世纪图书馆学方法论体系及相关问题的若干思考之四. 图书与情报,2008(4):1－7.
[30]弓克,高爽,李力文. 国外图书馆定位研究与实践. 国家图书馆学刊,2008(4):23－28,45.
[31]肖勇. 我国图书馆学情报学的学科关系(下):基于我国图书馆学与西方图书馆信息学内在关系的探讨. 情报理论与实践,2009,32(10):1－4.
[32]弓克,高爽,李力文. 国外图书馆定位研究与实践. 国家图书馆学刊,2008(4):23－28,45.
[33]黄艳芬. 2000－2006 我国图书馆学基础理论研究热点问题综述. 山东图书馆季刊,2007(2):6－9.
[34]张果果. 图书馆学近十年来研究热点分析及趋势预测. 新世纪图书馆,2007(1):13－15.
[35]黄敏. 近八年我国图书馆学、情报学期刊的发文倾向性研究. 现代情报,2006(5):162－167.
[36]李伟超,周九常. 图书馆联盟知识资源建设知识转移与共享的影响. 图书馆建设,2008(11):32－35.
[37]赵文媛. 中国图书馆联盟研究近况. 图书馆学刊,2009(8):1－3.
[38]邱五芳. 超越习惯学术分野:对图书馆学技术、人文研究的另类思考. 图书馆,2003(2):6－9,14.
[39]卢儒珍,梁灿兴. 图书馆学基础研究中的“理论联系实际”探析. 图书馆杂志,2005(4):14－16,60.
[40]邱五芳. 提升研究准确性应注意的若干问题——图书馆学理论联系实际之我见. 图书馆,2009(3):10－11,15.
[41]梁灿兴. 30 年来图书馆学基础理论建设中理性倾向与理论倾向的交错. 图书馆,2008(6):1－3,7.
[42]韩继章,刘芳,王旭明等. 一代图书馆学人的心路历程(上)(下). 图书馆,2006(4)(5):23－27.
[43]张欣毅. 触摸那只无形的巨手——基于公共信息资源及其认知机制的认识论(上). 图书馆理论与实践,2003(1):7－11.
[44]张欣毅. 触摸那只无形的巨手——基于公共信息资源及其认知机制的认识论(下). 图书馆理论与实践,2003(2):6－9.
[45]王知津,潘永超. 图书馆员核心竞争力研究. 图书馆杂志,2008(10):2－6.

[46]马恒通. 图书馆学认识论研究. 图书馆,2004(6):20-26.
[47]李保珍. 网络环境下信息主体的组织竞争机制探讨. 计算机仿真,2004,24(7):125-129.
[48]李伟超,刘永. 信息技术变革和发展对情报学科的影响. 情报理论与实践. 2006,26(3):285-288.
[49]钟丽萍. 循证实践与行动研究的融合:当代图书情报学研究新范式. 情报理论与实践,2009,32(10):9-12,4.
[50]郑全太,赵海静,刘秀杰. 网络图书馆学——一门新兴的亟待研究的学科. 晋图学刊,2003(5):13-15,20.
[51]王知津,潘永超. 图书馆员核心竞争力研究. 图书馆杂志,2008(10):2-6.
[52]张利. 图书馆核心价值观刍论. 图书馆理论与实践,2009(5):6-8.
[53]龚蛟腾. 图书馆知识管理范式探究. 图书馆理论与实践,2008(4):6-9.
[54]毛赣鸣、杨桂荣、黄盛卿. 图书馆无形资产特性研究(下). 医学信息,2005,18(1):35-41.
[55]韩淑举. 公共图书馆发展的制度视角——制度图书馆学研究:学术起点与实践指向. 图书馆建设,2008(12):40-45.
[56]蒋永福. 制度图书馆学:概念、内容、特点与意义. 图书馆,2009(6):11-13,16.
[57]于鸣镝. 有益的探索 无奈的败笔——评《当代图书馆学情报学前沿探索》. 山东图书馆季刊,2003(2):1-4.
[58]刘国华. 对矛盾说批评与反批评的综述(续). 图书馆界,2004(4):1-6.
[59]梁灿兴. 为可获得性论答朱少强先生. 图书馆,2003(2):15-19,5.
[60]朱少强. 可获得性论:图书馆学第 N 个理论视角. 图书馆,2003(1):28-31.
[61]白君礼,刘学全. 图书馆学本土化误解举隅. 图书馆建设,2010(4):23-26,32.
[62]黎晓辉. 图书馆多元化与学术批评. 图书馆工作与研究,2009(7):18-20.

新世纪十年图书馆学研究方向探析

——基于图书馆学博士学位论文统计数据的生成

刘征鹏(华中科技大学图书馆)

1 概述

图书馆学(Library Science),是研究图书馆事业的发生发展、组织管理以及图书馆工作规律的科学。其目的是总结图书馆工作和图书馆事业的实践经验,建立图书馆学的理论体系,以推动图书馆事业的发展,提高图书馆在人类社会进步中的地位和作用。[1]

图书馆学，作为管理学下属的二级学科，其具有博士学位授予权的单位，计有8所（不含军事院校，见表1）。本文统计数据源于“中国博士学位论文全文数据库”（中国知网）、“中国学位论文全文数据库”（万方数据）、国家图书馆“博士论文库”以及武汉大学图书馆、北京大学图书馆、中国科学院图书馆所收藏的自2000至2010年的172篇博士学位论文。

表1　图书馆学博士学位授权单位批准年统计

学位授权单位	北京大学	武汉大学	中国科学院	南开大学	南京大学	中山大学	吉林大学	中国人民大学
学位授权批准年	1990	1993		2003		2006		

按照《中国图书馆分类法》（第五版）中的“G25 图书馆事业、信息事业”类目设置、根据博士学位论文的“题名”及其“研究方向”款目的分析、归类、统计，探寻近10年来图书馆学的研究方向。

博士学位，是标志被授予者的受教育程度和学术水平达到规定标准的本专业的最高学识水准的学术称号。博士学位论文，则要求著者：（一）在本门学科上掌握坚实宽广的基础理论和系统深入的专门知识；（二）具有独立从事科学研究工作的能力；（三）在科学或专门技术上做出创造性的成果。[2] 因此，对图书馆学博士学位论文的研究方向的探讨，将有利于图书馆事业的可持续发展。

2　统计

据统计，在172篇图书馆学博士学位论文中，归属“G25 图书馆事业、信息事业”类目的论文数量为136篇，占其总数的79.1%；余下的36篇论文主要为出版、发行等类别。

在上述136篇论文中，主要集中在“G250 图书馆学、情报学”、“G252 信息资源服务”与“G254 信息组织”等类目（见表2）；但从五级类目来看，其主要集中在“G250.7 图书馆工作、信息工作自动化和网络化”、“G253.1 文献信息资源获取”及“G254.9 信息检索”等类目；若从六级类目来看，则主要集中在“G255.76 网络信息资源”。

表2　图书馆学博士学位论文的归类统计

一级类目	二级类目	三级类目	数量	
G25 图书馆事业、信息事业	G250　图书馆学、情报学	G250.1　图书馆学	5	30
		G250.2　情报学	6	
		G250.7　图书馆工作、信息工作自动化和网络化	19	
		G250.9　图书馆学史、情报学史		
	G251　图书馆管理　信息工作管理	G251.2　组织机构	3	9
		G251.3　规章制度	3	
		G251.4　业务统计		
		G251.5　业务研究与辅导		
		G251.6　图书馆工作者、信息工作者	3	
	G252　信息资源服务	G252.0　读者、信息用户的研究	9	23
		G252.1　图书宣传与阅读辅导		
		G252.2　阅览服务		
		G252.3　外借服务		
		G252.4　文献传递与馆际互借	7	
		G252.5　流通站、流通书车		
		G252.6　参考咨询	6	
		G252.7　信息检索服务(宜入G254.97)		
		G252.8　信息研究与服务	1	
		G252.9　其他		
	G253　信息资源建设	G253.1　文献信息资源获取	13	13
		G253.3　图书交换		
		G253.4　登记整理		
		G253.5　文献信息资源保管和典藏		
		G253.5　文献信息资源保护		
	G254　信息组织	G254.0　信息组织理论	2	19
		G254.1　分类法	3	
		G254.2　主题法	1	
		G254.3　信息描述	2	
		G254.9　信息检索	11	

续表

一级类目	二级类目	三级类目	数量	
	G255　各类信息资源工作	G255.76　网络信息资源	14	14
	G256　文献学	G256.1　图书学	3	4
		G256.2　版本学	1	
		G256.3　校勘学		
		G256.4　题跋、书评研究		
	G257　目录学		11	11
	G258　各类型图书馆、信息机构	G258.1　国家图书馆、国家信息中心		5
		G258.2　公共图书馆、地区信息中心	4	
		G258.3　企业图书馆、企业信息中心		
		G258.41　政府机关图书馆		
		G258.42　部队图书馆、部队信息中心		
		G258.43　工会图书馆、工会信息中心		
		G258.5　专业图书馆、专业信息中心		
		G258.6　高等学校图书馆		
		G258.7　少年儿童图书馆		
		G258.8　其他	1	
		G258.9　图书馆、信息机构建筑和设备		
	G259　世界各国图书馆事业、信息事业	G259.1　世界		8
		G259.2　中国	7	
		G259.3　各国	1	

3　结语

首先，上述的统计数据说明，网络文献的研究无疑是近十年来研究热点，随着网络技术的不断发展，其研究态势仍将持续稳定地增长；其次，本土化的研究依然为其主要研究方向；此外，不论是从文献载体上，还是从文献保存空间上来看，实体的研究占据绝对优势。

综上所述，图书馆学的历史源远流长，利用图书馆获取信息，将是读者不可或缺的一种生活方式。随着网络社会的到来，图书馆事业得到空前的发展，图书馆学的研究，已不仅仅局限于图书馆本身，它将更充分、深入地涉及经济、政治、文化、教育和科学研究等诸多方面；而揭示有关收集、组织、检索和利用文献、信息和知识的规律，则将成为人们都必须掌握的具有方法性质的科学。

参考文献

[1]周文骏，金恩晖. 图书馆学//中国大百科全书：图书馆学·情报学·档案学. 北京：中国大百科全书出版社，2009.

[2]中华人民共和国学位暂行实施办法. http://www.moe.edu.cn/edoas/website18/97/info5897.htm.

[3]黄宗忠. 论图书馆学研究的国际化、本土化、专业化. 图书馆刊，2010(8)：1-4.

[4]国家图书馆《中国图书馆分类法》编辑委员会. 中国图书馆分类法（第五版）. 北京：国家图书馆出版社，2010：123-128.

[5]孙玲玲. 1979~2009中国图书馆学理论体系研究进展评析——兼论21世纪图书馆学理论体系的构建. 河北大学，2010.

[6]傅荣贤，马海群. 论图书馆学研究范式的历史演进及其当代建构. 情报资料工作，2011(1)：11-15.

[7]国务院学位委员会办公室. 中国学位授予单位名册（1994年版）. 北京：高等教育出版社，1995.

[8]国务院学位委员会办公室. 中国学位授予单位名册（2000年版）. 北京：高等教育出版社，2001.

[9]国务院学位委员会办公室. 中国学位授予单位名册（2006年版）. 北京：高等教育出版社，2007.

[10]万方数据学位论文库. http://c.wanfangdata.com.cn/Thesis.aspx.

[11]国图博士论文库. http://res4.nlc.gov.cn/home/index.trs? channelid=3.

[12]中国博士学位论文全文数据库. http://acad.cnki.net/Kns55/brief/result.aspx? dbPrefix=CDFD.

[13]武汉大学图书馆学位论文系统. http://202.114.65.60/tpi_26/Thesis/index.asp.

[14]北京大学图书馆学位论文数据库. http://thesis.lib.pku.edu.cn/dlib/List.asp? lang=gb&DocGroupID=8.

[15]中国科学院学位论文数据库. http://dpaper.csdl.ac.cn/xwlw/index.jsp.

[16]国家图书馆《中国图书馆分类法》编辑委员会. 中国图书馆分类法（第五版）. 北京：国家图书馆出版社，2010：123-128.

附录

图书馆学博士学位论文目录

学位授予单位	学位授予年	著者	研究方向	题　　名
武汉大学	2000	周晓燕	图书馆学原理	信息环境下中国图书馆学理论研究
		李晓红	社会科学信息管理	我国网络信息服务管理机制研究
	2001	方　卿		基于网络的科学信息交流载体整合与过程重构研究
		王桂平	文献与出版	清代江南藏书家刻书研究
		司马朝军	古典文献学	《四库全书总目》研究
		朱静雯	近现代出版业	中国出版企业集团发展研究
	2002	邓小昭	社会科学信息管理	因特网用户信息需求与满足研究
		黄如花		网络信息组织模式的评价研究
		党跃臣		网络出版的知识产权研究
		徐丽芳	近现代出版业	网络出版策略研究
		吴永贵		中华书局与中国近代教育(1912—1949)
		钱建国		中国图书出版业经济问题研究
	2003	姚永春	文献开发与利用	中国出版企业竞争力研究
		贺剑锋	现代目录学	中国出版企业竞争力研究
		司　莉		网络信息的资源组织与揭示及其优化研究
		李明杰	文献与出版	中国古籍版本学的发展与形成时期考辨
		贺子岳	图书馆学理论与图书馆事业	网络环境下图书馆人力资源开发研究
	2004	韩冬梅	咨询与决策研究	美国图书馆数字参考服务研究
		王　晨		产业竞争与政府规制:中国出版业产业组织研究
		孙　强	近现代出版业	中国出版企业无形资产研究
		田方斌	文献与出版	基于供应链的图书营销渠道管理研究
		贾鸿雁	文献学	中国游记文献研究

续表

学位授予单位	学位授予年	著者	研究方向	题　　名
	2005	叶晓林	电子公务与文件管理	中国外交决策支持系统结构研究
		黄　萃		基于门户网站的电子政务信息资源整合机制研究
		周慧文	信息咨询管理	面向公众的政府网站的评估与应用研究
		肖怀志	数字信息资源管理	基于本体的历史年代知识元应用研究
		李洪武	信息资源知识产权	我国出版物对外贸易知识产权问题及对策研究
		尹章池	文献与出版	中国出版体制改革研究
		陈　颖	出版发行学	我国网上书店发展研究
		周耀林	现代目录学	可移动文化遗产保护策略研究
		李　丹		科学研究活动中的知识管理研究
	2006	刘灿姣	书业信息化与书业物流	中国书业物流发展研究
		付先华	目录学	图书馆战略联盟的模式与机制研究
		张喜年	咨询与决策	合作数字参考咨询服务研究
		黄　力		公共决策咨询研究
		张　节	电子政务与文件管理	电子政府战略对应模型及应用研究
		王　霞		电子文件真实性保障问题研究
		廖建军	出版经营管理	中国出版产业竞争力评价问题研究
		张永平		中国科技期刊国际竞争力研究
		邓香莲	出版营销管理	中国高等教育出版产业研究
		万　胜	编辑出版发行研究	中国出版业制度创新研究
		肖　英	信息化与数字信息管理	信息保障及其评价指标应用基础研究
		刘　青	信息资源知识产权	信息控制与获取的法律平衡机制研究
		曾　明		大学知识产权协调管理研究
		韦景竹		版权公共利益研究
		高俊宽		出版者权研究
		徐　进	出版学基础理论研究	中国出版经济政策研究
		刘武辉	数字出版	按需出版的理论与实践研究

续表

学位授予单位	学位授予年	著者	研究方向	题　　名
	2007	肖冬梅	信息资源知识产权	信息资源公共获取制度研究
		周淑云		信息资源公共获取成本研究
		吴志强		数字图书馆权利管理技术的法律问题研究
		曾文武	知识管理	新农村信息服务体系建设研究
		王少辉	电子政务与政府信息化	我国政府信息公开制度研究
		谢春枝	数字图书馆研究	分布式数字图书馆资源整合与服务集成的管理研究
		丛　石	现代目录学	大学数字教学资源的整合研究
		邹　谨		数字资源利用与服务绩效评估研究
		杨　帆	信息咨询与决策	实践社群框架的 Web2.0 数字参考研究
		范丽莉		政府信息资源的有效供给研究
		尹开国		中国管理咨询产业组织研究
	2008	杨凌云		六西格玛在数字参考服务管理中的应用研究
		黄萍莉		国际决策咨询需求与服务研究
		邓灵斌	信息资源知识产权	社会关系视角下的知识转移策略研究
		肖　雪	图书馆学基础理论	促进老年人阅读的公共图书馆创新研究
		马艳霞		民办图书馆研究
		努　万	信息管理与信息系统	对于多语言信息检索建立词典库的研究
		谭春辉	信息管理与科学评价	哲学社会科学创新能力评价模型研究
		胡一女	文献与出版	宋代实录研究
		蔡卫平	文献学	基于读者主体地位的文献资源共享研究
		龚蛟腾	目录学	图书馆知识管理范式变革研究
		姜益民	高新技术产业管理	网络化企业创新发展中的信息保障
		吴建华	网络信息资源管理	数字图书馆评价方法与实证研究
	2009	马刘凤	文献与出版	中国古书凡例研究
		唐　琼	数字信息资源管理	图书馆数字资源选择标准研究
		李卓卓	信息资源建设	信息资源共享系统绩效评估研究
		武利红	现代目录学	网络信息资源书目控制研究
		李　乐	编辑理论	宋代书籍编辑思想研究

续表

学位授予单位	学位授予年	著者	研究方向	题　　名
	2010	吴　钢		国家信息资源保存制度研究
		孙文杰		清代图书市场研究
		张新鹤		我国图书馆信息资源共享机制的体系构建研究
		费　巍		搜索引擎检索功能的性能评价研究
		陈红艳		Web2.0 环境下用户参与的图书馆信息组织模式研究
		贺延辉		俄罗斯图书馆政策法规研究
北京大学	2000	刘　嘉	图书馆学基础理论研究	元数据研究
		许桂菊	文献信息资源开发与利用	网络环境下资源共享研究
	2001	师曾志		基于知识增长的电子期刊质量控制研究
		高　波		网络环境下中日图书馆文献信息资源共建共享比较研究
		董　焱		信息文化及其影响下的人类信息行为研究
		罗志勇		知识共享机制研究
	2002	张久珍		网络信息传播的自律机制研究
		杨开荆	文献学理论与方法	澳门特色文献资源研究与整体发展策略探讨
		王国强	文献资源建设	21 世纪初澳门特别行政区图书馆事业发展规划之研究
		牛继舜	中日韩出版业研究	提升组织学习能力的策略与方法研究
	2003	芮豪晙	编辑学与出版事业研究	中日韩三国出版业现存问题及对策研究(韩)
		王京山	现代编辑出版业研究	网络出版机制创新研究
		刘洪权	传播学与出版事业研究	民国时期古籍出版研究
		谢新洲	信息政策	网络媒体的传播学研究
		燕金武	文献目录学研究	网络信息政策研究
	2004	韩芸著	传播学与出版事业管理	网络环境下图书馆个性化信息服务研究
		张曼玲	信息资源开发利用	中国出版品牌研究
		赵俊玲		网络信息资源保存研究

续表

学位授予单位	学位授予年	著者	研究方向	题　　名
	2005	刘耀著	编辑出版与信息资源管理	网络信息传播的技术控制
		邓咏秋	现代出版业研究	中国出版业现代化研究
		马建华	信息资源开发与利用	中国化学研究产出的文献计量学评价研究
		刘兹恒	世界各国图书馆事业	20 世纪中国的图书馆学本土化研究
		李国新		中国图书馆法治若干问题研究
		沈振辉		澳门公共图书馆历史与发展策略研究
		乔　欢	图书馆自动化/网络化	数字图书馆评价研究
	2006	杨文祥	图书馆学理论/信息理论	信息资源价值研究
	2008	王丽华	图书馆自动化/网络化	图书馆联盟运行机制研究
		唐承秀	图书馆学理论	图书馆内部管理沟通实证研究
	2009	王素芳	各类型图书馆	公共图书馆弱势群体服务研究
		谷秀洁	图书馆自动化/网络化	机构知识库(IR)相关著作权问题研究
中国科学院文献情报中心	2000	张福学	图书馆网络化信息服务	图书馆 Web 站点服务理论与实践研究
		张智雄	广域网文献信息系统	Internet 科技信息资源门户网站(STIP)系统的实践研究
		孙　坦	文献信息开发利用	数字图书馆理论与发展模式研究
	2001	肖　明	广域网文献信息系统	WWW 科技信息资源自动标引的理论与实践研究
		肖　燕	图书馆事业管理	网络环境下的著作权法与图书馆
		石宝军	文献学/目录学	电子文献研究
	2002	鞠文红	图书馆事业管理	公共非营利性图书情报机构管理
		毛　军	检索语言	Web 信息服务中受控语言研究
		李广建		个性化网络信息检索系统的研究与实现
		王进孝	信息资源管理	网络商务信息资源管理的理论与实践研究
		冷伏海	信息管理与咨询服务	支撑中小企业的信息管理与咨询服务体系研究

续表

学位授予单位	学位授予年	著者	研究方向	题　　名
	2003	缪　园	研究生教育	基于学科的中国科学院研究生教育质量保障研究
		陈定权	数字图书馆的Web主题资源建设	自动主题搜索的应用研究
		程　军	信息资源管理	基于统计的文本分类技术研究
		初景利		图书馆数字参考咨询的理论与实践研究
		皮介郑	IL理论及教育实践	信息素质理论与教育研究
	2004	黄　颖	图书馆服务	图书馆治理的比较制度分析
		向桂林	信息检索系统	XML引擎研究
		李　景		本体理论及在农业文献检索系统中的应用研究
	2005	盛小平	图书馆管理	基于知识管理的图书馆管理创新研究
		王　欣	图书馆自动化	数字图书馆服务动态集成中的服务描述机制
		高　凡	图书馆自动化/网络化	图书馆联盟实现机制与策略研究
		李春旺	图书馆服务	学科馆员平台研究与建设
		宛　玲	图书馆管理/知识产权	数字资源长期保存权益管理机制研究
	2006	李　宏	图书馆事业/服务	图书馆共建共享效益相关问题研究
		孔　敬	文献标引、分类	面向中文学术文献处理的本体学习研究
		郭德华	信息资源开发利用	标准草案信息资源开发利用研究
		束　漫	图书馆服务	城市发展中的公共图书馆服务研究
		江　淇		可重用的动态用户建模研究
		李　宇	图书馆服务	数字图书馆服务信任协商
		符绍宏	信息资源利用	政府信息资源社会化开发利用的机制研究
		张学福	信息检索	基于概念空间的文本信息检索可视化研究
		张　秋	图书馆信息服务	基于用户的交互式数字图书馆服务
		宋丽萍	米氏定律	基于网络的学术信息交流体系研究
		黄永文	图书馆自动化	数字图书馆中的ETL关键问题研究

续表

学位授予单位	学位授予年	著者	研究方向	题　　名
	2007	梁　娜	检索服务	基于分布登记系统的服务元对象发现与服务描述配置
		刘　峥	文献资源建设	科研群体个性化科技期刊保障体系优化配置研究
		付鸿鹄	信息检索系统	基于段落检索和段落内容分析的知识化检索系统研究
	2008	惠　瑶	开放存取	公共资助科研成果自存储政策研究
		吴清强	主题结构	主题结构构建技术优化研究
		刘　华	信息保障与信息需求	面向企业技术创新的信息保障体系及策略研究
		韩　涛	情报研究	知识结构演化深度分析的方法及其实现
	2009	李书宁		用户情景敏感的数字信息服务若干关键技术研究
		周　倩	数字版权	图书馆网络用户信息隐私保护研究
		郭文丽		基于粒度的本体模块化研究
		张　玫	数字文献资源保障体系	数字资源长期保存可信度保障体系研究
		顾立平		网络信息行为的差异化用户模型——创建与使用型人
		黄国彬	数字资源长期保存	适用于图书馆的著作权例外研究
		常　唯	数字资源利用	网络环境中用户标注对数字资源利用的影响研究
南京大学	2007	陈　雅		基于知识的图书馆研究——从基本理论分析框架到管理模式
	2010	范兴坤		中国大陆地区图书馆事业政策研究（1978—2008）

续表

学位授予单位	学位授予年	著者	研究方向	题　　名
南京大学	2007	周九常		企业网络组织竞争情报模式研究
		刘　冰		动态环境下企业竞争情报力研究
		侯延香		企业预警情报管理研究
		屈宝强		企业战略信息管理的调控研究
	2010	于晓燕		基于网格的数字图书馆模式构建研究
		詹　越		知识型员工个人知识管理能力影响因素研究
吉林大学	2010	王　强		学科馆员与大学图书馆知识服务研究
		关　欣		数字图书馆知识管理研究
		刘　佳		数字图书馆知识服务能力评价研究

信息哲学与信息时代的图书馆哲学

——新世纪10年我国图书馆哲学研究进展回顾与展望

许　亮　芦玉海　陈红月　赵　玥(北京建筑工程学院图书馆)

图书馆哲学是图书馆学理论的重要组成部分之一,是对图书馆实践活动和图书馆学理论成果作高度的抽象和系统的概括。“图书馆哲学、电子图书馆和图书馆方法是图书馆事业的三大基石,也是图书馆学理论和图书馆学教育的三大支柱”。[1]开展图书馆哲学研究,“对于推动图书馆事业建设和图书馆学研究的发展,培养人们的正确的图书馆价值观,促进图书馆学和哲学的共同繁荣都具有重大的现实意义”。[2]21世纪10年我国图书情报界对图书情报学领域存在着三种不同形态的哲学理论,即图书馆哲学、情报学的哲学基础和信息哲学进行了不同程度的研究,涌现出了许多优秀的研究成果,极大地推动了图书馆哲学研究和图书馆学理论的发展与进步。

1　新世纪10年我国图书馆哲学研究总结与回顾

1.1　新世纪10年我国图书馆哲学研究进展

图书馆哲学是图书情报学领域第一种形态的哲学理论。图书馆哲学产生于20世纪30年代。美国图书情报学家丹顿(J. Periam Danton)于1934年在《呼唤图书馆哲学》一文中最早提出“图书馆哲学”(philosophy of librarianship)这一概念,标志着图书馆哲学的诞生。之后,英国情报学家包菲尔德(A. Broadfield)于1949年发表《图书馆哲学》一书,1975年《美国图书馆哲学文选》出版。[3]我国最早对图书馆哲学开始研究的是庄义逊,他于1984年发表了《图书馆学的哲学研究述评》一文,正式开我国图书馆哲学研究之先河。我国台湾学者高锦雪于1985年出版《图书馆哲学之研究》一书。1987年,《大学图书馆通讯》刊登了美国图书馆学家谢拉(J. H. Shera)的《图书馆哲学》一文。

21世纪以来,图书馆哲学研究逐渐成为我国图书情报学领域的一个研究热点,发表了许多研究成果(数量统计见表1),主要有:张广钦的《试论图书馆的哲学内涵》(2000),刘君、易长芸的《关于图书馆哲学两个问题的探讨》(2000),蒋永福的《图书馆哲学是什么》(2001),王梅的《试论图书馆哲学的人文转向》(2001),郑全太的《图书馆哲学与图书馆实践关系研究》(2003),翟秀云《我国图书馆哲学研究述评》(2003)、叶鹰《图书馆哲学的学理与精神》(2004)、刘中威的《图书馆哲学的应用研究》(2005),陈维军的《图书馆哲学辨析》(2006)等。

表1　2000—2009年中国知网(CNKI)收录的图书馆哲学论文数量

年代	2000	2001	2002	2003	2004	2005	2006	2007	2008	2009
篇数	6	6	4	5	7	6	7	8	4	2

吴慰慈先生在《图书馆学新探》一书中对近20年来我国图书馆哲学的研究成果进行了总结,指出加强图书馆哲学研究非常必要,因为它“有助于我们更清楚地认识图书馆的作用和价值,有助于提高图书馆学在学术界的地位,有助于深化图书馆学基础理论研究,发展出具有普遍意义的学术思想和理论”。[4]

1.2　新世纪10年我国情报学的哲学基础研究进展

情报学的哲学基础,是图书情报学领域第二种形态的哲学理论。情报学的哲学基础研究开始于20世纪80年代。1980年,英国图书情报学家布鲁克斯(B. C. Brookes)发表了《情报学的基础》一文,首先提出了“情报学的哲学基础”这一问题。他把英国科学哲学家卡尔·波普尔(K. Popper)的“三个世界”的哲学理论作为情报学的理论基础。我国学者王崇德、邓亚桥等于 1983 年翻译了布鲁克斯的《情报学的基础》一文,发表在《情报科学》上。之后,国内外学者,对情报学的哲学基础开展了各种研究。

21 世纪以来,情报学的哲学基础的研究成为情报学理论研究的一个重要组成部分,发表了许多研究成果(数量统计见表 2),主要有:赵蓉英、侯经川的《近十年来情报学的发展及其哲学思考》(2003),俞传正的《论科学哲学对情报学理论方法的影响》(2005),谢先江、张国骥的《波普尔科学哲学核心思想及情报学应用再探》(2006),许志强、张亚君的《再论情报学的哲学基础》(2008),陈忆金的《现代情报学的理论基础——信息哲学》(2008),王知津的《情报学理论的哲学研究进展》(2009)等。

表 2 2000—2009 年中国知网(CNKI)收录的情报学的哲学基础论文数量

年代	2000	2001	2002	2003	2004	2005	2006	2008	2009
篇数	0	0	1	1	0	1	1	2	1

王知津教授在《情报学理论的哲学研究进展》一文中,对 21 世纪 10 年关于情报学哲学基础的观点进行了总结,探讨了图书情报学领域认可度较高的三种哲学基础,即①波普尔的"三个世界"理论;②刘植惠和秦铁辉的"四个世界"理论;③弗洛里迪的"信息哲学"。王知津教授认为,国内学者应该对情报学的哲学基础进行深入、细致的研究,明确情报学的哲学理论基础。因此,开展情报学的哲学基础研究,对于图书情报学建立自身理论基础、实现科学发展具有非常重要的意义。

1.3 新世纪 10 年我国信息哲学研究进展

信息哲学是继图书馆哲学、情报学的哲学基础之后,在图书情报学领域产生的第三种形态的哲学理论。信息哲学产生于 20 世纪 90 年代。1996 年,意大利哲学家、牛津大学教授弗洛里迪(Luciano Floridi)提出了"信息哲学"(Philosophy of Information,简称 PI)这一概念。2002—2004 年,弗洛里迪在国际权威哲学刊物《元哲学》上先后发表了《什么是信息哲学》和《信息哲学的若干问题》两篇论文,标志着信息哲学作为哲学的一门独立的分支学科在国际哲学界的诞生。国内最早对弗洛里迪的信息哲学进行介绍的是中国社会科学院刘钢研究员,他于 2002 年和 2004 年翻译了弗洛里迪的《什么是信息哲学》和《信息哲学的若干问题》,先后发表在《世界哲学》上。从刘钢对弗洛里迪信息哲学的译介开始,国内学术界开始逐渐关注这一领域,发表了一系列的研究成果(数量统计见表 3,学科分布见图 1)。

表 3　2000—2009 年中国知网(CNKI)收录的信息哲学论文数量

年代	2000	2001	2002	2003	2004	2005	2006	2007	2008	2009
篇数	0	1	2	5	8	7	9	7	9	8

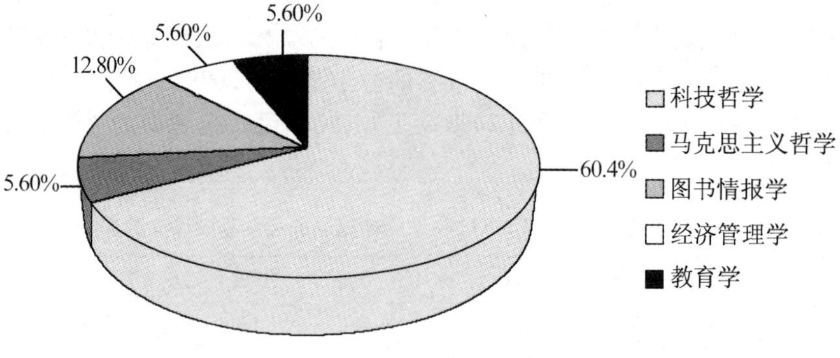

图 1　2000—2009 年国内信息哲学主要研究成果从属学科分布图

与此同时,国内学术界举办了多次信息哲学领域的学术会议。从 2000—2005 年,北京大学交叉信息科学研讨班先后举办了 16 场专题报告。2005 年,在北京师范大学召开了“信息科学交叉研究研讨会”,出版了论文集《信息科学交叉研究》,总结了我国目前在信息概念、一般信息理论、部门信息科学、信息哲学等领域的主要研究成果。2007 年,北京信息文化论坛在北京理工大学举行,该论坛围绕信息文化概念,就信息哲学、信息科学技术与当今生活方式的关系展开了议题讨论。2008 年 9 月 21—30 日,信息哲学创始人弗洛里迪教授访问中国,先后在中国社会科学院、北京理工大学、中国人民大学、北京大学以及西安交通大学做了六场系列学术讲演。

在国际学术界,最早把信息哲学引入图书情报学领域开展研究的是弗洛里迪,他在《关于把图书情报学定义为应用信息哲学》(2002)中,分析了信息哲学、图书情报学、社会认识论之间的关系,提出了“图书情报学是应用信息哲学”的观点。[5] 美国图书情报学家 K. R. 赫罗尔德的《图书馆学与信息哲学》一文,从信息的属性分析、图书馆学向信息科学的转变、信息哲学与图书馆工作实践的关系几个方面进行了论证,提出“图书馆员应该积极成为信息哲学辩论的积极参与者”的观点。[6] 国际图书情报学核心期刊《Library Trends》于 2004 年出版了一期有关信息哲学的专刊,其中收录了 Bernd Frohmann 的《文献综述:信息哲学的前言》, Amanda Spink 和 Charles Cole 的《通向信息哲学的人类信息行为》等文章。国内最早把信息哲学引入图书情报学领域进行研究的是张福学,他在《信息哲学论要》(2003)中指出,"信息哲学自身也是一种图书情报哲学,这就意味着图书情报学可以被看做是应用信息哲学,而信息哲学就可以成为图书情报学的理论基础"。[7]曹文娟、赖茂生在《信息哲学研究综述》(2004)中指出:"通过分析图书情报学的研究方法、层次、研究对象与规模和研究目标,我们可以得出信息哲学能够作为图书情报学的理论基础这样的结论。"[8]陈忆金在《现代情报学的理论基础——信息哲学》(2005)中指出,信息哲学可以作为情报学的理论基础,原因有三:第一,信息哲学与情报学有着共同的研究对象和范畴;第二,信息哲学可以为情报学研究提供方法论指导;第三,信息哲学为情报学提供理论规范。[9]王知津在《情报学理论的哲学研究进展》(2009)中指出:"20 世纪末信息哲学的兴起为解决信息社会各种问题提供了哲学基础,也为情报学带来了一个建立自身理论基础的机遇。"[10]

1.4 新世纪 10 年三种不同形态的图书馆哲学研究比较

图书馆哲学、情报学的哲学基础、信息哲学这三种不同形态的图书馆哲学,在 21 世纪的前 10 年(2000—2009 年)经历了不同的发展轨迹。通过对 2000—2009 年中国知网(CNKI)收录的有关图书馆哲学、情报学的哲学基础、信息哲学的相关论文的研究分析和比较(见图 2 和图 3),我们可以得出这样的结论:图书馆哲学研究在 21 世纪前 10 年的发展较为平稳,但是发展缓慢;情报学的哲学基础研究在 21 世纪前 10 年的发展一直在较低水平线上徘徊,甚至停滞不前;而信息哲学在 21 世纪前 10 年发展非常迅速,一直呈现出蓬勃发展的趋势。

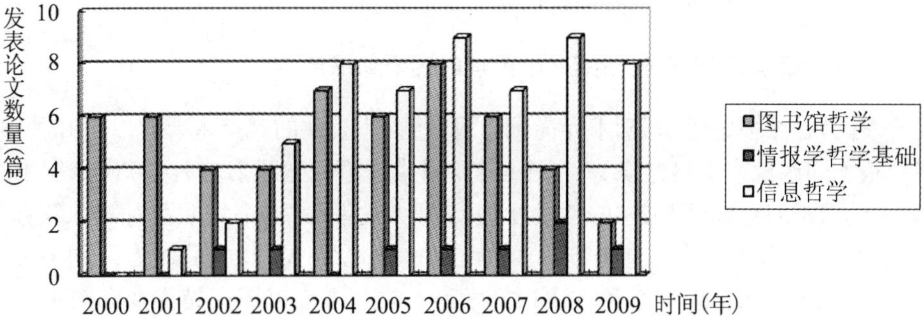

图 2　2000—2009 年图书馆哲学、情报学的哲学基础、信息哲学论文数量

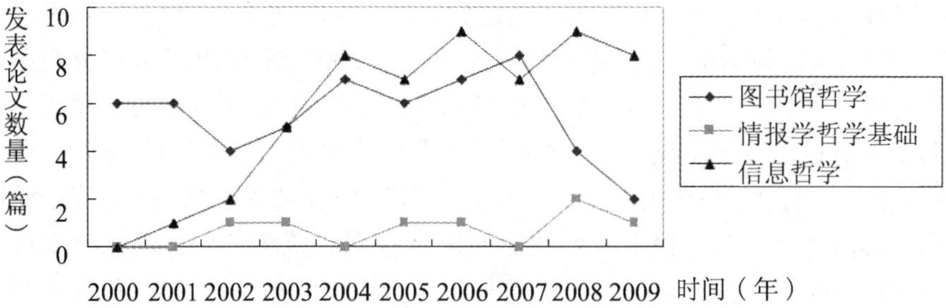

图 3　2000—2009 年图书馆哲学、情报学的哲学基础、信息哲学发文数量变化趋势图

从对上面图表的观察与分析，可以得出这样的结论：21 世纪 10 年图书馆哲学研究的现状不容乐观，“图书馆哲学这一研究议题并没有成为图书馆学的研究重点，没有形成丰富的研究成果，也没有形成一个核心作者群”。[11]在信息技术和信息化浪潮主导的 21 世纪，随着“图书馆学的研究轴心从过去的‘图书馆’开始向‘信息’发生转移”，“信息”逐步成为图书馆学的核心概念，成为“统摄图书馆学概念体系的轴心”。[12]在这种背景下，图书馆哲学研究应该与时俱进，充分吸收信息哲学的研究成果，把信息哲学作为图书馆哲学研究和图书情报学哲学基础研究的新范式，从而为图书情报学建立起全新的哲学理论基础，促进图书馆哲学、图书情报学建立起新的科学理论体系，在信息时代实现科学发展。

2　信息时代的图书馆哲学内涵新探

2.1　新世纪 10 年我国图书馆哲学内涵研究综述

什么是图书馆哲学，学术界尚未达成一致，代表性的观点主要有以下几种：第一，根本问题说。于良芝认为，“图书馆职业哲学（也称图书馆哲学）讨论图书馆职业的根本问题，如图书馆的性质、图书馆职业的使命、图书馆职业对知识及真理的态度、图书馆职业的价值观等”。[13]第二，本质规律说。周文骏认为，“图书馆哲学是关于图书馆本质规律和方法论的学科。它一方面是图书馆实践和图书馆学理论研究的总结、提炼和升华，另一方面也是哲学原理在图书馆领域的应用”。[14]第三，感悟理解说。蒋永福认为，“图书馆哲学就是图书馆人深思图书馆现象时获得的一种思维深处的感悟与理解”。[15]第四，实践提炼说。李明华认为，“图书馆哲学是对图书馆实践，对图书馆的认识，对图书馆精神与图书馆文化的高度提炼和升华”。[16]第五，基础理论说。黄宗忠认为，“所谓图书馆学基础理论，也可以叫图书馆哲学。两者在本质上是一回事”。[17]第六，三层含义说。翟秀云认为，图书馆哲学包含三层含义:“①图书馆哲学是对图书馆现象进行哲学思维的产物;②图书馆哲学研究探讨的是图书馆理论与实践中的本质问题;③图书馆哲学是一种理论思维方式,是一种价值观和方法论。”[18]

2.2 从哲学及其分支学科的内涵看图书馆哲学的定义

在探讨“图书馆哲学”的定义之前,我们可以先考察一下哲学的内涵以及其分支学科的定义,从中找出一些可供借鉴的规律。

哲学是什么?“哲学”(philosophy)一词来自希腊语 philosophia,由“爱”(philo)和“智慧”(sophia)两词组成,意思是“爱智慧”。汉语“哲”字亦为“智慧”、“明智”的意思。19 世纪日本最早的西方哲学传播者西周首次借用汉语的“哲”、“学”两字指称源于古希腊罗马的西方哲学学说。1896 年前后,中国学者黄遵宪(1848—1905)将这一名称介绍到中国,为中国学术界所接受。概括地说,哲学是“关于世界观的学说”,是“人们对整个自然界、社会和思维的根本观点的体系”,是“系统化、理论化的世界观”。[19]

通常而言,哲学包括自然哲学、社会哲学、经济哲学、政治哲学、历史哲学、法哲学、教育哲学、管理哲学等分支学科和研究领域。经济哲学是“经济学和哲学结合而产生的跨学科交叉科学”。[20]经济哲学研究“从经济学结束和尚未开始的地方起步,对经济学的逻辑前提、研究方法、认识旨趣、价值取向等进行哲学澄清和透视”。[21]历史哲学是指“研究社会历史最一般规律或研究认识这些规律的方法的学科”。[22]从广义上来讲,“历史哲学系指关于历史研究和历史叙述结果的价值评价,即不是关于历史的事实评价,而是关于历史的价值评价。历史哲学探求历史的统一性,历史的意义、结构和目标,历史的认识乃至形而上学问题”。[23]

通过对哲学、经济哲学、历史哲学定义的研究,我们可以把图书馆哲学定义为:图书馆哲学是研究图书馆现象与图书馆实践的本质属性、普遍规律、基本原理的科学,是哲学方法论在图书馆实践创新与理论研究的具体应用。图书馆哲学不同于图书馆学基础理论的地方在于,它是对图书馆本质规律的探讨,是指导图书馆实践发展的科学发展观和方法论。[24]

2.3 从信息哲学的角度看图书馆哲学的定义

马克思曾说:“任何真正的哲学是自己时代精神的精华。”从这层意义上来说,信息时代精神的精华应该是把信息作为核心概念和研究范畴的信息哲学。如果说图书馆经营时代(20 世纪)的轴心是图书馆,信息技术时代(20 世纪末至今)的轴心是信息;那么,处在信息技术和信息化浪潮主导的 21 世纪的图书馆哲学,要想保持旺盛的活力,就需要不断吸收和借鉴国内外哲学社会科学研究的有益成果,就需要把握当代人类社会实践的深刻变化以及当今世界的总体特征和时代精神。具体而言,处在信息时代的图书馆哲学,应该充分吸收当代信息哲学的研究成果,在研究方法、研究范式等方面吸取信息哲学的有益之处,实现图书馆哲学的信息转向。从信息哲学的角度定义图书馆哲学,就是这种转向的具体表现之一。

信息哲学的创始人、意大利著名哲学家弗洛里迪在《什么是信息哲学?》一文中,这样定义“信息哲学”,他说:“信息哲学(PI)是一哲学领域,涉及 a)信息的概念本质和基本原理,包括其动态学、利用和科学的批判性研究,以及 b)信息的理论和计算机方法论对哲学问题的详细阐述和应用。”[25] 弗洛里迪指出,作为一门新领域的信息哲学,不仅对“信息的本质是什么”问题进行了回答,而且提供了不同于数据通信的定量理论(信息论)的批判性研究,“引入了一种创新的方法论。从信息与计算科学与信息与通信技术的方法论和理论提供的有利一面入手,将它的研究触角深入到信息的概念本质、动态学以及利用”。[26] 所以,“信息哲学大有希望成为我们这个时代最令人激动和最富有成果的哲学研究领域。它将影响到我们处理新老哲学问题的整个方式,引起哲学体系的实质性创新。这将代表哲学的信息转向”。[27]

从弗洛里迪对信息哲学的定义看,我们认为,信息时代的图书馆哲学应该与时俱进,紧跟“哲学的信息转向”的步伐,从信息哲学的角度来重新思考和界定的图书馆哲学的内涵。具体而言,信息时代的图书馆哲学的内涵应该包括两个方面,“第一,图书馆的本质、图书馆工作的普遍规律、图书馆学的基本原理;第二,图书馆学理论和图书馆实践方法论对哲学问题的详细阐述和应用”。[28]

3 信息时代的图书馆哲学学科性质新探

3.1 新世纪 10 年我国图书馆哲学学科性质探讨综述

图书馆哲学性质的探讨,就是要回答下面的问题:图书馆哲学是一门独立的学科吗?图书馆哲学属于哪一门学科?关于这些问题,学术界主要存在以下几种观点:①图书馆哲学属于哲学分支学科。蒋永福认为,“图书馆哲学就是专门揭示和解释图书馆现象本质的部门哲学”。[29] 翟秀云认为,“图书馆哲学既是人们对图书馆现象进行哲学思维而产生的哲学门类,又是哲学原理和方法在图书馆领域中应用而产生的哲学门类。所以图书馆哲学既是一种部门哲学或专业哲学,又是一种应用哲学”。[30] ②图书馆哲学是图书馆学分支学科。张广钦认为,“图书馆哲学并不是哲学的分支学科,而是具有浓烈图书馆学个性特征的图书馆学分支学科的内容”。[31] 于明镝认为,“图书馆哲学到底是什么性质的学科?以本人愚见,它是图书馆学的一个分支学科,是图书馆人应用哲学原理解决图书馆根本问题的理论化和系统化”。[32]③图书馆哲学是图书馆学和哲学的交叉学科，既属于图书馆学又属于哲学。何长青认为，“图书馆哲学既是哲学范畴的一门具体应用哲学或部门哲学学科，又是图书馆学的基础理论学科”。[33]刘君、易长芸认为，“图书馆哲学是图书馆学和哲学内在结合而产生的一门新兴交叉科，是关于图书馆的哲学理论”。[34]④图书馆哲学既不是哲学的分支学科，又不是独立的图书馆学学科。陈维军认为，从信息哲学的角度看，“图书馆哲学显然根本不具备成为哲学分支的基本条件”，因为它“不具备一个独立学科应有的体系结构和理论特征，并且缺乏文献、学术界各方面的支持，它也无法独立地指导图书馆学和图书馆实践。图书馆哲学并不符合成为独立学科的基本条件，并不是一门独立的学科”。[35]

3.2 从信息哲学的角度看图书馆哲学的学科性质

弗洛里迪提出，一门新的哲学研究领域要成为一门独立的哲学分支学科，需要具备以下四个条件：①它不仅能够对正统哲学的主题作出详尽、明确和清晰的解释，而且还要对经典的“tiesti”（是什么）作出同样的交代，从而使之成为一种特殊的“××哲学”（philosophy of）；②新领域能够成为有效的收敛吸引子，即在这个领域产生的成果足以吸引大量的资源，包括人力的和财力的等；③新领域要有足够的影响力，能够将各种资源聚拢起来形成合力，而且还要能够从已经成熟的研究领域“挖”资源，而不是相反；④最后，新领域研究内容要极为丰富，这样便可以组织起泾渭分明的子领域或下属学科，只有这样才能满足专业化的需求，这包括研究队伍、教学队伍以及应用领域的合理人才配置。[36]按照上面的标准，弗洛里迪对信息哲学是否能成为哲学的一门独立分支学科进行了分析，他认为，“它（信息哲学）代表一个独立的研究领域（独特的话题）；它能为传统的和新的哲学话题提供一种创新的方法（原创性的方法论）；它能与其他哲学分支比肩并立，为信息世界和信息社会的概念基础提供系统论证（新的理论）。从我们目前的研究看，信息哲学作为一个独立的研究领域能够满足上述四个条件”。[37]

从弗洛里迪关于信息哲学是一门独立分支学科的标准看，图书馆哲学显然不完全具备成为哲学的独立分支学科的所有条件。首先，图书馆哲学从本体论的角度对图书馆的概念内涵、本质属性、社会功能进行了明确的解释，成为一种特殊的“图书馆哲学”（philosophy of librarianship），满足了条件①。其次，图书馆哲学还没有“成为有效的收敛吸引子”，图书馆哲学研究产生的成果还没有引起图书情报学领域研究者的足够重视，没有吸引大量的研究者和研究资源，不满足条件②。第三，图书馆哲学具备了一定的影响力，但是还没有“足够的影响力”，还不能够将各种资源聚拢起来形成合力，不满足条件③。第四，图书馆哲学的研究内容不太丰富，不可能组织起泾渭分明的子领域或下属学科，不能满足专业化的需求，没有专门从事图书馆哲学的研究队伍、教学队伍以及应用领域的合理人才配置，不满足条件④。因此，图书馆哲学虽然代表一个独立的研究领域，拥有独特的话题，但是却不能为传统的和新的哲学话题提供一种原创性的方法论。而且，图书馆哲学目前还只局限在图书情报学领域，没有得到哲学领域学者的认可，还不能与其他哲学分支（如经济哲学、法律哲学、历史哲学等）比肩并立。所以，图书馆哲学还不完全具备弗洛里迪所提出的"一门新的哲学研究领域要成为一门独立的哲学分支学科需要具备的四个条件"，还不是一门独立的哲学分支学科。

同时，按照《中华人民共和国国家标准学科分类与代码表 GB/T 13745—92》（简称《学科分类与代码》）对一门成熟学科应该具备的四个条件（①理论体系和专门方法的形成；②有关科学家群体的出现；③有关研究机构和教学单位以及学术团体的建立并展开有效的活动；④有关专著和出版物的问世）来衡量图书馆哲学，我们认为，图书馆哲学还不是一门严格意义上成熟的学科。然而，图书馆哲学毕竟是从图书馆学中产生出来的研究图书馆活动的本质规律的学科，自然属于图书馆学的一个研究领域或一门分支学科。

3.3 图书馆哲学应属于科学技术哲学

通过对哲学各二级学科的分析，可以得出这样的结论：从学科性质上看，图书馆哲学应该属于科学技术哲学这门二级学科的研究范围。《中华人民共和国国家标准学科分类与代码表 GB/T 13745—92》（简称《学科分类与代码》）指出：学科是相对独立的知识体系，学科群是具有某一共同属性的一组学科，每个学科群包含了若干个分支学科。学科分类要把握科学性原则，即根据学科研究对象的客观的、本质的属性和主要特征及其之间的相关联系，划分不同的从属关系和并列次序，组成一个有序的学科分类体系。在最新修订的《中华人民共和国学科分类与代码国家标准 GBT 13745—2009（人文社科类）》中，哲学这门一级学科被划分为等 9 个二级学科：马克思主义哲学、自然辩证法（亦称科学技术哲学）、中国哲学史、东方哲学史、西方哲学史、现代外国哲学、逻辑学、伦理学、美学。

科学技术哲学（Philosophy of Science and Technology），作为哲学的一个二级学科，是当代自然辩证法的新范式。自然辩证法（Dialectics of Nature）原本是 19 世纪中叶由恩格斯在概括和总结自然科学最新成果的基础上创立的一种自然哲学理论，是研究自然界和自然科学发展一般规律以及人类认识自然和改造自然的一般规律和方法的学科。随着 20 世纪科学技术突飞猛进的辉煌发展，自然辩证法被拓展为一门新兴的综合性的研究领域——科学技术哲学。[38]科学技术哲学是研究自然科学及人文社会科学（包括图书馆学、情报学）的性质和特点、产生的社会条件、发展的历史和现状，揭示其发展的内在根据，阐明其发展的规律性和社会功能的学科。它主要研究一般的哲学方法、逻辑方法在自然科学及人文社会科学研究中的具体运用，探讨各门具体学科的经验认识方法和理论思维方法的性质、特点、类型及其在科学研究中的地位和作用，阐明其研究方法的一般认识论原理。段伟文在《科技哲学 30 年》中指出，“从自然辩证法发展而来的科技哲学始终保留了‘处于自然科学和哲学社会科学的边缘与交叉地带’这一百科全书派的基本特征。中国的科技哲学由自然辩证法研究发展而来，经过至少 50 余年的探索，已经形成了自然哲学、科学哲学、技术哲学、科技伦理、信息哲学、工程哲学等子学科群，从而在内涵上拓展为关于科技的哲学与人文社会科学研究”。[39] 弗洛里迪在《关于把图书情报学定义为应用信息哲学》一文中提出了“图书情报学是应用信息哲学”的观点。这些都表明，图书馆哲学（包括信息哲学），在学科性质上应该属于科技哲学这门二级学科的研究范畴，是科技哲学的一个重要的研究领域。

3.4 图书馆哲学是一门应用哲学

应用哲学是指“运用基础哲学的理论和方法对特定对象（科学部门或实践课题）的哲学反思。它是哲学走向现实的中介，是哲学功能得以实现的一种途径。现代西方哲学发展进程包含着应用哲学学科的兴起，表现为对文化哲学、教育哲学、经济哲学、管理哲学、技术哲学等新学科的研究”。[40] 广义的图书馆哲学（包括信息哲学），作为科技哲学的分支之一，是研究图书情报学中的哲学问题的学科，是图书情报学与哲学之间的交叉学科和边缘学科，其研究内容主要包括：①图书情报学认识论：研究关于文献信息、情报、图书馆的各种看法，对图书情报机构的服务对象、服务过程、服务目的及其与读者的关系的总体认识；②图书情报学伦理学：研究图书情报机构在提供文献信息服务的过程中馆员与读者之间、馆员之间、图书馆与社会大众之间的相互关系和道德规范，探讨现代信息技术和网络技术所引起的伦理问题；③图书情报学逻辑学：研究逻辑推理、演绎的原理和方法在图书情报学中的运用，正确发现和把握图书情报工作和信息服务工作中的客观规律；④图书情报学方法论：研究人类在认识和利用文献信息资源的过程中方法的地位和作用，图书情报学方法论的内容、体系及各种方法之间的相互关系，以及信息论方法、控制方法等在图书情报学中的具体应用。

因此，广义的图书馆哲学（包括情报学的哲学基础、信息哲学）应该属于应用哲学的范畴，是运用基础哲学的理论和方法对图书情报理论及实践的哲学反思，是研究图书情报学中的哲学问题的学科，介于图书情报学与哲学之间的交叉学科。

4 信息哲学应成为新世纪图书馆哲学研究的新范式

21世纪图书馆哲学应该加强信息哲学研究，把信息哲学作为图书馆哲学研究的主要内容和学科范式。这是因为：

①信息论的产生、信息科学与信息技术的发展，是信息哲学作为21世纪图书馆哲学研究新范式的学术背景。20世纪后半叶以来，随着申农信息论的提出，信息科学与信息技术（IST）的发展，引起了一场新的技术革命——信息革命，从而导致了信息经济、知识经济的崛起，进而导致了信息社会、知识社会的出现，人类进入了信息时代和知识经济时代。这是信息哲学兴起的背景，也是传统学科（自然科学、社会科学、思维科学等）转向"以信息认识范式为主导的现代信息科学"的背景，同时也是图书馆哲学研究转向信息哲学范式的背景。信息科学与技术迅速发展，互联网日益普及，图书馆的物理形态由传统实体图书馆转向数字图书馆等新形态，图书馆学的研究对象也由纸质文献资源管理转向数字信息资源建设和管理。为应对信息科学与技术给图书馆发展带来的机遇与挑战，图书情报界应加强对信息科学和信息哲学的研究。具体而言，图书馆哲学的研究对象、研究内容应该向信息哲学转移。在方法论上，图书馆哲学应更多地使用信息哲学的研究方法和研究范式来开展图书馆哲学研究和图书情报学哲学基础研究。[41]

②图书情报学的信息转向，是信息哲学作为21世纪图书馆哲学研究新范式的必要条件。20世纪90年代以来，由于信息科学和技术的迅速发展和长足进步，计算机得到了广泛的应用，互联网、搜索引擎、WEB2.0、云计算等信息技术的迅速发展，使人们的生产方式、生活方式朝着自动化的方向急速地转变、更新。21世纪以来，信息社会、网络社会的出现，不仅改变了人类的思维方式和价值观念，同时也给作为人类文明载体、知识仓储、信息中心的图书馆的发展带来了机遇与挑战，引起了图书馆情报学向信息资源管理学的转向。具体而言，信息社会的种种变革，给图书馆实践和理论（图书情报学）带来了深远的影响，构造出了当代图书情报学发展的新意境，一系列新思想、新方法、新技术应运而生。图书情报学的研究由传统的以纸质为载体的文献转变为以数字形式存储和传递的信息。网络环境下，实现信息与知识的有效组织与管理正成为图书情报学研究的新问题，信息资源管理、知识管理、数字图书馆等方面的理论和实践正成为当今图书情报学研究的重点。与此同时，信息科学与技术的发展，使得图书情报学（Library and Information Science，简称LIS）与信息、信息科学的联系更加密切。图书情报学开始逐渐吸收信息科学的相关研究成果，与信息科学走向交叉与融合。叶继元教授在《图书馆学、情报学与信息科学、信息管理学等学科的关系问题》一文中指出：

"图书情报学是一门实践性很强的学科,核心内容是信息资源选择和分类标引、信息检索、信息系统设计、信息服务和信息教育培训等。"[42] 因此,在图书情报学(LIS)的学科范式转向信息管理学(Information Management Science,简称 IMS)的背景下,图书馆哲学研究也应转向信息哲学研究,把信息哲学作为开展图书馆哲学研究的主要范式。[43]

③图书情报学范式由"图书馆服务范式"向"信息范式"的转换,是信息哲学作为新世纪图书馆哲学研究新范式的内在动因。21 世纪以来,随着图书情报学范式由"图书馆服务范式"向"信息范式"的转换,图书馆哲学研究范式也应由图书馆哲学向信息哲学转换。"范式"(paradigm)一词,是由美国科学哲学家托马斯·库恩提出,指在特定历史时期被某一学科领域普遍接受的规范、理论、方法等。图书馆学范式是指在某一特定的历史时期内被图书馆学所普遍接受的图书馆哲学思想、理论和方法等。美国学者瑞蒙德认为,图书情报学界存在两大方式:一种是图书馆服务范式(library service paradigm),另一种是信息范式(information paradigm)。20 世纪 90 年代以来,随着信息科学与技术的迅速发展,传统的图书馆服务方式已不能适应新的社会背景和技术条件,已经不利于图书馆职业的发展。信息技术的发展及在图书馆的广泛应用,必然要求图书馆服务范式更加关注信息及其管理,必然要求图书馆职业在更大程度上应该采用"信息范式"。21 世纪以来,随着信息被视为社会的重要资源和信息技术被广泛应用于信息处理,图书馆员的身份逐渐转向信息管理人员。在此背景下,图书情报学的许多有识之士开始采用信息范式来改造图书馆实践和进行图书馆学研究。信息范式也就成为了图书馆学研究和图书馆实践的新范式。在此基础上,图书馆哲学研究、图书情报学哲学基础研究应该改变旧有的范式和研究方法,把关注重点从图书馆本质的讨论转向对信息本质的考察,转向信息哲学。[44]

5 结语

21 世纪的前 10 年是人类步入信息时代和信息社会的重要时期。在这短短的 10 年里,信息革命狂飙突进,信息科学与技术迅速发展、数字化信息资源急剧增长、互联网日趋普及、信息化浪潮席卷全球,这些都给图书情报学的发展带来了全新的机遇和严峻的挑战。在这样的时代背景下,图书馆哲学(包括图书情报学的哲学基础、信息哲学)的相关研究经历了不同的发展进程,有的蒸蒸日上,有的日趋衰落,有的停滞不前。在复杂多变的信息环境中,在图书情报学研究重点转向知识、情报、信息的挖掘、管理和利用以及多样化交互式信息服务的提供的学科背景下,作为信息时代的图书馆哲学新范式的信息哲学,不仅可以为图书情报学提供坚实的哲学理论基础，而且可以为图书馆哲学研究提供新范式，更可以为图书情报学研究提供新的世界观和方法论，促进图书情报学建立起新的科学理论体系，在信息时代实现更快地发展。

参考文献

[1]周文骏. 图书馆学情报学丛稿. 北京:国家图书馆出版社,2011:130.

[2]周文骏. 图书馆学情报学丛稿. 北京:国家图书馆出版社,2011:127.

[3]吴慰慈. 图书馆学新探. 北京:北京图书馆出版社,2007:30.

[4]吴慰慈. 图书馆学新探. 北京:北京图书馆出版社,2007:31.

[5]Floridi,L. On defining library and information science as applied philosophy of information. *Social Epistemology*,2002,16(1):37 - 49.

[6]Herold,K. R. . Librarianship and the Philosophy of Information. *Library Philosophy and Practice*, 2001,3(2):1 - 15.

[7]张福学. 信息哲学论要. 情报理论与实践,2003(2):125.

[8]曹文娟,赖茂生. 信息哲学研究综述. 情报理论与实践,2004(3):332.

[9]陈忆金. 现代情报学的理论基础——信息哲学. 图书情报工作,2005(8):55 - 58.

[10]王知津. 情报学理论的哲学研究进展. 图书情报工作,2009(11):6.

[11]吴慰慈. 图书馆学新探. 北京:北京图书馆出版社,2007:31.

[12]王子舟. 图书馆学是什么. 北京:北京大学出版社,2008:123.

[13]于良芝. 图书馆学导论. 北京:科学出版社,2003:166.

[14]周文骏. 图书馆学情报学丛稿. 北京:国家图书馆出版社,2011:127 - 128.

[15]蒋永福. 图书馆哲学散思. 图书情报工作,1998(9):17.

[16]李明华. 大众图书馆哲学探讨. 中国图书馆学报,1999(2):3.

[17]黄宗忠. 浅论图书馆学基础理论的研究与发展趋势. 图书馆杂志,1999(1):6.

[18]翟秀云. 我国图书馆哲学研究述评,中国图书馆学报,2003(3):67.

[19]冯契. 哲学大辞典. 上海:上海辞书出版社,2007:1.

[20]冯契. 哲学大辞典. 上海:上海辞书出版社,2007:4

[21]张雪魁,吴瑞敏."六个转向"折射经济哲学研究新图景. 人文杂志,2011(1):1.

[22]冯契. 哲学大辞典. 上海:上海辞书出版社,2007:5.

[23]金寿铁. 历史哲学更关注未来的历史. 社会科学报,2010 - 12 - 30(5).

[24]赵玥,许亮. 新世纪 10 年我国图书馆哲学研究进展. 高校图书馆工作,2010(6):13.

[25]弗洛里迪. 计算与信息哲学导论. 刘钢,主译. 北京:商务印书馆,2010:38.

[26]弗洛里迪. 计算与信息哲学导论. 刘钢,主译. 北京:商务印书馆,2010:40.

[27]弗洛里迪. 计算与信息哲学导论. 刘钢,主译. 北京:商务印书馆,2010:43 - 44.

[28]许亮,赵玥. 1984—2009 年我国图书馆哲学研究述评. 情报杂志,2010(S2):22.

[29]蒋永福. 图书馆哲学是什么. 图书情报工作,2001(10):5.

[30]翟秀云. 我国图书馆哲学研究述评. 中国图书馆学报,2003(3):68 - 69.

[31]张广钦. 试论图书馆的哲学内涵. 图书情报工作,2000(5):16.
[32]于明镝. 图书馆哲学研究述评. 图书馆工作与研究,2005(2):4.
[33]何长青. 图书馆哲学论纲. 四川图书馆学报,1994(4):11 - 14.
[34]刘君,易长芸. 关于图书馆哲学两个问题的探讨. 图书情报工作,2000(7):10 - 13.
[35]陈维军. 图书馆哲学辨析. 中国图书馆学报,2006(5):79.
[36]刘钢. 当代信息哲学的背景、内容与研究纲领. 哲学动态,2002(9):19.
[37]刘钢. 当代信息哲学的背景、内容与研究纲领. 哲学动态,2002(9):19.
[38]冯契. 哲学大辞典. 上海:上海辞书出版社,2007:942.
[39]段伟文. 科技哲学 30 年. 光明日报,2008 - 11 - 25.
[40]冯契. 哲学大辞典. 上海:上海辞书出版社,2007:7.
[41]许亮,赵玥. 信息哲学:21 世纪图书馆哲学研究的新范式. 图书情报研究,2010(4):3 - 4.
[42]叶继元. 图书馆学、情报学与信息科学、信息管理学等学科的关系问题. 中国图书馆学报,2004(3):16.
[43]许亮,赵玥. 信息哲学:21 世纪图书馆哲学研究的新范式. 图书情报研究,2010(4):4.
[44]许亮,赵玥. 信息哲学:21 世纪图书馆哲学研究的新范式. 图书情报研究,2010(4):5.

新世纪图书馆学基础理论教材的特色与创新

——纪念《图书馆学基础》出版 30 周年

高俊宽(苏州大学社会学院)

1981 年,商务印书馆出版了新中国成立后第一本由北京大学图书馆学系和武汉大学图书馆学系合编的图书馆学基础理论教材——《图书馆学基础》,出版后先后 5 次加印,印数累计达 12 万册,并于 1988 年荣获国家教委颁发的文科教材一等奖。1991 年,《图书馆学基础》出版修订本,内容作了较大幅度的修改,由过去 10 章增加到 14 章,突出了图书馆学的理论色彩,更加强调和注重图书馆管理方面的内容。

进入 21 世纪以来,图书馆学基础理论研究疆域大大拓宽。学术研究需要积累和传承,21 世纪出版的图书馆学基础理论教材,内容与过去相比有了很大变化,但是和《图书馆学基础》一脉相承。图书馆事业的发展需要图书馆学理论的创新,图书馆学理论的创新有助于图书馆事业的发展。通过对新中国成立后图书馆学基础理论教材出版情况的梳理,使我们更加清晰地了解图书馆学基础理论研究的过去与未来。

1 对1949—1999年出版的图书馆学基础理论教材的回顾

新中国成立后,图书馆学教育一直处于低迷状态。1979年7月中国图书馆学会成立大会暨第一次全国科学讨论会在太原召开,大会明确提出要开展图书馆学理论的研究,这是图书馆学复苏的起点,标志着新时期图书馆学研究的兴起。

图书馆学基础理论教材是为图书馆学教育服务的,图书馆学教育的发展需要图书馆学基础理论教材的创新和指导。我国图书馆学教育是从20世纪80年代发展起来的,图书馆学教学教育点从1978年前的北京大学和武汉大学两个快速发展到20世纪80年代末的55个。高等学校图书馆学基础理论教材基本都在20世纪80年代出版,这与20世纪80年代图书馆学研究的日益活跃及当时的学术气氛和图书馆事业发展密不可分。

1977年教育部组织北京大学与武汉大学两校图书馆学系联合编写图书馆学"统编教材",1981年统编教材《图书馆学基础》出版,它是1949年以来正式出版的第一部图书馆学基础理论教材,是20世纪60年代图书馆学基础理论研究的延伸与发展,代表了20世纪70年代末和80年代初图书馆学基础理论研究的水平,并对图书馆学产生了巨大的影响。《图书馆学基础》对图书馆学一些基本概念及原理作出了较新的解释,吸收了部分图书馆现代化的研究成果,不但有图书馆学原理的论述,还有关于图书馆和图书馆事业建设、图书馆业务工作和图书馆现代化的全面论述,它代表了经验图书馆学的一个最为完整的理论体系。1991年出版的修订本,增加了"图书馆学的发展"一章,充实了"图书馆管理"方面的内容,理论色彩更加浓厚,特别是结束语"图书馆未来"中对图书馆未来变化"自动化、网络化、信息化"的预测,在20世纪末和21世纪都得到了很好的验证和实现。

回顾20世纪80年代,1985年辽宁人民出版社出版了桑健编著的《图书馆学概论》,学苑出版社1988出版了金恩晖主编的《图书馆学引论》,谢俊贵编著的《图书馆学基础》由湖南大学出版社1989年出版,1989年广西教育出版社出版了杨筱玉编著的中专教材《图书馆学基础》,但都影响甚微,代表性的影响较大的图书馆学基础理论教材主要见表1。其中值得一提的是吴慰慈教授编著的《图书馆学概论》和黄宗忠教授编著的《图书馆学导论》。前者出版后被全国各地图书馆学本科、专科和在职培训等教学单位选用,是每位踏入图书馆学领域学子的入门书,先后重印10余次,总印数达10万余册,部分章节被译为外文在国外部分图书馆学专业教学中使用。后者5次印刷,1995年台湾天肯文化出版有限公司出版了中文繁体字本,获国家教委第二届普通高等学校全国优秀教材奖。

表1　1949—1999年出版的图书馆学基础理论教材

	书名	作者	出版社	出版时间	备注
1	图书馆学基础	北京大学图书馆学系,武汉大学图书馆学系	商务印书馆	1981年	合编,1991出版修订本
2	图书馆学概论	吴慰慈,邵巍	书目文献出版社	1985年	编著,多次重印
3	理论图书馆学教程	倪波,荀昌荣	南开大学出版社	1986年	主编,1981年曾出版同名教材
4	图书馆学导论	黄宗忠	武汉大学出版社	1988年	编著,1986年自考教材,多次重印
5	图书馆学原理	宓浩	华东师范大学出版社	1988年	主编
6	现代图书馆学理论	徐引篪,霍国庆	北京图书馆出版社	1999年	著

除了上述正式出版的图书馆学基础理论教材外,还有1983年汪恩来著的《图书馆学概论》。进入20世纪90年代,中国图书馆事业发展进入低迷时期,图书馆学基础理论研究和图书馆学教育步入低谷,相应的图书馆学基础理论教材编写也陷入低谷,虽说1996年分别由河北大学出版社出版了石呈祥著的《图书馆学概论》和中山大学出版社出版了谭迪昭编著的《图书馆学概论》(1986年曾以《图书馆学基础知识:试用教材》出版),但影响甚微,唯一的亮点是1999年《现代图书馆学理论》的出版。《现代图书馆学理论》从“资源论”出发讨论图书馆的要素、矛盾、结构、功能,以变革的眼光看待公共图书馆的定位,论述了人类需求的图书馆、信息市场中的图书馆、网络时代的图书馆等内容,全方位地论述了时代变革给图书馆事业和图书馆学带来的新问题,较好地反映了图书馆学基础理论的时代性特征,打破了图书馆学基础理论教材出版的停滞局面,对图书馆学基础理论的发展起到了重要推动作用。

2　新世纪图书馆学基础理论教材的特色与创新

进入21世纪,中国的图书馆事业上升到了一个新的高度,图书馆学理论研究摆脱了经验图书馆学和经院式图书馆学,进入到了新的理论空间,理论研究逐步深入到现代图书馆理念与图书馆职业层面,中国的图书馆学基础理论研究视野豁然开朗。图书馆事业的发展需要进行及时的总结,图书馆职业理念需要进一步弘扬,作为图书馆学基础的基础理论教材就担任了21世纪图书馆事业和图书馆理念的最好助力。2000年以后,出版了很多内容新颖丰富的图书馆学基础理论教材,著名的影响较大的图书馆学基础理论教材见表2。

表2 新世纪出版的图书馆学基础理论教材

	书名	作者	出版社	出版时间	备注
1	图书馆学概论	吴慰慈,董焱	北京图书馆出版社	2002年	编著,修订本,2008年出版修订二版
2	图书馆学导论	于良芝	科学出版社	2003年	著
3	图书馆学基础教程	王子舟	武汉大学出版社	2003年	著,多次重印
4	图书馆学基础	吴慰慈	高等教育出版社	2004年	主编
5	图书馆学通论	蒋永福	黑龙江大学出版社	2009年	著

2.1 《图书馆学概论》

2002年出版的《图书馆学概论》是1985年《图书馆学概论》的修订本,属于"21世纪高等学校核心课程教材"。与1985年的相比,其中部分章节内容进行了修订,内容篇幅有所增加,从过去的8章增加到10章,增加了"信息高速公路与数字图书馆建设"和"文献数字化工作与电子版权"两章,同时以"网络环境下图书馆的发展方向"作为结语,突出反映了进入21世纪后信息技术和网络发展对图书馆事业发展的深刻影响。本书在修订中注意对原教材的继承,反映了作者长期以来对图书馆理论与图书馆实践问题的独立思考,也广泛吸收了国内外图书馆工作实践与理论研究的最新成果。与过去的图书馆学基础理论教材相比,本书的两个附录更加引人注目:一是《联合国教科文组织公共图书馆宣言(1994)》;二是《全民教育中的中小学图书馆——国际图联/联合国教科文组织中小学图书馆宣言》。两个宣言在图书馆学基础理论教材中的首次出现,反映了我国图书馆学界对现代图书馆理念的关注和重视,为以后学界和业界进一步研究和弘扬现代图书馆学理念奠定了基础。2008年的修订二版是在2002年修订版的基础上作的再次修订,总修订字数约10万字左右,其中新形态图书馆部分进行了重写,增加了"复合图书馆"一章。此次修订,既是对原教材的继承也较好地适应了信息社会与网络环境下图书馆事业不断发展变化的形势。本书的修订版和修订二版被国内很多高校图书馆专业指定为硕士研究生入学考试专业科目的指定教材,反映了该书广泛的社会影响和良好的社会效果。

2.2 《图书馆学导论》

这是第一部将图书馆学基础理论的体系构建于“图书馆职业理念”之上的图书馆学基础理论专著式教材，用整整一章的篇幅讨论“图书馆职业哲学”，包括图书馆职业的使命、图书馆职业价值观及道德规范和图书馆职业的认识论基础。图书馆作为一个职业，有自己的职业理念。这种职业理念表达了图书馆人对这个职业的理解，帮助他们处理图书馆活动中所遇到的各种复杂的问题。一个国家、地区或行业的图书馆界对于自己的职业理念的表述，集中表现了该国家、地区或行业图书馆学基础理论的水平。该教材突出了图书馆职业的建设问题，图书馆学理论研究应该重视与图书馆职业有关问题的研究，这是当代图书馆学理论问题研究的创新点。作者在教材中围绕图书馆职业精神讲述图书馆学基础理论的写法，颠覆了我们对于图书馆学基础理论的认识。此后图书馆职业理念成为图书馆学基础理论一个新亮点，突出的表现就是 2007 年出版的中国图书馆学会第五次全国图书馆学基础理论会议研讨会论文集直接以《构建面向图书馆职业的理论体系》命名。2008 年 10 月 28 日中国图书馆学会发布的《图书馆服务宣言》更是体现了中国图书馆界对图书馆职业理念的高度关注，首次以图书馆职业集团的形式向社会宣布了图书馆职业理念和职业精神。另外，本书的编排具有特色，在目录之后正文之前做了“图表目录”，在最后做了正文内容的“索引”，为读者阅读和查找本书正文内容提供了极大便利。

2.3 《图书馆学基础教程》

全书共 13 章 36 节 27 万多字，是一部专著式图书馆学基础理论教材，和《图书馆学导论》同时在 2003 年 8 月出版。本书以“每个人都是知识欠缺者”和“每个人都想获取有用的知识”两个基本假设为出发点，分析了人们“被动获取知识”和“主动获取知识”两种途径，提出图书馆学的宗旨就是“为人们主动获取知识提供最佳工具和方法”。“好的理论应该是解释性的”，作者以“知识考古者”的精神，梳理了德国、英国、美国、俄罗斯、日本、印度的图书馆学发展简史和中国自古以来的图书馆学发展研究以及我国台湾地区的图书馆学研究，提出图书馆学概念的核心概念（研究主题）不同历史时期也应有所不同，认为知识是当代图书馆学的核心概念，图书馆学的研究对象就是知识集合。作者以知识论为立场，对图书馆学理论问题进行了梳理与研究，提出图书馆学的核心内容包括客观知识、知识集合、知识受众 3 个部分，认为应根据客观知识、知识集合、知识受众及其之间的相互关系来建立图书馆学研究体系。除了上述创新之处，本书的编排与以往的图书馆学基础理论教材相比，也有很大不同，首先是每章之后都有“关键词”、“小结"和"思考题"三个部分，对于读者回顾、理解、思考每章内容有很大的帮助和提示作用；其次是本书最后的附录"阅读推荐书目"，包括"著作"10 本和"论文"10 篇，这些都是国内外著名图书馆学家撰写的图书馆学经典文献，对读者学习、认识和阅读图书馆学经典提供了文献来源。

2.4 《图书馆学基础》

2003 年 4 月"2002 年—2006 年教育部高等学校图书馆学学科教学指导委员会"在湘潭大学召开第二次工作会议，会议的中心议题是图书馆学专业本科核心课程建设，会议最终确定图书馆学本科核心课程共有 7 门，本书是这次会议确定的核心课程之一，2004 年由高等教育出版社出版。《图书馆学基础》属于"面向 21 世纪课程教材"，是在 1985 年吴慰慈教授的《图书馆学概论》的基础上发展而来，由吴慰慈教授主编，集刘兹恒、董焱、桑良至、李超平、金胜勇、沙勇忠、牛继舜、张久珍一批图书馆学界基础理论研究者，对近 20 年图书馆学的发展进行了权威的解读。本书从信息、知识和文献等基本概念出发，系统地阐述了图书馆学的研究对象、学科性质、相关学科、研究方法、体系结构、体系变革、图书馆事业组织、网络信息资源开发与利用、信息资源管理、图书馆馆藏文献数字化与电子版权问题、信息社会中的图书馆等，并对虚拟图书馆、图书馆转型的策略与目标及转型后的运作系统、信息资源网络建设、知识管理与图书馆、未来图书馆形态等前沿问题作了深入解析。本书因由多人参加编写，突出的特色是每人负责撰写的各章节都是他们平时教学研究思考的结果，每章之后都有大量的参考文献，基本是个人专著论文的汇总。

2.5 《图书馆学通论》

本书 2009 年 10 月由黑龙江大学出版社出版，7 章 31 节，约 58 万字，是笔者目前为止看到的字数最多的图书馆学基础理论教材。作者在前言中提出愿意把此书当做"专著性教材"，其实本书内容就是作者多年对图书馆学研究思考的心血结晶。本书的特色和创新之处在于对现代图书馆理念、图书馆治理和图书馆制度的明确提出，这是 21 世纪图书馆职业和图书馆事业勇于承担社会责任的显著标志。首先，本书从记忆、知识记忆、客观知识等角度理解的图书馆学出发，分析了图书馆产生的根本原因和技术原因，提出了平等服务、知识自由、信息公平、民主政治和社会包容五大现代图书馆学理念，同时对这些理念进行了学理上的论证和分析。其次，从公共物品理论的视角，讨论了图书馆的公共物品属性，分析了图书馆治理和图书馆管理的区别，深入论述了图书馆治理单元、主体、目标与原则，明确提出图书馆治理尤其是公共图书馆的治理中的政府责任，包括法律保障的责任、资源保障的责任和效率保障的责任。第三，是图书馆制度的提出。制度图书馆的思想，虽然源于范并思教授，但在期刊上第一次使用这个词的是本书作者蒋永福教授。作者从制度理论出发，阐释了图书馆制度的含义、结构和意义，从社会制度安排意义和职业规范意义两个方面充分论述了图书馆制度，最后分析了图书馆立法。从理念到制度再到立法，从应然到实然，是图书馆学研究不断深化的结果，也是21世纪图书馆学人对现代图书馆理念和职业精神认识不断加深的结果。图书馆学是发展开放性的学科，需要不断吸收和补充其他学科的研究方法和理论来充实和壮大自己，本书的特色与创新是作者借鉴吸收其他学科知识的充分反映，本书大量引用和参考的多学科文献来源就是明显的例证。

3 结语

21世纪出版的图书馆学基础理论教材是在1981年出版的《图书馆学基础》基础上的继承、创新和发展，“图书馆和图书馆学的产生与发展”、“图书馆的类型”、“图书馆学学科性质和研究方法”等内容在21世纪出版的教材中基本都分别有所反映。比起《图书馆学基础》，21世纪出版的教材更加突出了图书馆学的理论色彩。一个显著的变化是大部分教材的著作方式由过去的主编成为个人专著，显示了图书馆学基础理论研究的深化和个性化，拓展了图书馆学基础理论研究的空间，特别是图书馆学基础理论的两个核心思想即现代图书馆理念和图书馆职业精神的论述和弘扬。

图书馆学基础理论教材是图书馆学专业的基础课，也是图书馆学专业的入门课。图书馆学基础理论课是学生入学后接受到的第一门专业课，学生们对专业学习有没有兴趣，第一门专业课起着导向作用，教材内容对学生专业思想意识的确立以及以后专业学习兴趣的发展极其重要。图书馆学基础理论研究与图书馆学教育和图书馆事业的发展密不可分，图书馆学教育需要图书馆学教材，为图书馆事业提供智力支持；图书馆学教材需要反映图书馆实践，通过图书馆学理论研究为图书馆事业提供理论支撑。图书馆学基础理论教材是联系图书馆事业和图书馆教育的枢纽和桥梁。

学术发展的根本在于一门学科对社会发展和人类文明进步过程中的人文精神的深刻解读，这是一个学术价值确立的过程。21世纪图书馆学基础理论研究的学术发展主要解决了一个问题，即中国图书馆学研究的价值定位。图书馆学基础理论研究的首要任务是图书馆学研究的价值定位问题。一是中国图书馆学研究的价值所在，即中国图书馆学研究的最大价值是什么；二是中国图书馆学研究的价值取向，即中国图书馆学学术研究的价值判断。显然，这种对学科和学术生命的关怀，只有在把学科或学术真正作为对社会发展有益的科学，而不仅仅是解决现实问题的工具来冷静思考的时候才能出现。基于对图书馆学本身更深入的把握以及对中国图书馆学和西方图书馆学发展历程的反思，基于对中国经济、社会和制度发展的客观现实和发展趋势的深刻理解，图书馆学完成了其价值定位。其一，中国图书馆学研究的价值所在，定位于真正关注中国图书馆事业，研究中国图书馆学的理论构建和提供中国图书馆事业发展的知识基础。这种定位不仅符合图书馆学发展的基本规律，而且也符合中国社会发展对图书馆学发展的要求。其二，把中国图书馆学研究的价值取向，定位在现在图书馆理念和图书馆职业精神指引下对社会公共文化服务的贡献上。提供良好的服务本来就是图书馆学研究的价值取向，但是这一取向必须与中国社会发展相结合。中国社会发展的积淀，使人们意识到图书馆学研究必须充分关注社会总体的发展，根据中国社会发展来寻求图书馆学理论创新的动力，从而推动中国图书馆学的学术发展水平的不断提升。

参考文献

[1]北京大学图书馆学系，武汉大学图书馆学系. 图书馆学基础. 北京：商务印书馆，1981.

[2]北京大学图书馆学情报学系，武汉大学图书情报学院. 图书馆学基础(修订本). 北京：商务印书馆，1991.

[3]张树华，张久珍编著. 20 世纪以来的中国图书馆事业. 北京：北京大学出版社，2008：362.

[4]范并思. 新世纪图书馆学基础理论的转型——理论体系重构的初步设想//刘兹恒，张久珍. 构建面向图书馆职业的理论体系——第五次全国图书馆学基础理论研讨会论文集. 北京：北京图书馆出版社，2007.

[5]吴慰慈，邵巍. 图书馆学概论. 北京：书目文献出版社，1985.

[6]吴慰慈，董焱. 图书馆学概论(修订本). 北京：北京图书馆出版社，2002.

[7]吴慰慈，董焱. 图书馆学概论(修订二版). 北京：国家图书馆出版社，2008.

[8]于良芝著. 图书馆学导论. 北京：科学出版社，2003.

[9]刘兹恒，张久珍. 构建面向图书馆职业的理论体系：第五次全国图书馆学基础理论研讨会论文集. 北京：北京图书馆出版社，2007.

[10]王子舟著. 图书馆学基础教程. 武汉：武汉大学出版社，2003.

[11]吴慰慈主编. 图书馆学基础. 北京：高等教育出版社，2004.

[12]蒋永福著. 图书馆学通论. 哈尔滨：黑龙江大学出版社，2009.

[13]范并思著. 图书馆学理论变革：观念与思潮. 北京：北京图书馆出版社，2007.

规范化实证研究

——图书馆学研究整体提升与发展的重要路径

徐建华　俞碧飏(南开大学商学院信息资源管理系)

我国当今的图书馆学研究,从表面上看不可谓不蓬勃、不繁荣。然而仔细考究,却不难发现,整个学科的发展实际上一直是处于低增长、低积累的简单重复状态:感悟性、思辨性研究仍然占据主导地位;实证研究的认可度虽有了很大提高,但规范性却明显缺失;理论与实际严重脱节,学科研究的自我封闭性加剧;从业者的自我评价偏低,不良心理体验强烈。致使学科认同感普遍不足,游离于现代学术之外,难以融入当今学术之林,从某种意义上可以视之为自拉自唱的自恋之学。

对于这种现状,学科中人是心知肚明,有许多人作过努力,开过各种药方,但见效甚微。这是因为其中绝大多数仍是试图继续利用传统的感悟性和思辨性来解决问题,定性者多,原则多,下笔千言,南辕北辙,难逃一种缘木求鱼的宿命。

无论是作为图书馆学的资深教育者,还是新入行的年轻人,对于图书馆学的责任是共同的。在我们的思考和探索中,我们认为:改革开放、互联网、数字化、共享工程,以及扑面而来的云环境给中国图书馆事业提供的契机和带来的变化是有目共睹的。事业的发展必然需要研究也随之提升,这也是不言而喻的。可图书馆学研究并未有实质性变化,因此,由大众习见的角度来寻找问题就不是一个好的选择。于是,自 2005 年开始,我们另辟蹊径,从实证研究的角度,努力寻找和验证着这样一个假设,即:是否能够通过方法的导入而有所改观。六年的努力基本可以证明,科学方法的导入和普遍使用,是图书馆学科走出困境、整体提升与发展的必由之路,而规范化实证研究,又是其中的一条重要路径。只有这样,才能够在研究语言上与现代学术相通,才能够与其他学科平等对话,才能够真正赢得其他学科对于图书馆学的学术尊重。

对于这个问题,我们有以下的思考和认识。

1　中国图书馆学低水平发展的核心问题是科学精神的缺乏

要提升和发展中国的图书馆学,首先是要号脉,只有诊断对了才有资格谈改变、谈全面提升与发展。我们认为：中国图书馆学低水平发展的核心原因是缺乏最基本的科学精神，这种精神从某种程度上说就是实证主义精神。当今图书馆学提升和发展的目标，就是要重塑以实证范式为核心的科学精神。

从科学的缘起来看，其思想的背后也是实证精神。“科”，按照《说文解字》的解法，会意为“从禾从斗，斗者量也”，也就是说科学即为测量之学问；而英文 science 最经典的定义为致力于揭示自然真相，对自然作理由充分的观察或研究。这一观察，通常指可通过必要的方法进行的，或能通过科学方法——一套用以评价经验知识的程序而进行的。[1]图书馆学作为社会科学的组成部分，其研究对象虽然不是自然，但也应秉承实证主义的认识论，即真相从客观的观察、分析和研究中得出。因此，图书馆学要想搭建起学科间平等的交流平台，要想不被别人质疑，就得做到用客观的观察数据说话，绝对不能凭着感觉自拉自唱。

不经过观察分析的主观断言的所谓思辨性文章，频频出现在本学科国内的各大主流期刊上。其典型特点包括：

①没有或鲜有研究过程和研究方法，没有对现有数据的分析，直接报告结论；

②大量地讲特点、说障碍、摆方案，即文章先大谈看似道理、实则废话的各种特点和障碍，再据此得出所谓的解决方案；

③仅凭经验说话，得出大量不需要研究也能得出的“常识”结论，没有研究质量；

④重复性强，同一个研究问题常常从相似的起点开始论证，因而得出相似的结论；

⑤以论证而非研究的眼光去看待问题，即通篇文章都在罗列证明作者观点的证据，而没有客观地分析现状和问题。

一篇有科学精神的论文应当是秉承实证主义认识论的研究论文，即站在研究对象之外，客观中立地观察和描述研究对象。表现在具体的研究报告中，即有明确的研究对象、有相关的观察数据、有观察基础上的分析和结论。要向同行非常清晰地报告你研究什么，用什么方法研究，研究的过程是什么，得到了怎样的数据，这个数据说明或者证明了什么；要尽可能地向同行证明你得出结论的每一个步骤都是让人信服的，同行也可以根据你详尽的报告，用同样的方法验证或证伪你的研究，去质疑你的操作、观察或分析你的过程。只有这样，方能自然而然地推动研究一步一步地向前发展。

2 学科发展需要思辨，但践行实证才是雪中送炭

如果想通过感悟性和思辨性的研究来推动整个图书馆学的发展，只能期待着

“学术超人”而至，与普通从业者和研究者无涉。图书馆领域的一个显著特点是全员写文章，“学术超人”往往凭借着他们近乎神迹的思辨灵感，敏锐地指明问题背后的本质，让旁人恍然了悟之余，不禁多生羡慕却又无可奈何，因为那样的思辨能力断断不是自己所能复制的，这大约是广大从业者不良心理体验明显、缺乏成就感的重要原因之一。可另一方面，图书馆学的学科性质又决定了“学术超人”是凤毛麟角的，因为非常聪明的人是不会到这个领域来的，[2]因而，希望借助他们的力量推动整个学科的发展，也显然是不现实的。

思辨和实证的本质其实无二，都是在经验数据的基础上得出形而上的结论，二者最大的区别在于实现的过程。思辨时，大脑瞬间采集、分析数据并得出结论，刹那间完成，你意识不到也无法监控这中间发生了什么。这就是说，思辨质量的高低完全取决于大脑提取和整合数据的能力，而能力本身是很难直接复制的，这就导致了上文提到的只有等待“超人”之至的尴尬局面。

与思辨相比，实证是将大脑一瞬间的整合过程流程化，从问题的提出到最终形成研究报告，有一套可遵循的严格流程。你只要学会了这套流程，就能用它帮助自己思考，形成和“超人式”思辨水平无二的高水平研究报告。这就是说，相较于思辨，实证研究具有非常强的可操作性、推广性和验证性，使用实证研究范式，将大大降低学科对个人能力的依赖，而一旦本领域中大多数学者都可以为学科贡献合格研究成果的时候，图书馆学离整体提升和发展也就不远了。

3 规范化的实证研究流程

近年来，实证逐渐成为图书馆学界的流行语汇，如同赶时髦一般，很多研究者认为：只要随意问几道问题，收集三、五十条数据，列举出百分比便就是实证了。我们认为，这类“实证”实在不能算作我们推崇的规范性实证，最多可算做东施效颦的“伪实证”。规范性实证如同工厂里的标准化生产一般，不论使用何种具体的方法（问卷法、实验法、田野调查等），都有着相似且严格的流程控制。没有遵照基本流程的研究，其规范性都有待商榷（没有遵循流程只是规范性欠缺的一个方面，除此之外，各类研究方法还有自己的规范化指标，我们将在未来陆续说明）。在这里，借用 UIUC 图情学院的 Abdul Alkalimat 教授在 2011 年北京大学社群信息学暑期学校介绍的具有很强操作性的 D－7 流程控制法，结合我们以往所做的研究，来进行相关分析。这里需要说明的是，D－7 法虽然严格遵照了科学研究的规范精神，但它只是基本流程的表述之一，因为我们认为它在图情领域非常适用和实用,故在此向同行推荐。①

3.1 明确研究问题(D-1:Definition)

研究初始,研究者需要提出一个具体的研究问题,并根据前人的研究成果,在问题中提取出核心概念,然后将这些抽象的概念具体化,直到研究者将所有的抽象概念都转化为可观察的具体指标(也就是我们常说的概念操作化)为止。在这里,不仅仅需要报告研究的抽象概念和操作化指标,还需要报告这样操作化的依据是什么。2006 年我们进行"图书馆员快乐指数"研究时,率先明确的是我们研究的问题,并找到了描述问题的 3 个核心概念:"图书馆员主观幸福感"、"图书馆员工作满意度"和"图书馆员组织承诺",然后分别借鉴了邢占军、斯佩克特和 Z. X. Chen 等对这 3 个概念的理解,找到各自对应的各项可观察指标。[3]

3.2 数据收集(D-2:Data Collection)

数据收集阶段,一方面,要从操作化指标出发,找到测量它们最适合的方法,是用问卷、实验或者田野调查(注意:方法的选择是在研究问题明确之后,但现今很多学者往往忽略了研究问题的明确,便直接使用方法了。我们认为,这是导致研究结论肤浅的核心原因之一)。另一方面,要根据我们的研究问题和方法,选择合适的样本,譬如你要调查科研人员的信息需求,就需要根据第一阶段对科研人员的理解设计抽样,如果对科研的理解是指包括社会和人文科学的所有学科,那么仅使用中科院的数据就是不全面的了。在"快乐指数"研究中,我们认为问卷法可以测量出所有我们关心的指标,并且有相关的成熟问卷可以借鉴;而 D-1 阶段我们对图书馆员的理解是中国所有从事这个职业的人,因此,抽样也就从全国范围(样本覆盖了北京、东北、东部及东南沿海、中部、西部五大区域)的各类型图书馆(样本涉及公共馆、高校馆,科学院、社科院、农科院、党校、中直机关、医院、军队、警察、中小学等)开展。[4]

当然,这一阶段需要研究者、尤其是针对选用问卷调查法的学者,首先要了解抽样理论,譬如要作推论性调查,就要选用概率抽样,只有相关研究、特殊群体调查才能将非概率抽样搬上来。譬如用某一个图书馆的调查数据,只能得出适合该图书馆的结论,而不能直接推及到总体。

3.3 数据化(D-3:Digitization)

数据化阶段的任务是将调研阶段所获取的各种数据结果(如问卷结果、访谈

---

① 关于科学方法论的更多介绍,请参见 http://www.experiment-resources.com。

音频和笔记、实验数据、研究日志等)审核、编码、整理、保存,为下一步的分析作准备。目前社会科学定量研究最流行的编码分析软件为 SPSS,需要注意的是,在数据化和分析发现中我们做的每一步工作(包括这么做的理由),都应当如实记录下来(这样会帮助研究者尽快找到有价值的发现)。如在"快乐指数"研究中,由于我们是团队项目,详尽的工作日志就为彼此间的合作减少了很多麻烦,也对我们最后得出结论有非常大的帮助。

3.4 分析发现(D-4:Discovery)

在分析数据之前,要确定数据的有效性,也就是要筛除无效数据,否则就可能出现类似于某研究者标准差 SD 大于平均数 M 的问题。[5] 剔除数据后,便可使用 SPSS 等数据分析软件作进一步的数据处理。

由于这一环节需要研究者具有非常扎实的统计学素养,因而,做实证研究的图书馆人常常在该环节出问题。目前最常见的问题有两类:一类是结论部分夸大研究结果(譬如只作了频数分析,30 人同意 A,28 人同意 B,真的能证明 A 比 B 更重要吗)或脱离研究结果(例如不少研究认为政府应当为 B 少的现状负责,但研究中没有任何内容可以证明应该由政府付款);另一类属于误用方法,譬如相关变量在某因素上的差异不适合用单因素方差分析,而适合用多因素方差,或者直接用多元回归去探索某变量的影响因素。

在"快乐指数"研究中,我们测算出当代图书馆员"快乐指数"为 7.34(10 分为满分),得出当今图书馆从业人员的整体快乐水平偏上,整个行业处于比较快乐的心态体验之中的结论。[6] 此外,我们还探讨了影响图书馆员"快乐指数"、工作满意度的相关因素,分别建立了回归模型,用来进行深入的分析和对发展趋势的预测。

3.5 报告设计(D-5:Design)

业内通行的报告多以研究论文的形式呈现,事实上各学科成熟的实证论文都有其行文的基本模板,其具体形式依学科不同有细微差异,但总体上都必须汇报研究过程(包括概念操作化、取样、研究工具、方法和分析思路等)和结论的分析过程(包括重要数据、推论分析等)。总之,要让同行能在你报告的条件下重复研究可以得出类似或一致的结论(也有可能批判你的过程或者推论),只有这样,整个图书馆学才能在不断重复和批判中获得进步。

3.6 研究推广(D-6:Dissemination)

这里需要重申的是,阶段 6 和阶段 7 是 Abdul Alkalimat 教授强力推荐但尚未列入科学研究的一般流程范式中。考虑到学科应用性的特点,教授认为应当尽可能向更多的人介绍你的研究成果。这里的更多人不仅仅包括学术同行,还包括研究中涉及的相关利益者,比如说调查的图书馆、地方政府机构、公众等。同时,为了让更多的人了解你的研究成果,还应当以各种喜闻乐见的方式宣传,而不仅仅是用论文或研究报告,例如 Abdul Alkalimat 教授就曾经用 rap 歌曲向人们介绍什么是社群信息学。

3.7 实际影响(D-7:Difference)

作为应用学科,我们研究的终极目标是让研究真真切切地发挥作用。Abdul Alkalimat 教授认为,研究产生的积极影响应该由研究者去推动,他倡导图情领域的学者们不仅仅要做一名合格的研究者,更应当做一个积极的实践家,不仅仅在研究中发现问题、找到解决方案,更要用研究成果去解决问题,从而为更多的人谋福祉。

4 大规模推行规范化实证研究的时机业已成熟

我们认为,虽然目前实证研究还远不是图书馆学的主流(截至 2008 年年底,实证研究在所有学术论文中所占比例仅为 3.43%),[7] 还存在诸多不规范的问题,但大规模推行和推广规范化实证研究的时机业已成熟,我们相信必将会有更多的研究者投身其中。

首先,业界有越来越多的学者和青年学子开始接触并认同实证研究。统计显示,2004 至 2008 年,实证研究文章的平均数量增幅达到 22.8%,[8] 与此同时,也有越来越多的学者开始注意到目前实证研究中出现的各种问题,其中包括代表着图书馆学科未来方向的年轻同志,[9] 这表明,在可预期的时间内,图书馆学实证研究的规范化程度必将会有很大提高。

其次,倡导持续性大规模的规范性实证研究已经出现。以我们为例,自 2006 年“快乐指数”研究在核心期刊上发表 5 组文章以后,从 2009 年起又开始了两项大规模的实证研究:图书馆员刻板印象研究(图书馆员在人们心目中究竟是什么形象)和图书馆员职业胜任力研究(图书馆员需要具备何种能力),问卷总发放量达11 000余份,研究过程持续了两年,目前数据收集与分析已基本结束,整个过程正严格按照规范化实证研究的范式正常进行。在我们的研究设计中,2016 年,即距 2006 年大规模开展图书馆员“快乐指数”调研 10 周年,我们还将使用原问卷再在全国范围内进行一次大规模调研,使得本研究的积累性与持续性都能够与其他学科的相关成果比肩。

第三，规范化问卷的推广工作正在进行之中。实证研究是科学的，但在某种程度上也是危险的，因为数据是可以伪造和调整的。图书馆学界的实证研究被我们评价不高的主要原因是绝大多数实证研究文章由于篇幅或其他原因，包括问卷或访谈提纲是不附在文末的，并且，通常是一篇文章使用一个问卷，文章发表后，问卷也就不知所终，结论自然难以使人信服。科学的真谛在于成果是可以验证的，图书馆学实证研究的科学性要想得到普遍承认，成果的验证当不能少。这几年来，我们的团队一直致力于问卷的标准化及其推广，“当代图书馆员‘快乐指数’问卷”在不同地区、不同群体中都有使用。得出的结论，如果与我们以前做的全国性调查一致，则可认定是一种验证；如果不一致，而又无法用地区性或群体性的特性来解释，则必然一方有问题。好在这种情况尚未出现过，这也从一个方面验证了我们当年在问卷编制阶段的规范。

5 结语

作为有使命感的图书馆人，都应有责任担当起振兴、提升和发展中国图书馆学的历史使命，让图书馆学真正立于学术之林，让世界聆听到中国图书馆学的声音。我们坚信：当全学科建立起规范化实证研究范式之时，就是中国图书馆学研究摆脱目前困境、整体提升和发展之日。我们更坚信，新方法的导入和使用，是中国图书馆学获得更快发展的推动力。这也就是我们于近期开启图书馆学实验研究，用IAT反应时技术测量图书馆员在人们心目中是否有内隐刻板印象的原因之所在。衷心希望，通过我们的努力、倡导和示范，能够助力中国的图书馆学早日走上成熟发展的轨道。

参考文献

[1]中文维基百科.[2011－09－20]. http://zh. wikipedia. org/wiki/% E7% A7% 91% E5% AD% A6.

[2]王芳，慎金花，曹歌.图书馆职业的逆向选择与道德风险分析.图书与情报，2008(3)：47－52.

[3]杜林致，宋颖，秦阳.当代图书馆员“快乐指数”调查问卷规范化分析.图书情报工作，2007(6)：28－31.

[4][6]徐建华，霍丽敏，赵睿.当代图书馆员“快乐指数”的实证分析.图书情报工作，2007(6)：12－15.

[5][9]Follaw.调查研究和数据分析中需要注意的几个问题(供此类研究者和编辑老师参考).新浪博客五色居@图书馆.[2011－09－20]. http://blog. sina. com. cn/s/blog_6299fd450100w7oj. html.

[7][8]赵微,徐建华,俞碧飚.近五年来图书馆学实证研究的回顾与分析.图书与情报,2009(6):45-50.

网络信息技术对图书馆学理论创新的方法论意义

郑学军(哈尔滨工业大学图书馆)

网络信息技术对图书馆建设和发展的影响是显而易见的,同时也使图书馆学的技术含量提升了。网络信息技术为图书馆学研究不断注入新的活力,扩展了图书馆学研究的范畴和空间。以计算机信息处理技术为主体的图书情报技术应用研究得到很大发展。[1]网络信息技术的快速发展将不断革新图书馆学研究的手段。网络不仅成为获取信息的媒介,而且它的巨大规模、复杂关系、全球性的空间特性,形成了信息链接结构、组织模式和应用规律,由于表达它们所采用的是技术性的语言,所以更多注重了图书馆应用成果的研究,缺乏图书馆学理论研究方法论意义上的讨论。

信息时代正经历着从一个质量和热量为标志的经济向一个无质量(mass)、基于数位(bits)的经济转变,[2]我们不能仅从物质、能量角度去观察世界,必须重视"序"在存在中的地位。网络信息技术改变(重组)我们的头脑,我们使用的工具(技术)决定着我们的思维,网络信息技术应用不只是一种技术路线,更是一种哲学或方法论。

1 网络信息技术的主要学术思路

1.1 基于链接聚合的本体论知识集成范式

网络信息技术影响图书馆的突出特点是超文本链接和数据、资源集成存取。网络本身就说明链接的巨大威力。链接使下一代图书馆目录变成一种研究工具,如 Overlay 期刊,实质上是基于知识库的一种定期发布、经评审和组织的全文链接列表,是把存在于数据库中的知识与合适的领域中的人连接在一起,这是网络信息技术视角对图书馆学五定律的解说。

在论及图书馆技术与趋势时,提高在线资源的可见度成为图书馆的当务之急。[3]在线图书馆数据库的网页很多居然没有回到主页的链接,更不提细分后的主题阅读了,如推荐阅读等。很多用户并不在意格式如何,在意的是容易发现和使用。搜索引擎意味着链接的发现。网站的链接越多,其可见度越高,得到更多新链接的机会越大。网页的质量通过它们之间的链接所形成的隐含推荐来保证,这些链接是品牌打包的一种形式,是一种认证过程。关注度是学术界主要的价值流通手段,重视显示度,就是因为它所获得的关注。关注度的竞争通过 Web2.0 的各种形式反映出来,包括电子邮件、博客、预印本等。网络六度分隔现象的小世界理论说明越短的路径链接在学术上意味学术“声望”越高。小世界网络还具有高度聚集的性质。利用小世界现象,搜索引擎可以只给出每个集群的中心,而让用户自己去探究集群的其他部分。第三代文献计量学评价指标基于先进的网络分析,采用诸如网络中心度这样的参数。[4] 提高显示度的方式之一就是显示一些有吸引力的链接。

链接显现了网络的知识组织的根状结构而非树状结构。Dreyfus 在 *On the Internet* 书中指出了超链接文化和旧式图书馆文化的区别。在我国图书馆学界,旧式图书馆文化影响很深,而超链接文化展示了区别于传统知识分类的新的学术思路,最初生物信息里 GeneOntology 出来时也曾面对这样的问题。先进的知识组织方法将两种组织方式紧密联系起来,像 Nextbio。

链接聚合的技术路线是一种集成方法(Intergrating Research Methologies)。集成是指主体创造性地集成单元(要素)进行优化并按照一定的集成模式(关系)构造成为一个有机整体系统(集成体)。集成是构建系统,特别是高级系统的途径或方式,它强调的是内部(在)联系,通过要素间的非线性作用来形成一个新的有机整体,其间融入主体(人)的创造性思维,包含优化的思想方法,从而实现功能的聚变与涌现。

2009 年出版的《第四范式:数据密集型的科学发现》将以数据为中心的文本、构建、计算模式区别于传统的范式,表现为海量数据中的发现、云计算、可视化、语义网等。[5]

集成对于技术本身其实没什么障碍,更多的是方法论上的意义。关联数据是语义网第一种可行的表达方式,关联数据可通过链接 URL 方式来发布、分享、连接 Web 中各类资源的方法创建本体。集成词库构建、跨库检索本质上都是基于本体的,本体将形式概念分析与知识集成模型紧密联系起来。本体是语义构建的重要手段,Facetag 网站实现了传统分类与大众标签的融合。我们可以用链接聚合来解释长尾,链接是聚合供应,是关于提高发现成本,也就是容易让读者发现和获得,换句话说是每个读者有其书;聚合需求是关于聚集一个用户社区,使资源和对其感兴趣的用户汇合的机会增加,换句话说每书有其读者。[6] 基于语义网格环境的集成服务被认为是未来图书馆学研究的一个重要主题。

1.2 基于复杂网络的非线性系统思维范式

20世纪末《连线(*Wired*)》杂志主编凯文·凯利(Kevin Kelly)指出:下个世纪的科学象征是动态的网络。基于点线符号的网络认知图式的网络思维已渗透到科学研究的各个方面,社会网络分析是发展相对成熟的领域。如果将网页之间的联系看做是知识之间的连接,那么就属于信息网络,可用于语言甚至是文化知识网络的分析,例如科学文献引用网和知识信息检索网。

由于网络思维的实践发展越来越趋向于处理复杂网络,因而有可能将它归于复杂性范式。网络特征与信息获取存在关联性。网络信息技术与思维将为正在崛起的复杂性科学范式提供有助于弥合整体论和还原论之间鸿沟的认识工具和实践手段。[7]

网络思维是人类思维方式的第五次大变革,其基本特征是非线性。所谓非线性是指事物之间的联系不是单向的,而是双向、多向的;它不是停留在一个点上、一条线上或一个面上,而是多节点、多角度、多方位、多层次、多维面。因而是多元的思维。网络思维方式最典型地表现在互联网上,超文本链接体现了网络思维方式的多元性和分散性;电子邮件和BBS打破时空限制,使不同主体间的思维实现实时互动,将不同主体的思维联为一个整体。

现代科学已经由近代以来的简单性科学阶段进入到复杂性科学阶段。系统科学以突出群体为主,采用动态模型化的研究方法,研究的对象是复杂非线性系统。将所有组成部分的行为相加,其结果不能解释总体行为的系统称为非线性系统。系统方法反映了复杂性科学范式的理念。复杂网络的非线性系统思维是一种基于整体和多维的学术思路。

人脑思维和知识的生产具有网络复杂性特性,作为记载人类思维成果的文献知识组织过程也会产生映射,图书馆理论将图书馆视为生命的有机整体,信息资源管理理论对生命周期等有关生命体发展特征进行了研究,还将信息生命周期与信息构建(IA)联系起来。对信息生命周期研究而言,简单的生物学类比是不够的。除了“存活”意义上的生命现象,还有自组织、开放性、非线性等诸多生命系统特性需要理论阐述。图书馆作为构建系统集成体本身是一个不断新陈代谢的过程,如网络环境下数字图书馆的形成与运作、矩阵式的组织结构等,充分体现了集成的非线性、开放性,要不断与外部环境进行交换和发展,不断吸纳更新自身的内涵形式,从而不断进化发展,进一步提升整体性能。可以说创造性的思维是集成的核心。[8]

2　对图书馆学理论创新的影响

吴慰慈教授指出了图书馆学理论创新的四方面:开拓研究领域方面、使用方法方面、运用论证资料方面和阐述观点或理论方面。其中研究方法的创新对理论创新常具有革命性的意义。在科学史上,每门学科获得重大进展往往都与方法论的突破紧紧联系在一起。系统方法、数学方法、文献计量方法等将会在图书馆学的一些领域得到应用,并指出,系统分析等方法被引进图书馆学,既丰富了图书馆学内容,也开拓了图书馆学领域,将图书馆作为信息系统中的一个子系统来考察,会使图书馆学的宏观研究和微观研究得出科学的结论。

凯文·凯利在文章中提到了1974年以前科学技术史上的11个标志性科学方法,位列最早的两项是:公元前280年亚历山大图书馆开创的图书分类标引方法,以方便已记载信息的检索,以及1403年中国人协同方式编写百科全书,这样,很多人拥有的知识可以汇集起来。[9]可见历史上图书馆学理论方法曾深刻影响了世界。从某种意义上讲,现在的计算机科学尤其是检索理论是借鉴了图书馆学的原理和方法,是图书馆学理论的机器化。

范式的形成标志着科学(或)学科的成熟。库恩的范式与人们对某一学科领域的整体"印象"有关,以整体思想为核心的复杂范式,应该是必然的选择。借助网络信息技术等现代科学工具,对复杂性科学的研究将继续深入。

总的说来,系统概念(理念)是集成的基础,对于集成理论的发展具有指导作用,但两者的侧重点是有区别的。系统概念通过强调认识客观实物的整体性、层次性特征,使人们能更加有效地发挥客观事物(系统)的功能,为人们认识和改造客观世界提供科学的思想与方法。系统是由相互联系、作用的诸元素组成的具有某种功能的有机整体;而集成是构建系统的途径或方式,通过实现零散不相干的要素间的集成而形成一个富有活力的新系统。通过实现要素间的非线性相干作用来形成新的有机整体,从而实现功能的聚变和涌现。网络是大规模分布式系统,必须放弃个别知识,代以某种聚合的效应来反映系统作为一个整体的行为。

复杂性科学主张学科交叉、研究方法交叉,在方法论上主张非线性、自组织性、开放性等。系统和非线性思维将引起研究思维的创新和发展,如统计性、模糊性、随机性、不确定性、不可逆性和混沌现象等成为研究的重要思维。[10]

3　图书馆学理论创新的取向

3.1　学科取向

现代网络信息技术可谓20世纪以来最重要、最有影响的创新。信息技术的扩散过程吸引了前所未有的研究兴趣。其呈现的知识聚合、非线性系统的复杂性范式，需要开拓整体性研究思路，这与近 30 年社会科学出现的整体性研究趋势趋同，小世界理论、社会包容（在图书情报领域，信息不平等和社会排斥被认为是密切相关的社会问题）、社会网络分析等，特别是意义建构理论在图书馆学领域有了广泛的应用。

整体性研究是寻求结构与主体功能性、客观与微观这些断层的嫁接，理论建构要更接近现实，对政策的制定和问题的解释产生更强的指导意义，就要对整体性研究有认识。理论的整体性研究呼吁不同研究社区、理论派别之间的对话甚至融合，辨析理论分歧。

图书馆学学科属性问题是影响学科科学化判定的一个因素。图书馆学在专业目录中列于管理学学科门类下，图书馆学理论也移植了很多管理学理论和方法，但管理学本身的学科属性也是需要探讨的问题。有研究者认为管理学、情报学具有设计科学的属性，是基于技术规则的。同时有研究者提出从技术科学角度理解管理科学化，不仅是完全可能的，而且是管理学发展的重要途径。

比彻（Becher）的学科属性定位分析框架包括学科认知和学科规范两个维度。图书馆学理论研究不论是管理维度、技术维度、人文维度，还是（管理 + 技术 + 人文）综合维度，都要面对学科取向问题，促进图书馆学的科学化进程。

3.2 方法论取向

图书馆学理论研究与创新一直受到理论与实践问题的困扰。从研究方法角度看，对实证研究与方法在图书馆学科学化或学科发展的作用上，认识有分歧。从方法论层次角度看，文献计量学、引文分析、关键事件技术等方法在学科逻辑结构中的地位核心化能否证明图书馆学专门的方法的存在，也有不用的观点。

面对网络信息技术呈现的复杂的社会和知识过程，支撑理论研究成功的可能是跨学科范式与多维方法取向。跨学科研究是整合更多学科或是专业知识团队的信息、数据、技巧、工具、视角、概念和理论，以推进基本的认识或解决诸多问题，其解决方法超越了单一学科或单一研究领域的范围。基于合作的跨学科研究可形成和构建大学科，大学科能解决大问题，也能培养大家。

跨学科研究在方法和关注点上是多元化的。复杂性、解决问题的需求以及新技术力量驱动了跨学科思想成为研究的一个整体特征。有效的交流和团队建设可促进学科的整合，跨学科研究是典型的合作研究，需要建立共识，学习新的方法、语言和文化。跨学科研究有助于研究团队或学术共同体的形成，传承图书馆学学术传统和风格，树立学术形象，利于向其他学科推广图书馆学理论和方法。

数字图书馆建设面临的众多技术应用研究以及网络信息技术表达的技术路

线的学术思路,使我们探寻不同于自然科学和社会科学的技术科学方法论的取向。

钱学森先生曾指出,技术科学重要的一点是对所研究问题的认识,什么是主要因素,什么是次要因素,实际与人们的现实需求有关,这是与传统的自然科学方法论不同的地方。同是一个对象,在一个(技术)问题中,我们看中了它本质的一方面,制造出一个模型;在另一个(技术)问题中,因为我们看中了它本质的另一个方面,也可以制造出另一个完全不同的模型,正是在这个意义上,技术科学是从实践出发,通过科学的分析或提炼创造出技术的理论。[12]

技术科学方法论也从新的视角审视数学方法(模型构建)、系统分析方法的应用。主要作用是从技术实践中提取具有一般性的对象,它的研究成果就是对那些技术问题有普遍的应用。网络信息技术促使了信息系统分析设计、数学建模等方法的运用,来解决数字图书馆的问题,建立图书馆技术的理论,完成图书馆学科学化的建构,消除图书馆理论研究中“技术”与“人文”的对立。

参考文献

[1]吴慰慈. 中国图书馆学的发展与新一代图书馆学人的使命. 中国图书馆学报,2009(6):66-69.

[2][美]博纳多 A. 胡伯曼. 万维网的定律——透视网络信息生态中的模式与机制. 李小明,译. 北京:北京大学出版社,2009:11-13.

[3]张仲. 提高在线资源可见度:图书馆的当务之急. 出版人·图书馆与阅读,2006(7):28-29.

[4]武夷山. 三类(或)三代文献计量学评价指标. [2011-06-16]. http://blog.sciencenet.cn/home.php? mod=space&uid=1557&do=blog&id=456082.

[5]武大. 关于《第四范式:数据密集型的科学发现》. [2011-05-10]. http://bbs.sciencenet.cn/home.php? mod=space&uid=521339&do=blog&id=442544.

[6]万里鹏. 信息生命周期研究范式及理论缺失. 中国图书馆学报,2009(5):36-40.

[7]林枫. 网络思维:基于点线符号的认知图式和复杂性范式. 自然辩证法通讯,2011(1):29-35.

[8]黄杰. 集成的内涵与特征初探. 科学学与科学技术管理,2003(7):20-22.

[9]武夷山. 从古至今的科学方法. [2011-06-26]. http://blog.sciencenet.cn/home.php? mod=space&uid=1557&do=blog&id=459321.

[10]齐善鸿. 管理科学发展的内在逻辑与未来趋势. 科学学与科学技术管理,2011(3):21-29.

[11]于良芝. 结构与主体能动性:信息不平等研究的理论分析及整体性研究的必要. 中国图书馆学学报,2010(1):4-15.

[12]吕力. 管理科学化的争论、困境与出路——基于钱学森“技术科学观”的思考. 科学学与科学技术管理,2011(2):20-28.

从思维方式角度对图书馆学方法论研究的思考

——兼评“层次说”

傅　正(安徽大学)

图书馆学方法论研究的根本目的应是为图书馆学研究提供各种方法上的保障,这无疑将对图书馆学研究及学科理论完善起到一定的推动作用。图书馆学方法论的研究在经历了20世纪初的萌芽时期、20世纪末的繁荣时期,[1]跨入了21世纪。进入21世纪后,社会的发展、科学技术的进步带来了图书馆的发展,由此带来图书馆学新的研究内容的出现。这些变化也带来了研究方法的变化,使得关于图书馆学方法论的讨论又出现了新的内容。

1　关于21世纪图书馆学方法论研究的简评

2000年以来,除了继续对“层次说”进行讨论或作些补充、解释,还出现了几种新的提法。主要有“定性与定量说”、“过程说”和“三维立体论”。

“定性与定量说”是于良芝在《图书馆学导论》一书中提出的,认为常用的图书馆学定量研究法包括社会调查法、实验方法、文献计量法、用户—系统交互记录分析,常用的图书馆学定性研究法包括个案调研、历史研究、理论衍生法、话语分析。[2]

“过程说”是杨斌从问题出发设计的方法论体系,按照研究人员在图书馆学理论研究的整个过程中对知识的需求和处理形式将图书馆学研究方法划分为四个阶段,每个阶段都会运用到一定的一般方法、专门方法和哲学方法。相对应的方法包括基于文献的分析方法、基于关系的分析方法、整合方法和归纳方法四类方法组成的图书馆学方法论体系,这四类只是方法的统称,每一类中都包括一般方法、专门方法和哲学方法。专门方法则由社会网络分析法、实证研究法和内容分析法等组成。[3]

“三维立体论”是杨溢在借鉴管理学以及信息管理学的方法论体系基础上,提出了由研究内容维、研究过程维和论证方法维组成的基于知识资源论的图书馆学方法论体系。研究内容维主要研究知识资源存取、知识资源转移、知识资源传承和知识资源管理四类方法;研究过程维包括分析研究领域、提出研究问题、搜集相关知识、探索解决路径;构造、实施研究方案,总结、检验研究结果。论证方法维将图书馆学论证方法划分为两个部分,即理论研究和实证分析,理论研究方法包括了哲学论证、归纳法、演绎法等方法,实证分析包括试验及非试验研究两个方面,这两个方面又包括了传统的问卷法、访谈法等与实证相关的方法。[4]

另外还有的文章提出了新的方法来补充专门方法,如:内容分析法、网络调查法等。[5]

从上述内容可知,“定性与定量说”、“过程说”、“三维立体论”这三种方法体系都并非图书馆学研究所专有,许多学科都不同程度地采用了定性法、定量法或定性与定量相结合的方法;而任何学科的研究也都是分步骤、分过程进行的;至于三维立体论只是学术研究的三个侧面,第一侧面应属于图书馆学的研究内容,第二侧面应属于研究过程,所以第一与第二侧面都不宜归为方法论的范围,第三个侧面才包含了研究方法。其次,不论是“定性与定量说”、“过程说”,还是“三维立体论”,所包括的各种方法都可以在原来的“层次说”中找到相同或相似的方法,仅仅是由于采用的分类标准不同,划分的结果当然也不同。既然如此,也就没有必要一定要对原有的研究方法进行重新分类。

因此,近10年对方法论的研究,一是关于方法论的划分,二是对专门方法的确认,仍未跳出20世纪的框框,所谓创新仅仅体现在方法划分的标准上以及专门方法的增加上。

2　思维方式与研究方法

其实,自20世纪80年代“层次说”提出后,先后出现了三层次、四层次、五层次说,主要争论一直是围绕着层次的如何划分、划分为几个层次、各层次的内容以及哪些是图书馆学专门方法而进行的。21世纪后出现的“定性与定量说”、“过程说”、“三维立体论”其实质仍然是上述争论的继续。各家之说都有一定道理,但却无法统一,关于图书馆学方法论的研究似乎陷入了瓶颈。原因何在?应该从思维方式上寻找答案。

2.1　关于哲学方法的理解

从图书馆学研究方法论中占主导地位的“三层次说”来看,即图书馆学研究方法应由哲学方法、一般方法以及图书馆学研究的专门方法三个层次构成。笔者疑问即从此而来。

哲学方法是思维方法,哲学为具体科学提供一般指导,它本身就是世界观方法论,有什么样的世界观就有什么样的方法论。图书馆学研究者的研究活动,都是自觉、不自觉地在某种哲学的世界观和方法论的指导下进行的。哲学方法不应是图书馆学方法论体系中的一个层次,它本身就是方法论。而且“哲学方法”的提法过于笼统,哲学有许多流派,在开展图书馆学研究中,人们经常借用非马克思主义哲学的观点(如世界3理论、异化观点、人道主义观点、后现代理论等)对图书馆现象进行论证。但也仅仅是对观点的“借用”,并非以其思想体系为指导来研究图书馆学问题。[6]之所以对方法论的问题争论不休,应扪心自问,研究者们是否以全面、发展、联系的思维,辩证地看待各种问题、现象?不能忘记图书馆是人类社会发展到一定阶段而出现的社会现象,图书馆学的研究应放入社会的大系统中,而不应关起门来孤芳自赏。

在我国,当我们确立了以马克思主义为图书馆学指导思想后,如果确实存在图书馆学方法论,它就是唯物辩证法。唯物辩证法,让我们以全面、发展、联系的观点看待图书馆现象,找出它的本质规律,在实践基础上去认识和改造图书馆现实。在众多图书馆学研究方法的观点中,2002年,郑全太、马俊云在《图书馆学研究》杂志上发表的《我国图书馆学方法论新论》中提出了他们对层次论的解释:“从方法论的构成系统来看,图书馆学方法论系统应该是有层次的:第一层次是哲学世界观和方法论,即马克思主义唯物辩证法,这是作为指导思想的哲学世界观和方法论,它概括了方法论的基本原理,是指导图书馆学研究的理论基础,对整个研究起着基本定向作用。”[7]2004年,在吴慰慈主编的《图书馆学基础》(面向21世纪课程教材)中,对此也作了解释:“图书馆学研究中的哲学方法,主要是指马克思主义的辩证唯物主义和历史唯物主义方法在图书馆学研究中的应用。”[8]

2.2 关于其他层次的方法的理解

对于第二、第三层次即一般科学方法、图书馆学专门方法的限定,似乎也有不妥之处。诸如系统方法、控制论方法、信息论方法、移植法、概念分析法、历史法、调查法、观察与实验法、统计法、科学抽象法等,[9]应看做是一般科学方法。既然是一般科学方法,当然也是图书馆学研究的方法;至于单元文献研究法(校雠、版本、文献等方法)、群体文献研究法(采集、分类、主题、目录、索引、文献计量方法)、读者服务研究法(咨询、导读的方法)等其他的许多称之为图书馆学专门方法的办法应看做是图书馆工作方法(或图书馆技术方法)。[10]

值得一提的是任何学科都没有绝对的专门方法,学科之间尚且出现了交叉、综合,各学科的研究方法岂能不互相借鉴、综合?图书馆学借鉴其他学科方法,而其他学科不也借鉴图书馆学方法吗?上述的移植法、概念分析法、历史法、调查法、观察与实验法、统计法、科学抽象法等就出现在社会科学研究的许多学科中;而所谓的专门方法,如:校雠、版本、文献等方法,以及采集、分类、主题、目录、索引、文献计量方法也大量出现在文史哲学科的研究中;图书馆的一些工作方法还出现在其他文化产业的服务中,如:咨询、导读的方法等。即使是21世纪出现的新方法:社会网络分析法、内容分析法、网络调查法等,也只是信息技术、网络技术为科学研究提供的新的方法,并非为图书馆学研究所专用。所有的人文科学研究之初,都要对课题的前期成果文献进行分析综合,在网络时代岂有不采用社会网络分析法、网络调查法之理?任何学科的研究都是根据研究目的、研究内容采用不同的方法,都是多种方法的综合,为什么图书馆学非要找到“专门方法”呢?这一观点已被学者以不同的语言表达出来,杨文祥的《信息资源价值论——信息文明的价值思考》一书,提出“信息资源价值论的整体思维的跨学科多维交叉互动研究方法可概括为三个要点:①一个基本原则;②一个基本方法;③两个具体方法。一个基本原则就是‘整体思维原则’;一个基本方法就是‘跨学科多维交叉互动研究方法’;两个具体方法就是‘关联—互动’和‘横向—纵向—横向双向度交叉运用研究法’”,[11]只是提法不够明确。李超平在《图书馆学研究:方法的互补》一文开篇指出:“图书馆学方法论研究的重要性自不待言,对问题的刨根问底和讲究实效是对待学术研究的一个基本态度。而本文的研究则是提出一种对待方法论的态度,一方面,各种方法都有其‘有效’与‘局限’的两个侧面,另一方面,表面上看来互斥的方法,却有一种内在的相互补充的关系。”[12]拜读全文后,使人感到这里提到的“对待方法论的态度”,实则是指“思维方式”,而给人的另一教益,就是透过表面现象看到内在本质。文章提出四个互补:“机械观与系统观的互补、经验方法与理论方法的互补、实证方法与思辨方法的互补、定性方法与定量方法的互补。”[13]这“四个互补”则明确表述了各种相互排斥方法之间的联系,符合对立统一规律。

3 结论

在图书馆学方法论层次的划分上,人为因素太重,然而对图书馆学的研究并无太大的帮助,背离了方法论研究的初衷。尽管20世纪的1982年,邱昶和黄昕在《论我国新时期的图书馆学研究》中提出:“图书馆学研究水平的高低与研究方法的优劣,有着直接的关系。”但其提出的仅仅是“研究方法”,并非后来争论不休的“方法论体系”。在方法论的分层问题上的争论,对实际研究毫无帮助。因此,韩喜运提出的“没必要凭空建构图书馆学的方法体系”具有一定道理。[14]

人类总是不断探索,认识总是不断向前发展,科学发展的趋势是交叉、综合、分化,伴随着科学创新,新的方法总是不断出现。只要是有益于图书馆学研究的方法皆可采取“拿来主义”,没有必要加以限定。同理,对于图书馆工作方法(技术方法）也一样，随着图书馆事业的发展、工作范围的扩大，工作方法也不断增多，也无需将其限定。无论是理论方法，还是工作方法，都可以借鉴移植，同样，图书馆学也可以输出自己的研究方法，为其他学科的研究提供工具、方法，事实上，被业内公认的所谓图书馆学的专门方法——文献计量方法、引文分析法已在各学科的研究中生根开花。

综上所述，“图书馆学方法论”的提法欠妥，“图书馆学研究法”的提法似乎更为科学。笔者曾在《现代图书馆学》一书中提出将“图书馆学方法论”的提法改为“图书馆学研究法”，再将其分为“图书馆理论研究法”与“图书馆工作方法”为好，[15]而理论研究法应包括一般社会科学研究方法甚至自然科学研究方法。而且还应认识到研究方法不是一成不变的，新的方法总是随着科学的发展而产生，只要是有益于本学科研究的方法皆可采用。热衷于寻找所谓的专门方法，是因为缺乏辩证唯物主义思维，犯了绝对化的思维方法错误。王子舟也于 2011 年提出了“图书馆学研究法”的概念，并进一步提出“图书馆学研究法就是图书馆学的研究方法，也可以表述为研究图书馆学的方法……是指研究图书馆学可以应用的一切方法”。[16]其次，不论是图书馆理论研究法还是图书馆工作方法的划分都不宜太具体，这是因为网络的发展为人们带来许多新的工具、方法，却不能改变图书馆的本质属性，更不能改变图书馆存在的目的。在网络环境下，信息技术的运用，图书馆工作方法的涉及面更宽更广，除了保留有用的传统工作方法外，将产生和引进更多的新方法。没有必要为在未来更繁荣的社会中出现的更多、更新的事物、方法、工具而不断地争论。

如果我们总是在所谓的方法论体系上纠缠不休，忽视了图书馆学的产生、忽视了研究的目的性，则只能让人对该学科的成熟度产生怀疑。应换一种思维对待方法论的研究，唯物辩证法让我们以全面、发展、联系的眼光看待图书馆现象，就会让我们懂得各种方法的互补、借鉴、融合的意义。

参考文献

[1]张艳玲. 1923—2008 年我国图书馆学方法论体系研究轨迹探寻与思考. 图书馆建设，2009(10)：1－5.

[2]于良芝. 图书馆学导论. 北京：科学出版社，2003：153－159.

[3]杨斌. 基于研究过程的图书馆学方法论创新研究. 图书馆学研究，2007(1)：2－4.

[4]杨溢. 基于知识资源论的图书馆学方法论体系研究. 图书馆，2008(3)：1－5.

[5]锅艳玲. 现代信息技术对图书馆学研究方法的影响. 图书馆学研究，2006(3)：12－13，9.

[6]傅正. 现代图书馆学. 合肥：安徽大学出版社，2005：11，14.

[7]郑全太，马俊云. 我国图书馆学方法论新论. 图书馆学研究，2002(3)：11－13.

[8]吴慰慈主编. 图书馆学基础. 北京：高等教育出版社，2004：46.

[9]霍国庆.图书馆学方法论体系评析.图书馆工作与研究,1991(1):39－42.
[10]王子舟.图书馆学专门方法论纲.图书与情报,2001(4):10－16.
[11]杨文祥.信息资源价值论——信息文明的价值思考.北京:科学出版.2007:38－43.
[12]李超平.图书馆学研究:方法的互补.图书情报工作,2001(2):13－16.
[13]李超平.图书馆学研究:方法的互补.图书情报工作,2001(2):13－16.
[14]韩喜运.图书馆学方法研究与评价.大学图书情报学刊,2001(2):1－2,27.
[15]傅正.现代图书馆学.合肥:安徽大学出版社,2005:11,14.
[16]王子舟.图书馆学研究法及相关概念辨析.图书与情报,2011(1):2－5.

从图书馆学的哲学基础到图书馆价值的哲学基础

梁灿兴(广西财经学院)

图书馆学的哲学基础探讨的问题是图书馆现象的哲学基础,图书馆价值探讨的则是图书馆对于社会的意义。图书馆的价值,主要体现在图书馆的核心价值观。国内经过近几年的讨论,对图书馆核心价值观的认识,基本上集中在知识自由、普遍服务、平等服务、保护用户隐私等方面。图书馆价值的哲学基础,讨论的是产生这些图书馆价值现象的基础。在论证知识自由、普遍服务、平等服务、保护用户隐私等价值时,图书馆学研究引用得最多的是人权和公民权理论中与言论自由及教育平等相关的内容,但是,这些内容目前外在于图书馆学哲学基础的研究。笔者认为,图书馆价值的哲学基础,同时也应是蕴含于图书馆现象的哲学基础之中的。唯有如此,图书馆的价值才是内在于图书馆现象的。即图书馆价值的哲学基础应包含在图书馆学的哲学基础之中,才能证明图书馆现象本身对于图书馆学研究来说,是自足的。

1 哲学对图书馆学研究的意义

哲学到底能给图书馆学研究带来什么启迪?这个问题在图书馆学中的面目始终遮掩着一层朦胧的“轻纱”。在传统的图书馆学框架里,哲学的作用被归入到学科的方法论中,称“哲学方法是一切科学方法的基础,其他一般方法和专门方法都是哲学方法的具体体现”。[1]这用现代哲学的眼光看,实有张冠李戴之嫌。用语言哲学的观点看,所有的语言表达都是“语言的游戏”。只有严格的界定现象与语言之间的对应关系，才能建立起语言的意义。语言的意义，是建立在具体用法中的指称之上的，此即所谓语言哲学中的“用法即意义”原理。

从哲学的历史看，哲学在古代是人们用于解释整个世界的学问，堪称“科学之母”。随着科学不断地从哲学中分化出来，以及科学可解释领域的扩展，哲学一步一步地缩小自己的领地。现代哲学的领域，实际上只剩下以逻辑和价值观为核心的少数领域，[2]早已没有科学之母的“威仪”。哲学本身也提供方法，但哲学方法的作用，如果不是止于语词意义的划分（如形式逻辑），就是对思辨或者领悟有较大的依赖，比如现象学方法，归根结底是为提供不同的价值观服务的。

“哲学方法是一切科学方法的基础”，如果指的是指形式逻辑，自然没错。因为形式逻辑是科学研究进行概念划分和推理的工具。但如果以为“其他一般方法和专门方法都是哲学方法的具体体现”，具体的科学也要按照其他哲学方法的细化形式去研究，那就大谬不然了。科学的根本特征是实证的方法，有“方法是科学的灵魂”之说。哲学并没有提供实证的方法，而只是提供了实证的价值观。严格来说，实证的价值观是人们后来从科学的实践中抽象出来的，并不是哲学从近代科学的肇始就提供出来。实证的价值观，在近代科学开始之时，是人们从对感觉确定性的认同和追求中发展出来的，与当时的哲学无关。

可见，哲学能给具体学科提供的，主要是跟价值观有关的认识框架，而与方法论无关。图书馆学基础理论习惯上将哲学对本学科的作用，归入到方法论中，实有些不知所谓，于理不通。

2 辩证唯物论对图书馆学的影响

对于本学科的哲学基础，图书馆学的研究可以看做已经经过两代。第一代是20世纪80年代初确立的辩证唯物主义和唯物辩证法，第二代是20世纪80年代被大批判、90年代末期再次“借壳上市”的世界3——客观知识论。

唯物辩证法的对立统一规律、质量互变、否定之否定三原理，只是对事物变化的事后解释，尽管是一种堪称完美的解释，但并不具备科学实证所要求的精确性和预见性。因此，唯物辩证法事实上并不符合科学研究的要求，不可能用来指导科学研究。自然也无法指导图书馆学的研究。从字面上看，辩证法的根本特征是辩证，是语言上的认识。科学的根本特征是实证，要求事实与结论的契合。这两者完全是两条不同的研究路径，已经把两者的关系表达得很清楚了。从唯物辩证法对图书馆学研究的影响看，以黄宗忠根据矛盾论提出的图书馆学研究对象的“矛盾说”最为典型。但不同的学人，对图书馆领域中主要矛盾的认识各有不同。而且，“矛盾说”无一例外的没有提供深入分析的路径。这恰恰是矛盾论作为事后高度抽象解释理论的通病。

辩证唯物主义的物质第一性、普遍联系与永恒运动、意识的反作用等原理,具备了价值观的特征。但这些原理过于抽象,不可能为图书馆学提供建筑学科理论大厦的基础。过于抽象的理论还容易使人陷入教条主义,成为了扼杀创新思维的"绳索"。20 世纪 80、90 年代辩证唯物一元论者们对世界 3 理论的绝对斥拒,即是一明证。当然,这一切发生在国门关闭了 30 年之后的改革开放之初,还是可以理解的。

以上这些,正是邱景华指出的:"也未见有研究者用一元论的唯物主义辩证法,在图书情报学方法论的领域里作出大的突破,并取得骄人的成果。换言之,'三层次'说,虽然在理论上是成立的,是强势的理论,但在实际研究中'三个层次'却出现严重的不平衡,是跛足的,而跛足的理论,是难以远行的。"的根本原因。[3]

3 世界3——客观知识论对图书馆学的影响

1982 年,刘讯将世界 3——客观知识论引入图书情报学,并主张将之作为"图书情报学的共同基础",[4]引发了图书馆学界一场大批判,辩证唯物论以无可置疑的强势地位被确立为图书情报学的哲学基础。[5]

从科学理论研究的角度看,一个新理论只要有基本事实支持、有预见性,能给科学研究带来更多的问题,就是有生命力的,而对理论的严密与最终的结论是否足够准确,要求则并不是非常严格。

波普尔指出世界 3 的客观性、实在性、自主性,都有感性事实作为基础。从发表之后,在世界科学研究中引起的巨大反响看,证明世界 3 理论是有生命力的,甚至有学者将互联网的兴盛视为世界 3 理论的预见之一。[6]但从表述来看,世界 3 确实也显得政治上"不正确"。可惜的是,在 20 世纪 80 年代的中国图书馆学研究共同体中,对世界 3 政治倾向的评判热情超过了对其理论创新的关注。结果,政治正确了,在理论创新上却毫无所获。

此后,客观知识论在图书情报界消失了十五六年,直到 20 世纪 90 年代末才又被作为知识论的基础重新提起。客观知识论的特点,一方面赋予了客观知识以独立于物质世界、精神世界之外的特性,另一方面,又成为被唯物论一再诟病的特点。对于坚持唯物论的图书馆学人来说,这两者难以调和。因此,在 20 世纪 90 年代客观知识论在图书馆学研究中再次兴起时,就出现了两种不同的研究路径,一条路径是看起来全盘接受了客观知识的原定义,如马恒通、杨雪岭等学者,他们深入讨论了客观知识的作用,试图从主观知识客观化、客观知识主观化的角度拓展图书馆学的基础研究，[7-8]但未见到后续成果。另一条是认为客观知识论的定义不符合唯物论，过于宽泛，但确实提出了一个新的领域，可以作为图书馆学的研究基础，但定义需要某种程度的修改。这条路径的代表如王子舟和蒋永福，[9-10]前者提出了知识集合论，后者提出客观知识组织论，着眼点都是基于客观知识的组织，成果比前一条路径要丰厚得多。

但严格来说，这两者都没有忠于客观知识的原定义，只不过后者明确声明了，而前者没有声明。客观知识的原意，在最宽泛的意义上，是指可在主观间进行检验的知识，也即是可以作为思维对象的概念符号。因此，不存在客观知识主观化的问题，因为按照主观/客观的传统提法，作为思维对象的概念符号只存在于主观之中，但按照客观知识的原定义，它是客观知识；而按照客观知识主观化的观点，则是主观知识。这两者显然矛盾，不能并存。

4 公共交流领域是图书馆学的哲学基础

客观知识论提出了一种值得研究的独立现象，这种现象也与图书馆学的存在基础密切相关，但是，能否如此直接地引用于图书馆学的研究，还可以作更深入的讨论。

波普尔提出客观知识论的论证，并不是以传统的、以事物的存在是否与人的主观精神相关为标准，而是以事物内部是否有相互作用作为标准。换种角度看，他更关注事物内部，而不强调这3个世界在互相作用时的外部环境。因此，世界3理论的提出，其实隐性地引入了新的环境种类。这个新的环境种类，是人类社会的公共交流领域，世界3或者客观知识只在公共交流领域存在的情况下，才有意义。

舒炜光如实总结了波普尔对世界3客体具有客观性特征的观点："它可处在彼此之间的逻辑关系之中，包括逻辑等价性、可演绎性、可相容性、不相容性等关系。它可成为一个可能的批判对象。客观思想内容是在合理的优良翻译中保持不变的东西。与世界2思想过程不同，世界3思想内容是抽象的客体，而不是具体的，它们处于逻辑关系之中，而不是联系着大脑过程。"[11]从这段论述中，可以发现，世界3客体（客观知识）的存在，首先依赖于这些知识的符号记录。其次，要保持人类对客观知识的理解，还依赖于外部存在公共解读系统。客观知识是可公共解读的思维对象的用符号表达。只要存在公共解读系统，符号表达既可以记录于客观载体，也可以存在于人脑。可见，公共解读系统的存在是客观知识作为客体存在的必要条件。

当把客观知识及其存在的条件综合起来考虑，可以发现，客观知识是公共交流系统中最具有独立特征的组成部分。客观知识可视为公共交流系统的典型代表。波普尔将客观知识称为世界3，与物理世界和主观世界并列，实际上是将人类社会作为一个独立的世界。按照卡西尔“人是符号的动物”的观点，人是通过符号的交流而连接成社会的。这是人类社会区别于其他动物社会最显著的特征。那么，公共交流系统就是人类社会内部相互作用的核心。客观知识即人类社会交流中最独特、对物理世界以及主观世界而言最具有独立性的部分。客观知识记录的内容，可以外在于任何一个人的主观世界，同时，又以其可解读的内容内部存在的逻辑联系，而区别于物理世界。客观知识实际上是指人类结成社会、认识和改造世界的能力与成果相结合之后的存在状态，客观知识的客观性、实在性和自主性，实际上是指这种状态的特性。这种状态是动静结合的，分析起来可以区分成思维对象、符号记录、公共解读系统、公共解读行为等几个不同的现象领域，只有在波普尔“证伪”的批判知识观中，才能统一起来。

很明显，图书馆现象跟思维对象及公共解读系统的关系不大，这是有些学者以客观知识作为图书馆学的哲学基础时，不得不对客观知识的含义另作定义的原因。但重新定义客观知识的做法只会使问题变得更加混乱。按照语言学“先定义先承认”的原则，波普尔最先定义了“客观知识”，况且，这个定义已经是传遍世界，国内再自行定义只会增加使用这个词汇的混乱，不利于交流。如果不重新定义，图书馆学的研究在使用客观知识论时，又只使用了这个词汇的部分含义，在没有确切定义的情况下，在其上构筑理论，这样的理论难免会变得只可意会不可言传。可见，直接使用客观知识作为图书馆学的哲学基础是不合适的。

从上面的分析可知，客观知识实际上只是人类公共交流领域独立性的典型代表。在图书馆学研究中，将图书馆现象视为社会文献交流系统的主要部分的认识由来已久。将公共交流领域作为图书馆学的哲学基础，既可以适当地将不在公共交流领域内的客观知识区分了出去，又涵盖了客观知识论没法包含的公共交流现象，定位应当更为准确。

5 从图书馆学的哲学基础到图书馆价值的哲学基础

图书馆学在已有“交流论”，实际上只是研究信息/知识/文献传递的技术过程，是一种可以与现实社会环境相隔绝的现象。而在公共领域的客观知识交流，不但需要研究作为技术过程的信息/知识/文献的交流，还需要研究公共领域和社群中知识与文化的保存、交流与增长的现象。图书馆价值的研究，是指图书馆对作为公共领域的社会和社群的价值，其研究的理论意义，在于为图书馆的存在确定社会目标，为图书馆的实践提供道德规范与经营目标的制定基础。

图书馆价值的基础，如言论自由和教育平等方面的内容，虽然可追溯到人权理论，但也可以视为市民社会中个人在公共领域、特别是在公共交流领域中享有的权利。事实上，这是这些权利的现实发源。因此，公共交流领域既是图书馆学的哲学基础，也是图书馆价值的哲学基础。

从近代图书馆的发源看，公共图书馆的出现是近代图书馆独立的标志。这一事件，实际上已经申明了图书馆的基础是公共领域——即使是服务于特定社群的非公共图书馆，如高校图书馆，社群内部也多具有公共领域的主要特征。只是由于社会发展阶段的原因，国内图书馆学研究无法从一开始就完整理解"公共"的含义。现在，对图书馆现象的认识是回归本源的时候了。

参考文献

[1]乔好勤. 试论图书馆研究中的方法论问题. 图书馆学通讯，1983:50-62.
[2]陈嘉映. 哲学 科学 常识. 北京：东方出版社，2007.
[3]邱景华. 哲学方法：图书情报学研究中的一个难题. 图书馆杂志，2011(1):2-6.
[4]刘迅. 论图书馆学情报学的共同基础. 情报科学，1982(1):13-20.
[5]乔好勤. 试论图书馆研究中的方法论问题. 图书馆学通讯，1983:50-62.
[6]王克迪. 信息化视野中的"三个世界理论". 北京：北京大学，2000.
[7]杨岭雪. 图书馆本质的客观知识论解释. 图书馆杂志，2003(6):5-8.
[8]马恒通. 客观知识主观化论纲. 中国图书馆学报，2005(3):28-31.
[9]王子舟. 图书馆学基础教程. 武汉：武汉大学出版社，2003.
[10]蒋永福. 客观知识与图书馆——从客观知识角度理解的图书馆学. 中国图书馆学报，2000(5):47.
[11]卡尔. 波普尔. 客观知识——一个进化论的研究. 上海：上海译文出版社，1987:5.
[12]恩斯特·卡西尔. 人论. 甘阳，译. 上海：上海译文出版社，1985:35.

论图书馆学学科认同的构建

——从学科史视角到学科制度视角的演变

刘 宇(上海大学图书情报档案系) 凌一鸣(复旦大学文献信息中心)

1 引言

"认同"(identity)原属于心理学术语，出自美国心理学家埃里克森(Erik H.

Erikson)。本意指社会个体对自己的本质、信仰及一生取向的一种相对自觉且完整的意识,它代表人格成熟的一种状态;个体通过综合自我的个性特征、社会期待、现实环境和未来期望等内容,将其统合为一个整体的人格结构;个体对"我是谁?"、"我将走向何方?"等问题有着明确清晰的答案,并能够自觉地展开社会行动。[1]所谓学科认同,也就是学者对自己所专事之学科的独立性、完整性、连续性的自我意识,进而对于作为该学科从业人员的学科使命、学科立场的自识与自觉。[2]因此,图书馆学的学科认同主要是指图书馆学人对自身"图书馆学学者"社会身份的自我感知和自我评价,同时也包括对他者针对图书馆学的评价展开自觉性反思的主动意识。在此基础上,图书馆学人根据社会期待展开自觉的学术活动,促进图书馆学的学科建设和学科发展。

2 图书馆学的学科认同

经过近百年的发展,图书馆学的学科建设取得了巨大的进步。相关研究结果显示,[3]目前我国已经建立了从本科到博士后流动站一系列完整的人才培养体系,建立有一级国家重点学科、一级省市级重点学科、教育部人文社会科学研究重点研究基地等,拥有专业期刊60余种。[4]因此,图书馆学的社会建制已经基本完成,它作为一门独立学科的硬性条件的完备性已经成为一个不争的事实。

然而,在学科社会建制不断完善的同时,学科认同问题却一直萦绕在每一个图书馆学人的心头,挥之不去。2011年,王子舟在总结新中国成立60年来中国图书馆学的历史进程时,将中国图书馆学的百年发展划分为三个时代:成长的时代(1920—1940年)、扭曲的时代(1950—1970年)、彷徨的时代(1980年至今)。[5]彷徨的原因来自于图书馆学经验学科的特征,它为其他学科的学者诟病图书馆学提供了口实;同时也来自于图书馆学人脆弱的学术自尊和学术自信。这种弱势的学科认同心理不仅源自于图书馆学的知识体系长期缺乏知识深度,也源自于学科外部的社会转型和技术冲击所导致的研究内容驳杂,以及因此而产生的学科标识模糊。20世纪80年代以来对图书馆学的理论基础、研究对象、内容体系和方法论等理论问题的争论,体现了图书馆学人为争取学科地位、获取学术界承认而作出的巨大集体努力;20世纪90年代兴起的院系更名热潮和随后关于图书情报学核心课程建设的讨论,也是图书馆学人为了明确学科边界的又一次积极尝试。回顾改革开放后图书馆学30年的历史进程,学科认同问题一直存在,甚至可以说图书馆学的进步和发展是建立在对学科认同问题不断的否定和重构之基础上的。

为何图书馆学在"20世纪20年代建立之初,学术自主、学术独立的意识曾高调显现”,[5]在学科社会建制比较完善的今天反而陷入彷徨？这是一个值得反思和深省的问题。当代图书馆学人在窘境和突围中不断前行、努力构建自己的学科认同和学术自信之时,追本溯源本身就是一条有效的方法途径。在我们追寻自己的学术起点之时,“辩章学术、考镜源流”,重新检视学术前辈们的历史轨迹,对我们构建学术认同、树立学术自信具有重要的借鉴意义。

3 图书馆学学科认同的构建方式

图书馆学人构建学科认同、树立学科自信有两种基本的方式:一种是学科史的构建,即通过对图书馆学思想史、图书馆学人、组织机构或书籍文献进行历史研究,来划定学科边界,在追本溯源的同时树立学科认同;二是思辨性的学科理论构建,即对学科对象、学科性质、学科体系和方法论等基本问题进行思辨性的理论论证,通过明确学科的边界和范围树立学科认同。

3.1 学科史研究

几乎所有的学科都关注本学科或者本行业的专业化的历史,图书馆学也不例外。图书馆学人有着自觉的治史意识和优秀的治史传统,在图书馆学史方面的研究成果也颇为丰富。学科史研究的主要代表人物有谢灼华、程焕文、王子舟、范并思、吴稌年、霍国庆、宋建成、蔡明月等;构建学科史的主要有 4 种常见的研究路径。

图书馆学史的研究最初是从书籍史研究入手,进而剖析图书馆学和图书馆事业的发展历程。谢灼华的《中国图书与图书馆史》是这一类研究的典型,它作为经典教材影响了几代图书馆学人。从思想史的角度,研究图书馆学学术理念和图书馆学理论的发展和演变,是治学科史的又一条路径,也是目前我国图书馆学史研究的主流路径。以程焕文的专著《晚清图书馆学术思想史》为代表,2010 年程氏以“20 世纪中国图书馆学思想史研究”为题成功申报了国家社科基金重点项目,在时间维度上对其研究进行推进和延伸。此外,范并思的《20 世纪西方与中国的图书馆学》中关于中国图书馆学发展的部分也是在思想史的范畴上展开叙述的。从图书馆学人出发描绘图书馆学的思想历程是图书馆学史的第三种研究策略。王子舟的专著《杜定友和中国图书馆学》、程焕文的连载长文《一代宗师,千秋彪炳——记中国图书馆学教育之父沈祖荣先生》、[6-10]霍国庆对四代学人整体肖像的概览性描绘、[11-12]以及吴稌年研究民国时期图书馆学人的系列论文都具有显著的代表性。[13-16]从组织机构入手是第四种常见的研究策略。如台湾学者宋建成的专著《中华图书馆协会》,蔡明月研究了 1924—1949 年期间美国图书馆协会对现代中国图书馆专业化的影响。[17]

图书馆学人通过对学科史的构建和研究，试图以史为鉴、古为今用，在梳理学科智识史和学科专业化历程中构建自身对图书馆学的认同和学科自信，并借此向整个知识界展现自身的学科风貌。

3.2 思辨性的理论构建

对研究对象、内容体系、学科性质和地位等理论问题进行思辨性论证和建构在图书馆学研究中也比较盛行，基本上每一本图书馆学概论性质的教材都会涉及这些基本的理论问题，提出各种自成体系的观点。至今，关于图书馆学的研究对象大致形成了6种主要的观点，即整理总和说、图书馆管理说、图书馆事业说、知识交流说、信息资源说和知识组织说。[18]在图书馆学内容体系研究上，从民国时期的杜定友、李景新，到新旧时代交替的刘国钧，再到新中国成立后具有较大学术影响力的新老学人(如周文骏、王子舟等)，都构建了自己的图书馆学研究内容体系。[18]在学科性质和地位的界定上，形成了图书馆学是一门社会科学、综合科学、应用科学、管理科学或信息科学等5种不同认识。[18]在专业期刊上，这种类型的论文也比较常见，最典型的当数马恒通和王子舟针对图书馆学的"前科学"性展开的激烈论战。[19-21]

然而，研究对象是先于学科存在的，而且为各个学科所共享；人们对研究对象所形成的不同认识源自于研究人员所持有的不同学科立场和学科视角。"问题的症结倒不在于是否存在独特的研究对象，而在于作为一门学科究竟怎样来把握它的研究对象"。[22]在研究对象等理论问题上所消耗的过多时间，反而耽误了图书馆学人对具有实际意义的研究问题进行深入的理解和把握，阻碍了进一步对解决这些问题进行充分有效的探索。知识的演进和累积是建立在不断得到解决的现实问题之基础上的，而不是建立在思辨性的构建学科研究内容体系之基础上的。

4 图书馆学学科认同构建的新路径：学科制度分析视角

4.1 学科认同的理论基础

沃勒斯坦认为学科由三个基本的部分构成：研究领域及相应的研究方法、组织结构、学科文化。[23]依据学科制度分析，研究领域及相应研究方法的历史发展构成了思想史研究的主要对象，组织结构则是学科制度结构的研究对象，学科文化则是学科制度精神和心理状态的反映。[24]

一个学科的整体发展，绝不仅仅意味着学术思想和理论的发展，同样也并非仅仅是职业化的事业发展史。现有的研究策略无法使我们明确图书馆学在学科之林中构建自身学术地位及合法性、形成自身学科认同的动态过程。学科发展史是学科思想史和学科制度史这两种相互有别而又相互依赖的双重动态史的综合，学科制度史研究又由学科制度精神和学科制度结构研究构成。[24] 自方文采用学科制度的视角分析社会心理学的学科发展历程和学术认同的构建过程之后，学术界展开了一次从学科制度视角重构学术史的研究热潮，[25] 如教育学从讨论学科独立性问题出发，构建自身的学科认同。[22,26] 在图书馆学研究中，从学科制度的视角对图书馆学的发展历程进行梳理的论著比较少见，尤其缺乏通过相关史料对图书馆学学科制度精神进行系统的梳理和总结。

当下，图书馆学作为一门学科的社会建制已经成型并且相对稳定，它作为独立学科在"物"的维度上的存在已经是一个不争的事实；图书馆学人长期对学科思想史的关注也使得我们对学科知识的发展脉络和关注重点的演变了然于胸。然而，图书馆学在社会建制过程中如何形成了自身的学科文化和心理认同；这种学科文化包含了哪些基本内容；它们是如何内化为图书馆学人的心理状态，并成为行动主体的心理动机展开社会行动和学术行动，从而进一步强化图书馆学的学科建制和学科认同。这些问题突破了学科建制的智识建构和制度建构层面，深入到学科心理建构层面。

4.2 学科认同的主要研究内容

由于学科制度精神内化于个体研究者的心智结构之中，因此它是隐含在学术共同体中的潜在律令；而学术认同是学科制度精神的高级形式，它体现了学术共同体的集体心理状态。图书馆学的个体学者是图书馆学知识实践的行动者，同时也是学科认同的载体。因此，从知识行动者出发，学科认同和学科制度之间的互动过程将从三个方面得以展现：①图书馆学学术共同体的自我认同；②知识图谱中其他学科对图书馆学的"他者认同"；③社会对图书馆学的认同，它是图书馆学合法性的根源。鉴于此，图书馆学学科认同得以从以下 5 个方面展开（如图 1 所示）。

（1）作者群与学术共同体的形成

在由不同学科构成的学术版图中，并不存在一个抽象意义上的"图书馆学"，离开了从事学术研究和专业工作的图书馆学人，图书馆学只是一个空壳而已。因此，图书馆学正是诸多图书馆学人在学术思考、研究实践、学术交流的过程中形成了话语和理论的构建，由此而建成了自身的学术大厦。因此，学术共同体的形成是分析学术认同的前提和基础。究竟有哪些学人在中国社会知识转型的大背景下转向了图书馆学研究？他们具有哪些集体性特征？促使他们转向图书馆学研究的内在动因和外在需求是什么？这些问题构成学术共同体和学科认同问题的

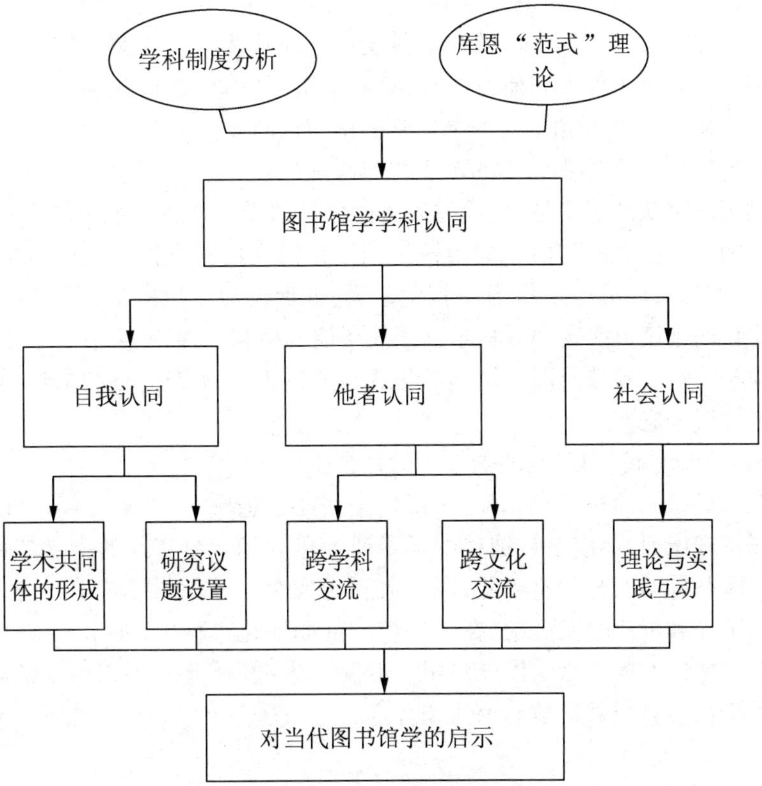

图1　图书馆学学科认同的知识体系

基本内容。

(2)研究议题的设置与学科边界

一个学科的研究议题反映了该学科的学科视野和学科边界。虽然研究对象和研究方法不足以构成判定学科独立性的内在依据,但是该学科的从业者在审视自己的研究对象时,采用什么样的学科立场和切入视角,决定了一门学科的特殊性和独立性。[22]对于图书馆学而言,图书馆学人对于研究议题的价值立场和切入视角是什么?这种价值立场和视角的特殊性体现在哪里?这需要对研究文献在内容上进行深层次的解读,独特价值立场和视角的形成和统一,也是学科认同形成的标志。

(3)跨学科交流:图书馆学在知识谱系中的位置

研究对象是先于学科存在的,在这个意义上人类共享认识的客体。因此,作为对认识客体的反映，人类知识体系具有连续性和交叉性。那么，图书馆学如何同相关学科展开互动，在知识谱系中确定自己的位置？图书馆学如何构建自己的学科基础和知识传承？图书馆学在学科层面上对哪些学术问题贡献了自己的智慧？图书馆学人对于他人如何看待图书馆学作出了哪些回应和反思？这些问题涉及学术界从“他者”的角度对图书馆学的学科认同。

(4)跨文化交流：图书馆学的本土化与国际化

我们不能否认的事实是，当代的人文社会科学研究大多是建立在西方的话语体系之下的。民国时期正值中国传统知识体系向现代西方科学知识体系转型时期。在此背景下，图书馆学作为一新生事物，如何游刃于“古今中西之争”，怎样在传统文化的土壤上实现西方科学话语体系的移植和嫁接，产生适合于中国国情的图书馆学？这不仅涉及图书馆学学科认同的构建，也涉及中国图书馆学在国际同行中的位置和姿态。

(5)理论与实践的互动：图书馆学的社会价值分析

对于学科认同的构建，绝不应该仅仅停留在思想层面，也不能停留在理论言说的立场持守层面，更应该从纯粹的学术研究进入到社会实践的指导层面，实现理论向实践基础的回归。鉴于此，以三大刊为代表的近代图书馆学研究，在我国的图书馆工作和事业的发展中、在图书馆学的职业化进程中、在图书馆学人的教育和培养中如何发挥自己的指导作用？不仅关系到学术界对图书馆学的认同，还关系到整个社会对图书馆学的承认和肯定。

5 结语

图书馆学的学科建设和发展，不仅仅源自于学科建制的完善和学科知识的累积，同样需要关注图书馆学学科文化的形成，特别是作为知识行动主体的图书馆学人的心理状态和学术自信。只有当图书馆学的学科视角和学科立场内化为每位图书馆学人的基本心态——即学科认同得以形成之时，图书馆学人所从事学术研究活动才能从一种外部驱动的状态转变成为一种自觉的状态。这种学科自觉性不仅促使图书馆学人主动地增进图书馆学的知识体系，更会促使图书馆学人对“他者”和社会对图书馆学的评价进行积极的回应和自我调整，这才是图书馆学能够不断前行的基本动力源。

参考文献

[1] Stryker S, Burke P J. The past, present, and future of an identity theory. *Social Psychology Quarterly*, 2000, 63(4): 284 - 297.

[2]姜晓强，孙元涛. 教育学“学科认同”的心理建构与实践建构. 现代大学教育，2009(4)：10 -

12,38.
[3]潘燕桃. 中国大陆图书馆学教育发展现状及社会需求调查. 中国图书馆学报,2009(6):29-40.
[4]叶继元. 中国哲学社会科学学术期刊布局研究. 北京:社会科学文献出版社,2008:264-271.
[5]王子舟. 建国六十年来中国的图书馆学研究. 图书情报知识,2011(1):4-12,35.
[6]程焕文. 一代宗师 千秋彪炳——记中国图书馆学教育之父沈祖荣先生. 图书馆,1990(4):54-58.
[7]程焕文. 一代宗师 千秋彪炳——记中国图书馆学教育之父沈祖荣先生(续). 图书馆,1990(6):64-67.
[8]程焕文. 一代宗师 千秋彪炳——记中国图书馆学教育之父沈祖荣先生(续). 图书馆,1991(1):71-73,76.
[9]程焕文. 一代宗师 千秋彪炳——记中国图书馆学教育之父沈祖荣先生(续). 图书馆,1991(3):60-64,73.
[10]程焕文. 一代宗师 千秋彪炳——记中国图书馆学教育之父沈祖荣先生(续). 图书馆,1991(5):69-73.
[11]霍国庆. 百年沧桑 三次高潮 四代学人——20世纪中国大陆和台湾地区图书馆学史总评. 图书馆,1998(3):1-9.
[12]霍国庆. 百年沧桑 三次高潮 四代学人——20世纪中国大陆和台湾地区图书馆学史总评(续). 图书馆,1998(4):5-9.
[13]吴稌年. 刘国钧先生学术研究成就与《图书馆学季刊》. 图书情报工作,2006(5):136-138.
[14]吴稌年. 俞爽迷的图书馆学研究及其瑕疵. 大学图书馆学报,2009(4):82-88.
[15]吴稌年. 徐旭对民众图书馆建设的贡献. 图书情报工作,2010(7):143-146.
[16]吴稌年. 金敏甫对图书馆学术研究的贡献. 大学图书馆学报,2011(1):117-122,195.
[17]Tsay M. The influence of the American Library Association on modern chinese librarianship, 1924 to 1949. *Asian Libraries*,1999,8(8):275-288.
[18]王子舟. 图书馆学基础教程. 武汉:武汉大学出版社,2003:72-83.
[19]马恒通. 图书馆学是一门前科学. 图书馆杂志,1988(5):14-16.
[20]马恒通. 再论图书馆学是一门前科学. 四川图书馆学报,1998(6):1-14.
[21]王子舟. "图书馆学是一门前科学"质疑——与马恒通先生商榷. 四川图书馆学报,2000(4):11-15.
[22]孙元涛. 教育学"学科独立性"问题再认识. 河北师范大学学报(教育科学版),2009(4):5-9.
[23]沃勒斯坦. 知识的不确定性. 刘锋,译. 济南:山东大学出版社,2006:104-107.
[24]方文. 社会心理学的演化——一种学科制度视角. 中国社会科学,2001(6):126-135.
[25]方文,韩水法,蔡曙山,等. 学科制度笔谈. 中国社会科学,2002(3):74-91.
[26]孙元涛. 教育学学科边界问题的再认识——关于"跨学科研究"的教育学思考. 教育发展

研究,2010(24):31－35.

构建与发展"核心论域"

——当代图书馆学基础理论的客观知识本体论转向

熊　伟(陕西教育学院)

基础理论是一门学科最核心的内容,基础理论的进展标志着一门学科的进展。因此,我们必须高度重视和不断加强学科基础理论研究。截至目前,我们在图书馆学基础理论研究方面,已经提出了很多代表性理论观点,更是出现了一批述评与论著,特别是1984年以来的五次全国图书馆学基础理论学术研讨会,不断推进图书馆学基础理论研究在"否定之否定"中向前迈进。在新的千年里,图书馆学基础理论当然会势不可挡地继续发展,真正开启其"现代性"之旅。现在,摆在我们眼前的紧迫问题是:为了建立起日益成熟的图书馆学,图书馆学基础理论应当如何继承前人研究成果?究竟应向何处发展?应当发展什么内容?怎样实现其可持续发展?如何合理衡量其发展水平?在近十年探索与思考的前期研究成果基础上,[1-7]本文拟通过积极转变思维方式,在引入图书馆学"核心论域"的概念的基础上,简要回答上述问题,试图从"客观知识本体论"的视域,给出一个"多元一体"的包容性整体解释,作为新时期如何重建图书馆学基础理论的一个思想提纲。

1　探寻"核心论域":图书馆学基础理论学说史的回顾与总结

所有时期的图书馆都存在于特定的社会形态之中,而特定的社会形态存在决定着特定社会形态之上的社会思维。在这个意义上,我们应当高度尊重历代图书馆学基础理论研究者的独特贡献,也充分理解他们的时代局限。我们所要继承的是他们的独特贡献,并且在新的理论体系中把这些独特贡献放置在合适的位置。当我们梳理清楚它们之间的演变脉络和研究旨趣转向时,将可以描绘出图书馆学基础理论的进化谱系,并在谱系分析的基础上发现其研究对象从泛化走向独特、从离散走向集约、从模糊走向清晰的聚合化趋势,其解释水平由现象描述走向本质揭示、由粗浅罗列走向高度概括、由低级综合走向高级统筹的精深化趋势,其理论原则从局部适用走向整体适用、从特殊引导走向一般引领、从同时可用到历时可用的普适化趋势。显然,该谱系的三类发展趋势中蕴涵着迄今为止所有图书馆学基础理论学说共同关注的、有着自己独特性的研究对象领域。该对象领域一旦能被完整辨识出来,被确定为图书馆学"研究对象集合"且能为今后的图书馆学基础理论各类学说所公认,就会成为图书馆学基础理论研究的"核心论域"。它有两种基本指称:一种所指的是图书馆学理论形态上的"核心论域",另一种所指的是图书馆实践形态上的"核心论域",都在不断发展变化中。其中,前者是对后者的理性反映,而后者是前者理性反映的客观依据。探索图书馆学基础理论的"核心论域",有利于为表面上看似"对立"的诸多学派或学说确立一个统一的"对象集合"或"认识框架",使诸多学派或具体学说能在"核心论域"上"和而不同",各就其位,各得其所,各美其美,从而有助于我们早日建立起"一元主导,主从有序,多元一体"结构的图书馆学学科体系。

为了描绘历代图书馆学基础理论学说的进化谱系并分析其三类发展趋势,笔者引入了一个名为"广义本体论"的分析框架。其中,所谓本体,是指"被人们表达或表证的能够在运动变化中保持其独特性相对不变的对象事物整体",即"究竟本何独特性而成存在之整体",该对象事物整体之所以能够保持其独特性相对不变,就在于它始终存在一种相对不变独特的结构能够呈现这种独特性。这是它根本不同于一般单一要素意识对象或要素思维对象的地方;凡是可以被人类表达或表证的能够在运动变化中保持其独特性相对不变的世界一切事物都是"本体",换言之,一切"本体"都是人类"形而上"与"形而下"的意识或思维对象统一体。我们可以把人类面对的大千世界看做最大的本体,更进一步,把具有能动性的本体部分定义为"主体",把具有传动性的本体部分定义为"中介",把具有受动性的本体部分定义为"客体",把支持"主体"、"中介"和"客体"运动的本体部分定义为"背景",且统一约定以上四类功能性本体在相互作用中均可自我拓展变化并在最大的本体中实现拓展变化。这里,我们把历代图书馆学基础理论代表性流派或学说所关注研究对象的本质要素,[8-11]按照大概时间顺序分类纳入以下本体分析框架。

表1　历代图书馆学基础理论代表性流派或学说广义本体分析框架

时间阶段	理论名称	主体	中介	客体	背景
1807 年至 20 世纪 20 年代	欧美"技术学派"	馆员,用户	整理技术与方法	文献	社会机构
	欧美"管理学派"	馆员,管理者,用户	管理技术与方法	文献	社会机构

续表

时间阶段	理论名称	主体	中介	客体	背景
20世纪20年代至60年代	欧美“社会学学派”	图书馆	社会移植	人类记忆	社会文化系统
			书面交流	文献	
			场所传递	客观精神	
	中国“记忆说”	社会，图书馆	公共记忆	社会记忆	
	中国“事业说”（要素说）	馆员，管理者，用户	社会事业系统	文献	
20世纪60年代至80年代	欧美“交流学派”	社会，图书馆，用户	文化交流	社会文化	社会文化交流系统
		图书馆	系统反映	人类知识体系	
	前苏联“交流学派”	群众，图书馆	社会交流	社会思想	
	欧美“新技术学派”	用户，图书馆	新信息技术	纸质/电子文献	信息技术环境
	中国“文献交流说”	社会，图书馆	社会交流	文献	社会文化交流系统
	中国“知识交流说”	社会，图书馆	社会交流	社会知识	
	中国“矛盾说”	图书馆，用户	转化藏用矛盾	文献	
	中国“中介说”	社会，图书馆，用户	中介服务	文献	
20世纪80年代至90年代	印度“知识组织学派”	图书馆，用户社会，	知识组织与服务	客观知识	信息经济社会
	欧美“信息管理学派”	图书馆，用户	信息管理	信息资源	
	前苏联“营销学派”	图书馆，用户	信息服务营销	信息资源	
	美国“信息集合论”	社会，图书馆，用户	信息服务	信息资源	
	中国“信息资源说”	社会，图书馆，用户	信息服务	信息资源	
	中国“知识组织说”	图书馆，用户	知识组织与服务	客观知识	

续表

时间阶段	理论名称	主体	中介	客体	背景
21世纪初至今	中国“知识集合说”	图书馆,知识受众	知识服务	客观知识	知识经济社会
	中国“社会记忆说”	社会,图书馆	外存和选择传递机制	社会记忆(书面记录信息)	
	中国“社会制度说”	政府,图书馆,社会	社会制度设计	客观知识	
	中国“科学本体说”	社会,图书馆,用户	公共认知机制	公共信息资源	
	中国“知识资源说”	社会,图书馆,用户	知识服务	知识资源	
	中国“知识管理说”	社会,图书馆,用户	知识管理	广义知识	

认真分析上述框架,我们不难发现历代图书馆学基础理论代表性流派或学说研究对象各类本质要素的集合,即“主体”类要素的集合——“人类”,“中介”类要素的集合——“社会公共记忆”,“客体”类要素的集合——“以客观知识为核心的社会记忆信息”,“背景”类要素的集合——“社会形态”。如果对这四类本质要素的集合按照“广义本体”的“背景—主体—中介—客体”的一般结构规则重新定义一个关于历代图书馆学基础理论学说史的“研究对象集合”,这就是“一定社会形态上人类公共记忆以客观知识为中心的社会记忆信息的社会机制”。我们认为,为了揭示“图书馆”这一独特“社会机制”根本区别于“档案馆”、“博物馆”、“图书城”等同族“社会机制”的地方,必须对以上“研究对象集合”作进一步的“专有性”限定,即把所有研究对象中的“中介”——“社会公共记忆”限定为“社会永久公共记忆”,把所有研究对象中的“客体”——“以客观知识为核心的社会记忆信息”限定为“以客观知识精华为核心的社会记忆信息”,至此,我们可以把有着自己独特性的图书馆学基础理论的“研究对象集合”正式表述为“人类永久记忆以客观知识精华为核心的社会记忆信息的社会机制”。[7]为了方便今后的应用,我们把它简称为“人类永久记忆客观知识精华社会机制”,并郑重推荐它作为今后图书馆学基础理论的“核心论域”。在后文中,我们所说的“图书馆”都是该“核心论域”意义上的论述对象体。

在图书馆学基础理论看来,任何具体类型的个体图书馆都具有这一独特社会性,同时又具有自己特殊历史时空中的个性。正是由于图书馆在人类社会运动变化中始终能够保持这种社会独特性,才能够成为历代人们能够共同认识、共同研究和共同实践的对象,而不至于所论述的就不是同一个事物整体。这一独特社会性具有真正的“空”性,即能够容纳和承载自己命题范围之内的一切事物,包括一切批评和否定,因为即使我们批评和否定它,也以承认它的“在”为前提,否则,我们在批评和否定什么呢?由于我们采取了“本体论”的分析方法,所论述的“研究对象集合”中“客体”要素的核心构成是“客观知识精华”,因此,所谓图书馆学基础理论“核心论域”,实质上是一种有着“人类永久记忆社会机制”规定的“客观知识精华本体”,而我们对该“核心论域”的相关研究和论述,实质上是一种“客观知识本体论”。

2 设定“核心论域”:新时期图书馆学基础理论研究的任务与选择

所谓设定“核心论域”,就是建立起图书馆运动的独特价值目标体系,为我们重建研究对象一元化的基础理论体系指明前进方向,即建立一个关于“人类为何与如何永久记忆客观知识精华”主题的基础理论体系。

长期以来,以“理论联系实际”为时尚口号的“实用”思潮对图书馆学基础理论研究有很深刻的负面影响,最主要的一个表现是,图书馆学基础理论很少涉及对图书馆终极关怀、社会使命和社会理想等目标问题的严肃探讨,导致所谓“效用观”、“真理观”、“唯工具观”、“唯技术观”等不尽合理的“媚俗”价值取向各行其是。近十几年来,这个问题引起了图书馆学基础理论研究者的警觉,探讨日益增多,并就一些问题已经达成了一些共识,[11-13]认为图书馆学基础理论研究应当坚持“促进人的全面发展”的终极关怀的价值导向,实现“价值理性”和“工具理性”的统一,“人文价值”与“科学价值”的统一。那么,究竟应当如何实现二者的统一呢?目前看来,这个问题在具体的基础理论研究过程中还没有得到很好的解决,问题的根源是对图书馆存在及运动目标的系统性,特别是层级性认识不足,把一些本来不属于基础理论研究对象的图书馆存在及运动目标及其实现问题却列为自己的研究范围,结果是在“工具理性”和“科学价值”内部转圈子,难以看到作为手段的“工具理性”是如何服务作为目的的“价值理性”的,以及作为手段的“科学价值”是如何服务作为目的的“人文价值”的。

图书馆运动有着自己独特的价值目标体系。概言之,它至少由终极关怀、社会理想、社会使命、事业主题、事业目标、工作标准、工作目标和工作任务等八个层次依次具体化的价值目标构成。图书馆学基础理论应该重点研究前四个层次的基本价值目标及其实现问题，主要从价值观念层面上统筹和引领图书馆实践活动。根据前期研究成果，笔者关于图书馆运动基本价值目标的初步结论性认识是：其终极关怀是“帮助人类用户享有可能知识生活，促进人类社会每个人的全面发展”；其社会理想是“以人为本、信息公平、知识自由”，即魂系“全息共享”；其社会使命是“支持人类用户自由地永久记忆以客观知识精华为核心的社会记忆信息”；其事业主题是“保存精华、保障利用、创造关联、自由应用”。确认并探索如何实现这些基本目标是新时期图书馆学基础理论研究的首要任务。图书馆学应用理论需要在基础理论的指引和支持下，重点研究后四个层次的具体目标及其实现问题，主要从具体实践层面指导和服务图书馆实践活动。笔者关于图书馆运动具体价值目标的初步结论性认识是：其主要事业目标是“适度规模、适当速度、优化结构、提高质量、扩展效益”；其主要工作标准是“卓越管理、经济节约、富有效率、全面质量、持续发展、用户满意”；其主要工作目标是“优质服务立馆、先进科技兴馆、一流人才强馆、鲜明特色荣馆”。确认并探索如何实现这些具体价值目标当然是新时期图书馆学应用理论研究的首要任务，但是，这也是新时期图书馆学基础理论研究必须关注的相关问题，因为，所有基本价值目标都需要被具体价值目标所表征，否则，只是空洞的语词。

3　构建“核心论域”：新时期图书馆学基础理论的主要研究内容

为了实现所设定的图书馆运动独特价值目标体系，我们首先要解决“怎么想”和“怎么看”其基本实现路径问题。对这些基本实现路径问题的探索应是新时期图书馆学基础理论的主要研究内容。

一是确立“知识本体观”思维。从“理论是思维的产物”的角度看，现有图书馆学特别是图书馆学基础理论研究突出存在的一些问题主要受现有思维方式局限，不少论著已经作了深刻反思批判，[14-16]不乏真知灼见，但是所开“药方”的“对症性”和“有效性”有待继续提高。在人类认识和改造世界的过程中，始终面临一系列“知识”问题，如“知与无知”、“事实命题与价值命题”和“人工选择与自然选择”等，[17-18]对这些问题的解答构成了不同类型的“知识观”并在此基础上形成一定的世界观和方法论。因此，新时期图书馆学基础理论研究转换思维方式的基础工作是加强“知识论”的研究，发生知识本体观的转变。[19-20]主要建议是：第一，中观本性，辨识法身，制亢抑卑。由“核心论域”可知，图书馆乃是“人类永久记忆客观知识精华”的“大道之行”，“化而裁之谓之变；推而行之谓之通”的“大道之行”决定了图书馆学的“本性”必然是“德法并茂的智慧之大学问”，而非“浅尝可止的操作之小技艺”。然而,“道可道,非常道,名可名,非常名”,“大道”岂可“易知”,“大学”岂能“易立”?“人类永久记忆客观知识精华”的长期性决定了图书馆事业是人类社会“千古之大事业”,进而决定着图书馆实践的“法身”是为了“举而措之天下之民”的“启智益慧之事业”而非“庸常微末之职业”,然而,“千古”岂可“易举”,“启益”岂能“易遂”。如此审视,图书馆学和图书馆事业正在如其所能的“成长”之中,汇成一条日益呈现其“本性”和“法身”的“奔流江河”。具体类型的个体图书馆作为“浪花一朵”或许微不足道,然而它们的整体构成的“奔流江河”岂容小觑。斯学斯业,总是“青山遮不住,毕竟东流去”。因此,亢卑之论皆失其当,偏执言辞自致其谬。第二,拓展视界,提升境界,返本开新。当今世界,日新月异,固守昔日狭窄视界已异于“井底观天”和“刻舟求剑”。在世界观的层面上,新时期的任何理论研究都应积极谋求以下四个根本转变:一是单一世界观向平行世界观的转变;二是实体世界观向关联世界观的转变;三是现实世界观向可能世界观的转变;四是实在世界观向虚在世界观的转变。因为所谓单一的、实体的、现实的、实在的有限对象世界只不过是对应的平行的、关联的、可能的、虚在的无限对象世界的一种暂时的呈现形态,对于存在其中的所有矛盾问题和发展问题都是无法解决的,而对平行的、关联的、可能的、虚在的无限对象世界的探索是人类社会更好解决矛盾和发展问题,走向真正自由状态的必由之路。方法是合乎自然规律的一切手段的总和,德性是合乎人类目的的一切意义的总和,方法与德性合称智慧。在智慧境界层面上,我们要认真考量求真、向善、审美、信仰和易行等由低至高五个认知层级对于图书馆的独特内涵规定,努力探寻通向各级智慧境界及整体智慧境界的“启益”之路。“究竟如何实现人类永久记忆以客观知识精华为核心的社会记忆信息”是图书馆学的根本问题,在任何时代,我们都要秉持该时代最先进的世界观,永不放弃对于智慧至境的追求,对这个根本问题作出该时代所能允许的解答,推动图书馆学不断向前发展。第三,探索必然,明确应然,立足实然,依靠使然,选择当然,实现果然。这是我们对图书馆运动状态进行合理干预手段的系统概括,是支持新时期图书馆学基础理论建设并评估其完备性的本体论方法原则。其中,探索必然是指发现规律并遵循规律,是具体实践的基础条件;明确应然是指作出判断价值并追求实现,是具体实践的目标条件;立足实然就是认清现实并从实际出发,是具体实践的初始条件;依靠使然就是选用并使用操作工具或动力系统,是具体实践的变换条件;选择当然就是权衡环境并优化策略,是具体实践的保障条件;实现果然就是达成预设事实状态和价值目标,是人类一切努力奋斗的真实目的。不难看出,“果然”命题是必然、应然、实然、使然和当然的合题,孤立地讨论任何一个此“然”与“果然”的关系,从方法论的角度进行审查,都是不完备的逻辑方法,其合理性将受到质疑。总之,我们要通过思维方式的转变，努力推动图书馆学从“如吾所识”经验色彩向“如其所能”理论色彩的根本转向。“如吾所识”思维方式的根本缺陷是，研究者主要从“特定社会形态”和实际工作“经验”出发，结合必要的“实证”，侧重描述和解释特定时代，如文献时代、信息时代、知识时代的图书馆存在及运动形态，所形成的图书馆学学说是具有特定时代局限性的特殊图书馆学理论，因而总是不断被后续的图书馆学理论所否定，出现了基础理论研究领域诸说纷起且难分伯仲的所谓“繁荣”局面。“如其所能”思维方式的基本特征是，在“如吾所识”的经验基础上，坚信图书馆运动客观存在着不以人们意志为转移的进化规律，并且具有随着人类社会进步无限发展的可能性，坚信“科学想象力是科学可能性的边界”，强调从“整个人类社会形态的历史演变”出发，从“逻辑推理”出发，结合必要的“思想实验”和“科学实验”，积极吸纳历代图书馆专门问题研究的积极成果，重在深入探索与合理解释图书馆的一般运动规律，旨在形成跨时代的、逻辑严密的一般理论体系，即公认的普通图书馆学学科体系。

二是积极培育人文精神。由于种种历史和现实原因，迄今为止的图书馆学基础理论对于图书馆的能动主体——人类的研究是非常薄弱的。突出表现在以下几个方面：第一，主体研究范式形成较晚，对于图书馆精神、图书馆价值、图书馆伦理等问题的研究才刚刚起步，“人”学主题和系列命题尚未完整建立。第二，现有的主体研究还局限在“图书馆组织中心”的立场，言及精神，提倡的是图书馆人“爱国、爱馆、爱书、爱读者”，爱“智慧与服务”；言及“价值”，每论“图书馆对于用户和社会的价值如何”，有“自话自说”的褊狭。第三，对于万古长青的图书馆生活问题的研究很不充分，特别是对深刻影响图书馆生活的图书馆常识问题的研究明显单薄。本文关于加强对广义图书馆主体的研究，特别是广义图书馆人文精神培育问题的主要建议是：第一，大力开拓图书馆学的人文视域，关注包括图书馆人、广大用户和社区群体在内的人类社会主体的知识化生存、发展和完善等“人学”主题，[21]探求人类社会主体视角下的立馆之本、办馆之道和荣馆之品等，确立和完善“核心论域”中人的尊严、价值、个性、理想、品德、情操等“人学”命题。第二，坚决突破“自话自说”的立场局限，深化“用户中心立场”、“社会中心立场”、“人类历史立场”等立场之上的图书馆问题研究，不仅明确图书馆对于它们的社会责任和价值意义，同时也明确它们对于图书馆的社会责任和价值意义，即建立、发展和完善图书馆是全人类和全社会共同的权利和责任，应重建“民主平等、和谐中庸”的图书馆人文精神的伦理秩序和话语体系。第三，高度重视“图书馆生活与常识”问题研究，加快图书馆学研究内容的生活化与常识化转向。“图书馆生活”的实质是“可能知识生活”，其主要关注领域为“图书馆工作中的用户与社区”、“用户社会活动中的图书馆”、“社区发展中的图书馆”；其核心目标是各类主体的"幸福、公正、自由和尊严";其主要命题是关于知识的"生命、生存、生产、生活、生态和永生"等命题。"图书馆常识"的实质是人类社会对图书馆及其运动最基本的社会共识,其里层具有历史积淀特征,而其表层则具有时代特征,是图书馆认识活动中逻辑推理的公理基础。其内核是图书馆发展史上的五大"传统",言其理念,是为"道统";言其理论,是为"学统";言其制度,是为"政统";[23]言其历史,是为"史统";言其方法,是为"法统"。

三是重点发展社会机制。对于图书馆的社会形态表现,我们用的是"客观知识精华永久记忆社会机制"的复合概念,指称"人类"所建立的与"客观知识精华"相互关系所有可能和现实手段的总和。这是迄今为止图书馆学基础理论重点研究的领域,也是存在问题最多的领域,突出表现是:第一,对"永久记忆社会机制"的结构复杂性认识不够,对很多重要问题尚未纳入视野,没有形成一个整体性的研究内容框架。第二,对"永久记忆社会机制"发展动力的系统性研究不够,对相关社会机制的协同性问题关注不足,没有形成一个开放性的可行性研究理论框架。第三,对"永久记忆社会机制"发展的前瞻性研究不够,难以揭示和预测该机制的演进路线,对应用理论研究和具体实践的理论支撑作用有限。本文关于加强对"客观知识精华永久记忆社会机制"研究的主要建议是:第一,探索建立以"超循环社会记忆机制"为研究核心,以集中化、有序化、利用化、长期化等"技术性四化"和社会化、事业化、管理化和服务化等"社会性四化"机制为两个研究分支,以物质要素、制度要素和精神要素为三个要素研究维度,以哲学分析、科学分析、技术分析和工程分析为四个研究层面的整体性的研究内容框架。第二,牢固树立社会系统动力观,重估"永久记忆社会机制"在文化产业链和信息产业链中的合理地位,探索建立以政府动力机制为基础,以事业动力机制为主体,以市场动力机制为辅助,以志愿动力机制为补充的结构日益合理的系统动力机制的可能性,同时,探索扩大图书馆组织与相关政府部门、事业单位、非营利机构和企业组织的合作并建立多方位协同机制的可能性,加快构建一个可行性研究理论框架。第三,坚持"永久记忆社会机制"发展是历史选择过程和自然选择过程的二重演化观点,确立"有为才会有位、杰出才会尊处"的社会竞争观,大力加强"永久记忆社会机制"发展的前瞻性研究,遵循科学发现与技术设计相统一的原则,绘制实现图书馆社会形态稳步升级的行动路线图。

四是探索建立专属智慧科学。目前图书馆学和图书馆事业之所以尚身处"高原期",最根本的问题就在于其缺乏强力支持图书馆现实运动的专属科学技术,难以凭借高深之专属科学技术开展日益高级的社会服务,导致自身在文化与信息相关产业的激烈竞争下,社会评价有进一步下降的趋势。因此,重温"科学技术是第一生产力"的论断,我们在批判"唯技术"论的同时,必须相信专属和相关科学技术是发展图书馆学和图书馆事业最可靠、最强大的力量。对于新时期图书馆学基础理论来说,面临的最艰巨的任务是大力加强图书馆学专属基础科学研究。主要建议是:第一,保持必要的学科开放,充分学习、移植和吸纳信息哲学、知识哲学、计算哲学和虚实世界论等相关哲学与科学领域的先进思想和研究方法,致力寻求"计算之智"与"本体之慧",为建立图书馆学专属基础科学体系奠定坚实的思想与理论基础。第二,明确图书馆学专属基础科学研究的基本目的是"建立强力支持日益高级客观知识记忆精华社会服务的专属智慧科学";其基本任务是揭示图书馆从知识服务走向智慧服务的工作规律,其研究主题是"转知成识、转识成智、转智成慧",其研究难题是"信息再现"、"信息表现"、"知识发现"、"智能呈现"和"智慧涌现",重在形成一批高水平的数理化、形式化和计量化原理成果。第三,坚持"高等智能化",即自然智能、人工智能和社会智能统一化的研究路线,深入开展虚拟现实图书馆、智媒图书馆、慧媒图书馆等日益高级的未来图书馆形态的理论可行性研究。

4　发展"核心论域":新时期图书馆学基础理论研究的核心和难点

发展图书馆的核心是全面把握图书馆的基本运动规律,难点是采取行之有效的科学方法。长期以来,传统图书馆学基础理论一直试图揭示图书馆运动的基本规律,由于缺乏对图书馆运动的整体性把握与独特性的理解,所得出结论始终有局部性、片面性和宽泛性的缺憾,有待我们继续探索。

从广义本体论出发可知,在图书馆运动中,多元化的"人类主体"是通过多样化的"永久记忆中介"对"以客观知识为核心的社会记忆信息"(后文均简称为"客观知识")这一巨大客体的运动形态进行相应的变换来实现自己的各类目标的。深入分析人类对"客观知识"运动形态的大量变换现象,我们发现:在特定的社会形态上,致力永久建立"客观知识"之间、"客观知识"与"人类用户"之间、"人类用户"之间的知识关联是人类对"客观知识"运动形态进行变换的共性特征,始终贯穿图书馆运动的全部过程;客观知识关联是对历代图书馆学基础理论代表性学说关于利用特定社会记忆中介变换特定"客观知识"形态的手段与目的问题论述的高度概括;客观知识关联是最普遍的有着特定价值目标的客观知识运动的现实环节,是推动图书馆运动最终达成"全息共享"这一"果然"目标状态的基本方式。概言之,"永久建立客观知识关联"是图书馆的基本运动规律(后文均简称为"客观知识关联说")。

"客观知识关联说"的主要内容是:第一,人类全部客观知识都具有分形性与自相似性，并且以二重关联方式，即“存在者—存在着”（即“实体—关系”关联）和“此在—在世”（即“中心—背景”关联）的方式客观存在于人类社会之中。“客观知识”之间的“结构关联”、“客观知识”与“人类用户”之间的“匹配关联”和“人类用户”之间交流与利用客观知识的“转化关联”顺序构成图书馆运动的总体过程，客观知识关联水平整体决定着图书馆运动的实际发展水平。第二，“结构关联”包括集中关联、时间关联和内容关联等具体类型，主要对应面向人类历史的“客观知识精华记忆标体”；“匹配关联”包括储备关联、传递关联和获取关联等具体类型，主要对应建立面向人类现实的“客观知识精华记忆样体”；“转化关联”包括习得关联、应用关联和创造关联等具体类型，主要对应面向人类未来的“客观知识精华记忆范本”，人类通过这三类基本关联方式，建立、呈现和推动图书馆的具体运动。第三，“客观知识”之间的“结构关联”决定反决定着“客观知识”与“人类用户”之间“匹配关联”，进而决定反决定着人类用户交流和利用客观知识的“转化关联”，构成着图书馆的基本运动机制。第四，“永久建立客观知识关联”是图书馆运动最基本的内容，是创造“人类客观知识精华全信息时空”最基本的手段，也是最终呈现多样化的“人类世界客观知识精华整体图景”最基本的途径。第五，通过使人类享有可能知识生活以切实促进每个人的全面发展是客观知识关联的最高追求，“转知成识，转识成智，转智成慧”是客观知识关联实现最高追求的基本路径，该基本路径的目标导向系统是：促人类易得知识而助人类易识知识，助人类易识知识而协人类易用知识，协人类易用知识而益人类此世易行，其一般实现机制是：关联以集成，集成以会通，会通以正见，正见以显本，显本以澄明，澄明以简易，简易以大行，大行以自由。第六，日益高级的客观知识关联活动，现实地推动着图书馆不断向前发展，在运动形式上，从低级的“文献集接”逐步提升至更加高级的“信息链接”、“知识联结”、“智能归结”和“社会联结”；在运动能力上，从低级的“文献再现”逐步提升至更加高级的“信息表现”、“知识发现”、“智能呈现”和“智慧涌现”；在运动形态上，从低级的“文献时空形态”逐步提升至更加高级的“信息时空形态”、“知识时空形态”、“智能时空形态”和“智慧时空形态”；在运动水平上，从低级的“物理运动水平”逐步提升至更加高级的“通信运动水平”、“思想运动水平”和“精神运动水平”，使图书馆名副其实地成为一个“不断发展着的人类知识自由运动有机体”。

由“客观知识关联说”可知，帮助人类走向智慧状态是“人类永久记忆客观知识精华社会机制”运动的必然方向。这规定了图书馆学最终应该成为一门研究如何增加人类智慧的综合性学科，或者说是“智慧之学”。[23]

自图书馆产生至今，通过努力地“永久建立客观知识语法层面上的关联”，已经建立起了基于“文献集接”形式、展示“文献再现”能力、呈现“文献时空形态”、具有“物理运动水平”的近现代图书馆事业，正在深入建设基于“信息链接”形式、展示“信息表现”能力、呈现“信息时空形态”、具有“通信运动水平”的当代图书馆事业，取得了令人瞩目的历史成就。但是，根据现有的图书馆学理论和方法，能否建立起更高水平的如其所能的图书馆事业？如果不能，问题何在？如果拟做，方法何在？

现有的图书馆学理论和方法之所以不可能建立起更高水平的如其所能的图书馆事业，根本原因在于贯穿在这些理论和方法中的占主导地位的思维方式是“还原主义”，其所持的世界观是“单一的、实体的、现实的、实在的有限对象世界观”，所开展的图书馆运动，主要是对语法关联层面上的“客观知识精华”对象实体的“存取运动”，仅初步解决了“易得”问题。要建立起更高水平的如其所能的图书馆事业，根本出路在于转变思维方式，在树立“平行的、关联的、可能的、虚在的无限对象世界观”的基础上，采取“启发主义”的思维方式，毅然转向“永久建立客观知识语义信息和语用信息层面上的关联”。第一，在继续强化揭示“客观知识精华”之间语法关系的基础上，重视揭示“客观知识精华”之间隐含的语义关系和语用关系，努力向人类展示一个以“隐含”形式客观存在的“平行”的、“关联”的、无限幽深的“人类世界客观知识精华整体图景”，旨在解决好人类对客观知识精华及其复杂关系的“易知”问题。第二，重视用户参与和建立人机智能交互关系，强调创造性地协助用户从人类已有的“客观知识精华”及其多重关系中探索、发现或预测解决特定问题的结构与策略，将努力向人类展示一个以“包含”形式客观存在的“可能”的、“虚在”的、无限圆融的“人类世界客观知识精华整体图景”，旨在解决好人类对客观知识精华及其复杂关系的“易用”问题。第三，面向支持人类进行特定问题的社会化求解，探索建立能够服务人—机、机—机、人—人实施高等智能交互的较大规模的网络社会集成研讨平台，强调为人类用户营造一个能够充分调用客观知识精华资源的知识交流、交锋和交融空间，通过对研讨问题和进程的集成控制和临界突变诱导，激发参与讨论的人类用户能够涌现思想灵感，努力向人类展示一个以“生成”形式客观存在的“平行”的、“可能”的、“虚在”的、无限灵动的“人类世界客观知识精华整体图景”，旨在解决好人类对客观知识精华及其复杂关系的“易悟”问题。

显然，要完成上述“知识发现”、“智能呈现”和“智慧涌现”三个能力层级的客观知识关联任务，不仅必须依靠已有和将有的通用信息科学技术，还需要开发相应的专属科学技术。由于在日益普及的数字化环境下，所有的客观知识关联具体操作问题，都可以归结为对特定计算机和网络程序应用问题，这必然涉及基于一定的思想模型、数学模型、物理模型和数据模型，对客观知识语法、语义和语用数据的数据结构设计和算法设计问题，同时，还必然涉及大量的逻辑推理和数学运算等问题。因此,我们应当秉持“计算主义”的路线,[24]谋求解决各能力层级的客观知识关联任务。

为了广泛建立客观知识语义信息和语用信息层面上的关联,我们必须进入到任意客观知识单元的内部,对微观级次海量客观知识语义颗粒和语用颗粒进行特定形式的计算操作。准确地说,有待我们开发专属科学技术正是解决客观知识关联的微计算系列技术。我们初步设想的微计算系列技术开发路线是:继承元数据技术,发展元数据管理,支持语法空间高级计算——开发微格式技术,实现元信息管理,支持语义空间基础计算——开发微内容数据库技术,实现微内容管理,支持语义空间高级计算——开发关联计算技术,实现全信息管理,支持语用空间基础计算——开发高等智能技术,实现群信息管理,支持语用空间高级计算。其中,将专门开发的微内容数据挖掘技术是实现“知识发现”的关键技术,专业理论模型计算模拟技术是实现“智能呈现”的关键技术,临界突变诱导技术是实现“智慧涌现”的关键技术。

5 评价“核心论域”:新时期图书馆学基础理论研究的反思与批判

一般认为,评价是人把握客体对人的意义、价值的观念性活动,是人类社会生活的普遍性活动。[25]在探寻、设定、构建和发展图书馆学“核心论域”的过程中,我们始终都在自我评价和接受别人的评价:这样的论述是否既是合乎规律性又是合乎目的性的?又如何衡量和检验这样的论述是否既是合乎规律性又是合乎目的性的?对这些问题的合理回答是确保图书馆学和图书馆事业可持续发展的基本保障。

图书馆学所指“核心论域”客观存在于现实图书馆事业和工作实践之中。现实图书馆事业和工作实践是图书馆学能指“核心论域”形成的基础。我们之所以要重建新时期图书馆学基础理论,根本原因就在于图书馆事业和工作实践正在发生深刻的变革,正在向更加高级的形态演进。因此,所谓对图书馆学“核心论域”的评价,形式上是对能指“核心论域”的评价,实质上是对所指“核心论域”的评价。明确了这样的评价方向,新时期图书馆学基础理论研究就能与时俱进,少一些学究式的争论,多一些建设性探索,不断开创基础理论研究的新领域和新局面。

从图书馆的本体构成要素角度来分析,传统图书馆学基础理论的整体局限性表现在四个方面:第一,对“图书馆主体”的研究主要局限在图书馆组织主体并从这个立场出发,以自我为中心去思考问题,对于人类社会、政府、社区和个体用户这些相关用户主体的立场与观点却研究得不够深入,尤其是对其需求其变化的积极回应很不到位。因为,人类社会主体特别关注的主题是图书馆组织如何促进人类客观知识的发展与进步,政府特别关注的是图书馆组织对于经济社会发展的贡献能力,社区特别关注是图书馆组织如何营造高品位的文化生活,个体用户特别关注是图书馆组织的服务能力,希望解决好自己“易得”、“易知”、“易用”和“易悟”知识等问题。这些“多元主体的缺失”使得现实图书馆事业和工作难以动员必要的社会力量并且形成强大的发展合力。第二,对“图书馆中介”的研究主要局限在事业体制、工作机制和普通技术手段等方面,形成的是“小众化”或“小圈子化”的“话语体系”,对于以“公共利益”为核心的“共需共存”、“共建共治”和“共有共享”等“公共治理”、事业发展的系统动力机制、图书馆组织形态时代变迁以及图书馆组织应具有独特的“高级专业技术能力”、图书馆馆员专业化发展政策体系等问题却研究得不够深入,特别是还局限在“引入”或“应用”的意义上重视现代信息科技手段,对于图书馆行业所急需的专属高新科技手段开发的基础研究明显滞后。这些“核心中介的乏力”使得现实图书馆事业和工作难以在实践和理论层面积极回应日益激烈的社会竞争的挑战。第三,对“图书馆客体”的研究主要局限在语法层面上的客观知识关联、客观知识宏观层面的存取还原运动和客观知识的资源价值等方面,对于语义和语用层面上的客观知识关联、客观知识微观层面的启智益慧运动和客观知识的社会记忆价值等方面却研究得不够深入,特别是对于客观知识高级关联运动中所蕴涵的促进人类知识发展与进步的巨大潜力认识不足。这些“强大客体的小用”表现使得现实图书馆事业和工作难以向全社会充分展示、证明和创造应有的重大社会价值。第四,对“图书馆背景”的研究主要局限在以图书馆组织为中心来思考其在特定社会形态中的形成、发展和发达问题,在与其他强势行业比较的基础上,暂时性得出了图书馆具有“中介性”本质属性和“社会性、依附性、学术性”等一般属性的看法,对于人类社会形态演变中的图书馆形成、发展和发达问题却研究得不够深入,对于“中介性”和“依附性”是否是图书馆事业的“宿命”、图书馆事业是“大器”事业特别是“大器晚成”的事业还是始终是“小器”事业特别是“难以大为”的事业、图书馆事业腾飞的主要条件是什么等问题的认识尚不清晰。这些“社会背景的模糊”使得现实图书馆事业和工作暂时低调、悄然地徘徊在社会边缘与中心之间。

概言之,由于“多元主体的缺失”、“核心中介的乏力”、“强大客体的小用”和“社会背景的模糊”,传统图书馆学基础理论对图书馆运动及事业的研究,总体上呈保守、内向的格调,在进入近代社会之前把自己定位为“人类客观知识精华永久记忆”的“保存性整理与侍应者”,在进入近代社会之后则把自己定位为“人类客观知识精华永久记忆”的“保障性组织与供给者”。在当代社会及其以后,我们还能继续这种定位吗?如果勉强说可以,在更加激烈的人类社会竞争中,“被缺失的多元主体”、“被乏力的核心中介”、“被小用的强大客体”和“被模糊的社会背景”能答应吗？图书馆行业的从业人员能不追求职业的幸福、公正和尊严而甘愿生活在更加边缘的社会地带吗？如果说绝不可以，又该如何对图书馆事业重新进行定位？目前，从图书馆事业发展趋势看，应该也有可能把自己重新定位为“人类客观知识精华永久记忆”的“创造性关联与协同者”，将凭借日益强大的独特的“高级专业技术能力”——微计算系列技术等中介手段，击碎“客观知识”的语法外壳，开始解放它的微观语义颗粒和语用颗粒，惊喜发现“人类客观知识精华”的内部奥秘，依次向人类展示一个以“隐含”形式客观存在的“平行”的、“关联”的、无限幽深的“人类世界客观知识精华整体图景”，以“包含”形式客观存在的“可能”的、“虚在”的、无限圆融的“人类世界客观知识精华整体图景”，以“生成”形式客观存在的“平行”的、“可能”的、“虚在”的、无限灵动的“人类世界客观知识精华整体图景”成为可能，在逐步实现这些“可能”问题的历史进程中，宣告自己不再是一个站在“人类客观知识精华”巨大阴影下“保守”的“中介”者与“依附”者，而是一个站在“智慧”阳光下的、“自强不息、厚德载物”的“关联”者与“协同”者。现在，摆在我们面前的最大问题，不是图书馆成为“人类客观知识精华记忆”的“创造性关联与协同者”的“必要性”问题，而是如何成为的“可行性”问题，更加直接说，就是图书馆事业“能不能”具有强大创造力的问题。在我们看来，衡量新时期图书馆学基础理论是否真正重建的理论标准就是能够阐明“可能”的道理，而实践标准就是被充分证明此道“易行”。因此，新时期图书馆学基础理论除了朝“能”的方向走，已经别无选择。

6 小结

在“赛”先生(科学)和“德”先生(民主)的引领下，我们已经建立了尚未完成“现代性”的传统图书馆学。在“智”先生(计算之智)和“慧”先生(本体之慧)的引领下，我们正在探索建立充满“现代性”的新时期图书馆学。在艰苦探索之路上，众里寻她千百度，蓦然回首，图书馆学基础理论的“核心论域”却在“人类永久记忆客观知识精华社会记忆”处。该“核心论域”就是图书馆学的“太极”，始终是新时期图书馆学基础理论研究的逻辑起点，有待我们努力阐明其运行之大道。通过探寻“核心论域”，我们发现了图书馆学基础理论的“研究对象集合”；通过设定“核心论域”，发现了图书馆的独特价值目标体系；通过构建“核心论域”，发现了实现图书馆独特价值目标体系的基本路径；通过发展“核心论域”，发现了图书馆基本运动规律和微计算系列技术方法，通过评价“核心论域”，发现了图书馆事业今后的“应然定位”。至于是否揭示或接近了图书馆运动之大道，有待历史评说。

现在想说的是，只要我们发现了通向“如其所能”的图书馆运动之路，就能最终走通这条路。我们要看到所取得的成绩，正视所发现的问题，统一思想，振奋精神，坚持以发展新的内容为第一要务，大胆向前探索，重视应用开发，为重建新时期图书馆学基础理论而不懈努力奋斗。

参考文献

[1]熊伟. 建国后中国图书馆学的学科进展及存在的问题. 图书情报工作,2003(1):37-41.

[2]熊伟. 论图书馆法的“高级法”背景. 图书馆杂志,2003(4):9-11.

[3]熊伟. 建国后中国图书馆学的发展趋向. 图书情报工作,2003(10):43-46,64.

[4]熊伟. 论图书馆学范式的形成与转换. 图书情报工作,2004(5):41-44,55

[5]熊伟. 图书馆广义本体论导论:图书馆学研究对象体系的重建. 图书与情报,2004(5):1-6.

[6]熊伟. 追问图书馆的本质:近30年来国内图书馆本质问题研究代表性观点述评. 图书馆杂志,2008(7):5-9,80.

[7]熊伟. 根植“知识记忆”:图书馆作为“人类永久记忆客观知识精华的社会机制”自立在世. 图书馆杂志,2011(2):6-12.

[8]韩继章. 回顾·反思·自我超越:关于我国图书馆学基础理论研究的对话. 图书馆,1996(1):1-7.

[9]杨文祥,陈兰杰. 图书馆学研究对象学术思想的历史演变与发展. 河南图书馆学刊,2003,23(1):16-19.

[10]范并思. 20世纪西方与中国的图书馆学:基于德尔斐法测评的理论史纲. 北京:北京图书馆出版社,2004.

[11]徐引篪,霍国庆. 现代图书馆学理论. 北京:北京图书馆出版社,1999.

[12]刘君. 图书馆学理论研究的价值取向. 图书馆杂志,2004(1):2-6.

[13]杨文祥,刘兹恒. 发展与创新:全国第四次图书馆学基础理论学术研讨会综述. 中国图书馆学报,2004(2):69-72.

[14]范并思. 图书馆学理论变革:观念与思潮. 北京:北京图书馆出版社,2007.

[15]王子舟. 建国六十年来中国的图书馆学研究. 图书情报知识,2011(1):4-12,35.

[16]刘兹恒,张久珍. 构建面向图书馆职业的理论体系:第五次全国图书馆学基础理论研讨会论文集. 北京:北京图书馆出版社,2007.

[17]段小虎. 图书情报学知识论研究:当前困境与未来趋向. 图书馆杂志,2009(2):2-6.

[18]段小虎. 图书情报学知识论研究:当前困境与未来趋向(续). 图书馆杂志,2009(7):13-17.

[19]傅荣贤. 本体论视域下的图书馆学研究内容和研究方法:兼与工具论比较. 图书馆,2010(1).

[20]杨晓农. 知识论视野中的图书馆学对象研究:基于知识本体的解读. 图书馆学研究,2010(10):6-9.

[21]蒋永福. 图书馆学通论. 哈尔滨:黑龙江大学出版社,2009.

[22]蒋永福.图书馆学也是一种人学:图书馆哲学思考之三.图书馆建设,1991(6):7-10,41.
[23]傅荣贤.对图书馆学研究对象"知识说"的反思——从知识之学走向智慧之学的取向.情报资料工作,2009(1):6-9.
[24]李建会.走向计算主义:数字时代人工创造生命的哲学.北京:中国书籍出版社,2004.
[25]冯平.评价论.北京:东方出版社,1995.

新世纪以来我国图书馆学研究的新概念解读

尚　庄(陕西省图书馆)

21世纪以来,随着我国社会的巨大变迁、新技术的引领、文化事业的快速发展,图书馆学研究呈现出了波澜壮阔的美丽画卷。一大批新馆舍建成启用,总分馆制开始推行,数字图书馆全面普及,图书馆之城引领时尚,图书馆联盟风起云涌,更为重要的是,公平、公益、公共的现代图书馆理念开始回归,免费服务成为不可阻挡的时代潮流,这一切,都为图书馆学研究提出了许多全新的课题,也为图书馆学的繁荣提供了肥沃的土壤,而图书馆学繁荣最直观的表现就是新概念的大量诞生和广泛应用。

1　新概念举隅

概念是支撑学科大厦的基石,是进行科学命题的基本元素,有了概念,才能完成判断和推理的逻辑过程。概念也是反映对象特有属性的思维形态,[1]新概念的大量涌现,就是人的思想激荡、观念变革、思维创造的外化形式。从这个意义上说,任何学科的发展都离不开概念的交集更替,包括个体概念的不断出现,也包括基本概念群的新旧演变。

纵观21世纪以来的我国图书馆学研究,新概念不断出现与同一概念被高频使用并存的现象非常明显,只要对此稍加留意,就能随口举出许多,比如"知识组织"、"知识管理"、"知识导航"、"知识创新"、"知识产权"、"图书馆权利"、"图书馆制度"、"图书馆核心价值观"、"图书馆精神"、"图书馆社会责任"、"图书馆危机管理"、"公共图书馆"、"总分馆制"、"流动图书馆"、"延伸服务"、"免费服务"、"图书馆2.0"、"开放存取"、"特色数据库"、"图书馆法"、"图书馆联盟"、"政府信息公开"、"共享工程"、"全民阅读",等等。这些概念一经诞生,就像牵动了大多研究者的思维神经，很快被认同和接受，成为图书馆学研究中的高频词汇，构成了图书馆学研究的基本概念群。我们无法也无必要对这些高频概念的诞生时间一一进行考证和排序，更不可能在此穷尽近年来所有图书馆学研究的高频概念，但与20世纪90年代乃至世纪之交的“网络环境”、“网络安全”、“自动化图书馆”、“电子图书馆”、“数字图书馆”、“复合图书馆”、“信息组织”、“信息管理”、“信息技术”、“信息检索”、“信息服务”、“印刷型文献”、“电子文献”、“多媒体文献”等概念大行其道相比，[2] 近年来出现的新概念显然因应了图书馆学科不断前进的状况和图书馆事业日益进步的实际。这些新概念的出现和大量使用，不仅是图书馆学研究对象不断发展变化的必然反映，也标志着我国图书馆学人对图书馆普遍现象和终极存在进入到了新一轮理性探索阶段。

2 新概念的形成机理

概念是抽象的、概括的，但在每一个概念背后，与其内涵和外延同时跳动着的是一个个鲜活的灵魂，所以概念又是有血有肉的。科学认识的主要成果之一是形成和发展概念，概念越深刻、越正确，就越能细致入微地描述和反映客观存在。

2.1 一般概念的几个生成阶段

人们对周围事物最初形成的认识是前科学思维时期的日常生活概念，这种通常作为对周边事物的感性经验的直接概括，并不具有抽象性的特点，也没有建立起事物之间的必须联系。这是一种自发意识阶段，即“一种人没有对客观事物本质和规律的认识、没有明确的自我意识的一种精神状态和行为状态”。[3] 而人作为主体性存在的更本质的内涵是自觉性，这是在否定或扬弃了自发性之后形成的一种状态。“作为主体的人的自觉性，首先表明的是人的精神、思想或认识的状态，进而还表明在某种精神、思想或认识支配下人的实际存在、行动或实践的状态”。[4] 自觉性的核心是理性自觉。在理性自觉状态，人远离了原始的、盲目的、自发的冲动，超越了感性，具有了运用识别、判断、评估等手段使行为符合特定目的的智能，也具有了科学思维的能力。这时，人可以把对复杂现实的理解抽象为众多种与属的概念，再去探索这些种与属的内在结构、特征、现实状况、演化规律以及种属之间的复杂联系，从而建立起以一系列相关概念为纽结的学科样态。从感性到理性，这是认识的一次质变。然而，思想本身并不会引起外部世界的任何变化，能够引起变化的只能是在一定思想支配下的行动。所以，人要在改造世界的过程中实现主体地位，就不可避免地要从对如何认识的自觉认识阶段进入到对如何实践的自觉认识的更高境界，即对实践的理性自觉阶段。在这一阶段，科学概念突破了人自身的束缚，走向了实践的广阔天地，也带上了人的主观指向性，引导实践沿着事物的本质和规律向前发展。实践的理性导致理性的实践，“理性实践是在自觉的理性认识指导下进行，并通过信息反馈自觉调节的实践”。[4]

2.2 图书馆学新概念诞生于理性自觉和理性实践的每个环节

21 世纪以来，我国图书馆学人和其他行业人一样，带着对新时代的憧憬、对未来的渴望，高举着理性的旗帜一路走来，身后留下了许多闪亮的思想光华，反映在图书馆学研究中，就是运用转译、移植、揭示等方法创造出了一系列崭新的概念，[5]它们就像一块块牢固的基石支撑起了 21 世纪开局 10 年的图书馆学学科大厦。

20 世纪八九十年代，我国图书馆事业在市场经济大潮的冲击下一度走上了以文养文、以文补文的道路，加之信息技术的诞生使图书馆消亡论甚嚣尘上，一时间，图书馆上空布满阴霾，图书馆学也陷入了空前的危机。世纪之交，人文精神在我国空前高扬，人的权益和全面发展成为社会关注的热点。在此背景下，部分图书馆人开始以人文的视角重新审视图书馆这一存在客体，“人文关怀”、“图书馆人文关怀”、“图书馆精神”、“公共图书馆精神”、“图书馆制度”、“图书馆权利”等概念在最初几年的阵痛中被响亮喊出，以其出语之新、震撼之深，成为 21 世纪我国图书馆学研究中具有破冰意义的重要概念，蕴涵着图书馆学人世纪之初的最精粹最深邃的学理思考。我们不难从字面上看出它们在形成过程中存在的借用、引申、递进、拓展和深化的思维创造模式，反映了图书馆学开拓者们的理性精髓不断涌动和交融的精彩过程。这组新概念一经提出，就因为与图书馆学发展新的内在要求高度契合而产生出强大的驱动力，不但逐渐阻断了人们旧有的思维惯性，而且唤醒了更多研究者内心深处沉睡的理性。此后，有越来越多的人加入了认同新概念、运用新概念、扩充新概念和发展新概念的创造性思维运动之中。

2004 年，我国迎来了近代图书馆百年，当年，中国图书馆学会以“百年图书馆精神”作为年会主题，在纪念近代图书馆百年的同时，进一步推动了对图书馆精神及其相关命题深入而广泛的研究。韩继章的“中国图书馆发展的人文化趋势”，[6]范并思的“论加强公共图书馆问题研究”、[7]“公共图书馆精神的时代辩护”、[8]“建设一个信息公平与信息保障的制度——纪念中国近代图书馆百年”、[9]“图书馆精神的历史缺失”，[10]程焕文的“百年沧桑，世纪华章——20 世纪中国图书馆事业回顾与展望”，[11]蒋永福的“为了维护和保障公民的知识权利而奋斗：中国图书馆事业第二个百年重任——中国近现代图书馆事业百年纪念”，[12]等等，在探索新领域、传播新思想、创造新概念方面成为一面面高扬的旗帜。为适应这一时期日益繁荣的研究局面，《图书馆》和《图书馆建设》分别推出了“21世纪图书馆运动”和“走向权利时代”专栏，前者“进行了持续数年的有关现代图书馆理念和公共图书馆问题的讨论，现代图书馆理论的基本问题，如对全社会的普遍开放、公平服务、免费服务，等等，均在这一专题栏目中得到充分讨论”。[13]“走向权利时代”专栏也持续了1年多时间，共发表相关文章47篇，对图书馆权利问题研究向纵深发展起到了推波助澜的作用。“图书馆权利的理论主体是读者权利，派生出图书馆为保障公民自由获取信息的权利、阅读权利或者文化权利而积极争取的权利，如反审查的权利、保护公民隐私的权利。对这些理论问题的研究，无论理论意义还是现实意义都是非常显著的”。[13]

如果说，“图书馆精神”、“图书馆人文关怀”、“图书馆制度”、“图书馆权利”等新概念诞生于图书馆学人人文精神的空前觉醒和对图书馆人文理想的高度认同，具有捍卫现代图书馆理念和图书馆本质内核的道德指向的话，那么，随后出现的诸如“延伸服务”、“总分馆制”、“免费服务”、“图书馆2.0”、“开放存取”、“图书馆法”等新概念则源自于在这种道德指向下图书馆日益理性的实践活动，具有理念指导实践、使实践日益理性、又反过来强化和肯定理念的互动性特点。

在理论的理性反思与呼唤中，我国图书馆事业实践也出现了前所未有的崭新局面。源起于东南沿海经济发达地区、逐渐渗透到内地经济欠发达地区的图书馆流动服务、延伸服务、总分馆建设、自助图书馆、图书馆联盟等新的实践也催生出了一系列新的概念。这些实践是在理念引导下的理性实践，所产生的概念又将实践的信息反馈到理念层面，接受理念的评判与校验，从而成为联结实践与理念的强力纽带。

在此有必要特别提及的是与“免费服务”相关的概念，因为这是众多图书馆学新概念中具有理念与实践高度统一，并由行业自发行为最终上升到国家政策层面的独特概念。

如果我们把公共图书馆有偿服务比作一座坚固的冰山，那么，2008年2月之前包括杭州图书馆、深圳图书馆、浙江省图书馆在内的免费行动就是不断撞击这座冰山的一次次努力，而2008年2月7日国家图书馆的减免费行动，无疑就是直接投向这座冰山的一枚重磅炸弹，预示了我国公共图书馆有偿服务冰山的最终瓦解，2011年2月10日，文化部、财政部联合下发《关于推进全国美术馆、公共图书馆、文化馆（站）免费开放工作的意见》，不仅以国家战略的视野认定了图书馆免费服务的方向，也实现了公共图书馆回归公益本性的众望所归和名至实归。在这一新政的推动下，不仅“公共图书馆”、“免费开放”等概念几乎成为一时间的社会流行语，而且“免费开放”也将成为覆盖全国公共图书馆界的实践活动，同时也必将成为近一段时间图书馆学人关注的重点研究课题。

2.3 新概念是辩证的、批判的

概念是客观对象的特征在人的大脑中的反映,客观现实是辩证的,万物的运动都是既对立又统一的矛盾运动,要正确反映客观现实的辩证运动,概念就必须是辩证的,是主观性与客观性、特殊性与普遍性、抽象性与具体性的辩证统一。另一方面,概念一经诞生,即成为一种客观存在,其形成、发展、变化以及相互间的依存、对立和转化就会沿着一般事物的运动规律进行,因而概念是辩证的。不但作为个体的概念会随着客观对象的发展变化而变化,由个体概念组成的概念体系也会遵循不断超越自身的局限和规定的自我矛盾、自我否定的规律进行运动,从而构成时而波涛汹涌、时而风平浪静、时而蜿蜒曲折的概念长河的一部分。因此,马克思指出:辩证法在它的合理形式上,就是"在对现存事物的肯定的理解中同时包含对现存事物的否定的理解,即对现存事物必然灭亡的理解,辩证法对每一种既成的形式都是从不断的运动中,因而也是从它的暂时性方面去理解;辩证法不崇拜任何东西,按其本质来说,它是批判的和革命的"。[14]

图书馆学概念既是辩证的,也是批判的。比如,以"知识"为词根组成的系列概念就是对以"信息"为核心组成的概念的否定和扬弃,但它们之间又是相互依存和转化的,没有信息的概念,就不会有知识的概念,但"知识"又无法完全替代"信息"。在图书馆界,"信息资源建设"早已替代了"文献资源建设",但"信息资源建设"至今并没有理所当然地被"知识资源建设"所代替。同时,图书馆事业也充满着各种矛盾和问题,地区之间、系统之间、层级之间发展不平衡,职业理想与现实状况存在反差,服务理念与实际服务能力之间尚有距离。在这种矛盾集合体基础上形成的诸多新概念必然具有否定现实的特点。比如"信息公平"就是对"信息鸿沟"现象产生的否定性概念。可以说,新概念表达了人们超越现实直指理想的强烈意愿,因而也具有摆脱现实、批判现实的特点。

"通常,人们对'批判'一词的理解似乎偏重于其否定性的意义,即查明错误、指出缺点、分析原因、评判影响等。其实,正如康德的'批判哲学'(critical philosophy)所表明的那样,'批判'一词还有肯定性的意义,这就是关注基础、前提、界限,评判正确性、准确性、优越性等"。[15]这又为我们全面理解图书馆学新概念的批判性提供了新的思维向度。

3 需要明确的几个关系

3.1 新旧概念之间的关系

一个学科概念一经产生,就会与同一学科的其他概念产生某种联系,这是不以人的意志为转移的。因此,概念之间不是彼此孤立的,新旧概念之间更不是截然横断的。比如"网络环境"的概念自从20世纪90年代后半期被应用到我国图书馆学研究领域,到2000年前后达到了红极一时的鼎盛期,这一时期,似乎对图书馆学所有问题的研究都要放在网络环境下才能说清楚、道明白,在网络环境下研究问题成了一度的时髦。之后,随着网络技术的进一步发展,由"网络环境"派生出了诸如"数字资源"、"学科导航"、"数字参考咨询"、"开放存取"、"图书馆2.0"、"云计算"、"机构知识库"等新概念,大大分化和扩展了"网络环境"的内涵和外延。这种新旧承接的关系也符合科学分化与整体化的辩证关系。"分化和整体化是科学发展的两种不同的趋势","分化使认识朝着纵深方向发展,增强了认识的深度,使人类认识越来越深入、越来越专门化。整体化使认识沿着横断方向发展,使人类认识越来越完整、越来越全面"。[16]

3.2 新概念与新观念的关系

范并思在"新世纪,图书馆学基础研究什么?"一文中认为图书馆学应"研究观念而非概念",[17]他认为"那些可称为图书馆哲学的概念研究虽不能说是可有可无的,但它们永远只能是主流图书馆学之外的东西","发展中的应用性学科往往是无暇顾及概念的"。这就涉及概念与观念的关系问题。什么是观念?这里引用百度百科的解释:"观念是人们在实践当中形成的各种认识的集合体,人们会根据自身形成的观念进行各种活动,利用观念系统对事物进行决策、计划、实践、总结等活动,从而不断丰富生活和提高生产、实践水平。"[18]可见,观念是宏观的、抽象的,而概念是微观的、具象的。一个个相关概念的交集叠加,必然形成与之相应的观念系统,不断出现的新概念在相互碰撞和交融中最终会沉淀为崭新的观念集合。反过来说,观念的转变、思想的进步始于概念的转换和更替,没有新概念,新观念便无所依托。抽象不能脱离具体而独立存在,况且,有些表达既可以看做是概念,也可以理解为观念,无法割裂,比如"以人为本"、"图书馆精神"、"图书馆核心价值观"、"免费服务"等,都是内涵极为丰富的概念,本身就具有观念的性质。所以,如果单纯从理论研究者的角度看,观念研究与概念研究并不能分出孰轻孰重,只能说各有各的价值取向。学术研究提倡百花齐放,如果单纯以对实践作用的大小来衡量理论研究的高低,结果只能有二:一是使图书馆学研究严重囿于实践的束缚;二是扼杀研究个性,导致研究选题的严重趋同。

3.3 新概念与新实践的关系

21世纪前10年我国图书馆学科拓展与实践进步之高度一致性已为业界所认同,尤其是在人性化服务、公益服务、延伸服务等方面的理论倡导和实际践行之间达到了令人振奋的和谐一致。理论研究者和实践专家在频繁的交往沟通中，在剧烈的思想激荡中，在深入的观点融合中，激发出了波及整个业界的巨大创造力，使图书馆从理论到实践都发生了翻天覆地的变化。纵向来看，最大的特点就是“新”，新概念、新观点、新思维、新实践，互相促进，协同发展。

无论是新概念还是新实践，它们的共同之处都是创造，具有创造性的实践向人们提出新的课题，促使人们改变原有的思维框架，抽象出新的概念以适应新的现实情况，而由新概念形成的新观念又引领实践的前进方向，扩大实践的对象范围，提高实践的水平，促进实践的发展。在新与新的不断碰撞和交互作用中，图书馆理论和实践完成了一次集体蜕变和超越。创造在理论与实践之间建立的联系，由于“增添和开拓出新领域而使世界更广阔，同时又由于使人的内在心灵能体验到这种新领域而丰富发展了人本身”。[19]

参考文献

[1]金胜勇，窦建爽. 图书情报学专业术语生成机制分析. 情报资料工作，2011(2)：28－30.

[2]尚庄. 我国图书馆学的新概念现象解读. 图书馆学研究，2002(5)：14－16.

[3]宋锦添. 自觉能动性研究. 北京：中国人民大学出版社，1986：75－76.

[4]郭湛. 主体性哲学——人的存在及其意义. 昆明：云南人民出版社，2002.

[5]金胜勇，窦建爽. 图书情报学专业术语生成机制分析. 情报资料工作，2011(2)：28－30.

[6]韩继章. 中国图书馆发展的人文化趋势. 图书馆，2000(1)：24－29.

[7]范并思. 论加强公共图书馆问题研究. 图书馆，2000(6)：1－4.

[8]范并思. 公共图书馆精神的时代辩护. 中国图书馆学报，2004(2)：5－11.

[9]范并思. 建设一个信息公平与信息保障的制度——纪念中国近代图书馆百年. 图书馆，2004(2)：1－3.

[10]范并思. 图书馆精神的历史缺失. 新世纪图书馆，2004(6)：3－7.

[11]程焕文. 百年沧桑，世纪华章——20世纪中国图书馆事业回顾与展望. 图书馆建设，2004(6)：1－8.

[12]蒋永福. 为了维护和保障公民的知识权利而奋斗：中国图书馆事业第二个百年重任——中国近现代图书馆事业百年纪念. 图书馆，2004(5)：1－5，9.

[13]范并思. 新世纪10年我国图书馆学基础理论的光荣与梦想. 高校图书馆工作，2010(4)：13－16.

[14]马克思恩格斯全集(第23卷). 北京：人民出版社，1972：24.

[15]张志林. 科学哲学与批判——创新思维. 哲学研究，2011(1)：94－100.

[16]朱振林. 论辩证法的实践基础及当代走向. 哈尔滨：黑龙江大学出版社，2009：21.

[17]范并思. 新世纪，图书馆这基础研究什么？图书馆，2003(1)：14－15，4.

[18]观念. [2011－05－08]. http://baike.baidu.com/view/65157.htm.

[19]S. 阿瑞提. 创造的秘密. 钱岗南，译. 沈阳：辽宁人民出版社，1987：68－70.

试论现代图书馆理念的职业价值

张为江(天津图书馆)

1　现代图书馆理念的起源与发展

1.1　什么是图书馆理念

在论述图书馆理念之前,我们首先应该弄清什么是理念。理念是一个哲学概念,指的是人们对于某一事物或现象的理性认识、理想追求及所持的思想观念或哲学观点。简言之,理念就是理论化、系统化了的,具有相对稳定性和延续性的认识、理想和观念体系。

所谓图书馆理念,就是指人们对图书馆的理性认识、理想追求及所持的图书馆哲学观念或观点。它包括图书馆发展观、价值观、质量观、人才观等,是图书馆改革与发展的指导思想或理论基础,对图书馆工作具有纲领性的指导作用。

图书馆理念可从方法论层面(管理层面)和认识论层面分别认识。管理层面的理念如人本管理理念、绩效管理理念、依法管理理念、危机管理理念等;认识论层面的理念如平等服务理念、知识自由理念、信息公平理念、民主政治理念、社会包容理念等。本文所论述的图书馆理念属于认识论层面的理念。

1.2　图书馆理念的起源

西方图书馆学的开山鼻祖、法国学者诺德1677年发表的《关于创办图书馆的建议书》中阐述道:①图书馆应对公众开放;②图书馆不能仅限于收藏古代卷本,更为重要的是收藏当今的作品;③馆藏不应有偏向性和排他性;④必须科学地管理藏书。

印度图书馆学家阮冈纳赞1931年提出了"图书馆学五定律":①书是为了用的;②每个读者都有其书;③每本书有其读者;④节约读者的时间;⑤图书馆是一个生长着的有机体。

1.3　我国图书馆理念发展的历史轨迹

我国近代图书馆事业以1912年京师图书馆开放为标志开始了艰难的起步。

但限于当时及而后的种种历史局限，我国图书馆多年来着重于学习西方图书馆本身的理论、方法和技术，而在某种程度上遮蔽、阻隔了图书馆理念的传播，这不能不说是历史的缺憾。

20 世纪 90 年代初，一些图书馆学者展开了一场关于"图书馆精神"的讨论。讨论中出现了刘洪波的观点，即认为图书馆精神包含了"开放"、"平等和友善"等现代要素，刘洪波的观念，较为全面地涉及了现代图书馆理念。

2008 年，中国图书馆学会正式发布了《图书馆服务宣言》，它在中国图书馆史上第一次以正式的、与国际图书馆界宣言类文件接轨的文字，表达了中国图书馆人通过 100 多年的图书馆学探索所认识并基本认同了的现代图书馆理念。

2 现代图书馆理念的主要内涵

《图书馆服务宣言》开篇语中写道："现代图书馆秉承对全社会开放的理念，承担实现和保障公民基本文化权利、缩小社会信息鸿沟的使命。"上述现代图书馆理念落实到图书馆服务中，又可归纳为对全社会普遍服务、维护读者权利、对所有人平等服务、对弱势人群提供特殊服务和缩小数字鸿沟等。这些基本原则是现代图书馆理念的具体体现，也是现代图书馆理念的重要组成部分。

2.1 对全社会普遍服务理念

图书馆资源人人可获取，图书馆服务人人可获得，这是图书馆普遍服务的基本要义。如果图书馆对外开放设立了条件，即对部分社会成员开放，或者有限制条件地开放，这样就会使一部分人能够获得，而另一部分人无法获得。同时，"普遍服务"还内含"免费服务"之义。如果图书馆收取一定的费用，从某种意义上讲，就是设定了经济条件，这就会形成一道门槛。图书馆所保障的，只能是门槛以上的人群。

总之，无论是公共图书馆，还是其他类型的图书馆都要以对全社会开放为目标，创造条件为全体社会成员提供免费服务。只要有"需要"就行，"需要"面前人人平等，可以说"对全社会普遍服务"理念的形成，标志着近现代图书馆理念的正式形成。

2.2 维护读者权利理念

读者权利是指读者在接受图书馆服务过程中依法享受的不容侵犯的权利。简单地说，就是读者利用图书馆的文献信息资源获取知识和信息的资格与自由。1945 年《世界人权宣言》发布以后，图书馆人才逐渐认识到：现代图书馆服务并非图书馆人对于读者的恩赐，而是读者应有的权利。或者说，现代图书馆的出现，是社会管理者为实现和保障公民基本文化权利而作出的制度安排。图书馆人对于读者权利问题的认识，成为现代图书馆理念的主要基石。

2.3 对所有人平等服务理念

图书馆提供平等服务的核心要求是平等地对待所有的利用者，给所有利用者以普遍均等地利用图书馆的机会权利，而不是使部分人因为图书馆所制定的服务政策而失去享受图书馆服务的权利。正如美国图书馆协会 1995 年发表的《美国图书馆事业发展 12 条宣言》中所指出："图书馆是改变社会不公平现象的基地……图书馆应不论贫富等级，向社区所有的人平等地提供资料。"[1] 如果说，"法律面前人人平等"是法律的真谛所在，那么，"图书馆面前人人平等"应该就是图书馆的天职所在。

2.4 对弱势人群提供特殊服务理念

在现代社会中，信息获取的渠道特别多，具有良好信息素养或具有较好经济能力的人，甚至可以不通过图书馆就能获取他们在工作与生活中所需的信息。但同时任何一个社会中都存在相当数量的人群，他们因为自身经济、文化或身体条件的限制，无法正常享受信息社会丰富的信息资源，解决这些人群获取知识和信息的困难，成为现代图书馆的重要任务。《公共图书馆宣言》指出，图书馆"必须向由于种种原因不能利用其正常的服务和资料的人，如语言上处于少数的人、残疾人或住院病人及在押犯人等提供特殊的服务和资料"。只有这样，才能确保所有人能够有效地利用图书馆的服务。

2.5 缩小数字鸿沟理念

进入信息时代后，人们很快发现，看似公平的网络信息服务并不能自动实现信息公平，反而可能造成社会的"数字鸿沟"，使不同人群间的信息差距扩大。在探讨解决数字鸿沟的对策时，人们提出可利用图书馆提供"公共接入点"，并通过图书馆员的指导和帮助，加强对信息弱势群体的信息意识、网络使用、电脑操作、信息检索能力的培养，提高他们的信息素质，从而跨越这条"鸿沟"。随着图书馆的价值在网络时代再一次被人认识，图书馆人"缩小社会信息鸿沟"的努力成为现代图书馆理念的一部分。

研究现代图书馆理念，其主要意义在于对照图书馆理念，梳理提炼出图书馆的职业价值，以便促使我们能更清楚地理解我们持续的基本信仰和在社会中的角色，从而实现服务于社会的最终价值。

3　图书馆的职业价值再认识

3.1　几个概念

近年来,我国研究图书馆职业价值的文献很多,有的文献常常把图书馆职业价值与图书馆职能、精神、宗旨、原则以及管理理念、服务理念等相混淆,笔者认为这与图书馆职业价值本身的提法模糊有关。还有的文献在提到图书馆职业价值时,经常出现四种说法:一是图书馆职业价值,二是图书馆价值,三是图书馆员的职业价值,四是图书馆核心价值。笔者认为这些说法,虽然在文字上有差异,表述上有所不同,但内涵是一致的,实质上指的是同一事物,同一种价值,即图书馆的职业价值。

首先,职业是"指个人在社会中所从事的作为主要生活来源的工作"。图书馆职业就是图书馆人所从事的作为主要生活来源的图书馆工作。图书馆工作是创造图书馆职业价值不可缺少的组成部分,是动力,是主体之一,它的根本目的就是为了实现图书馆职业价值,这说明图书馆价值就是图书馆职业价值。

其次,图书馆职业价值的显示,是通过图书馆员与读者之间的特殊交流与互动来实现的,图书馆员在不断提升服务水准,并以服务的效果证明着这个职业的价值,也就是说,图书馆职业价值等同于图书馆员价值。

最后,图书馆核心价值,是指在众多的图书馆职业价值中,最能代表职业特征并对整个职业的发展起决定作用的那些价值。

3.2　国外图书馆职业价值的研究

国外发达国家图书馆界在图书馆职业价值的研究和确认问题上已经积累有较多的研究经历及经验,这些显然对我们具有借鉴意义。因此,在我国讨论、确立图书馆职业价值之际,考察国外的研究成果、经验和做法是极其必要的。

美国图书馆协会(ALA)从100多个价值中确立了11个核心价值,分别是公平取用、保护隐私、民主、差异性、教育与终身学习、知识自由、公共资产、保存资源、馆员的专业性、服务、社会责任。这11个关键词,给予图书馆界同仁更多的思考空间。

Michael Gorman在《图书馆的价值和价值观》中提出了8种图书馆价值,分别是:管理(图书馆的历史记忆功能)、服务(为用户提供信息服务)、知识自由、取用平等、保护隐私、素养与学习、理性主义、民主。

毋庸置疑,对职业价值的认定,是一个价值判断和价值选择的过程。只要是价值判断和价值选择,就不可避免地产生因人、因时、因地而异的差异性。尽管表述各不相同,但无论是 Gorman 还是 ALA 皆有异曲同工之处,都是从图书馆工作的多个方面比较全面而又准确来揭示图书馆的职业价值,既有对图书馆现状作出的客观评价,又有用未来的眼光设计图书馆存在价值的思考。

3.3 我国现代图书馆理念的职业价值再认识

考虑到中国国情的特殊性、中国文化传统、中国图书馆事业发展的现实状况等,我们在借鉴国外成果方面,要注意本土化改造问题,而不应该是不作任何鉴别和选择的完全照搬;同时在内容表述上,应遵循求精而不求全的原则,为未来的修订和扩充留有余地。基于以上认识,笔者认为图书馆职业价值的内容应当由下述 4 个方面构成:

(1)公益性

图书馆的知识与信息服务有自己的特点,这一特点就是公益性,这是图书馆与其他商业化信息服务的主要区别。政府设置图书馆的宗旨就是为国家保存文化遗产,向社会开展文化教育,传播科学知识,丰富活跃人民的文化生活。图书馆完美地体现公益性,不仅是图书馆的基本价值准则,也是图书馆对全社会普遍服务理念的前提与根本。

今年才短短几个月的时间,就发生了一系列吸引大众眼球的图书馆热闻:

年初,杭州图书馆"微博事件"成为毫无争议的社会热点话题。这从某一个方面说明了公众对图书馆公益性的期待。

温家宝总理在政府工作报告中指出要大力加强文化建设,尤其是"我们所做的一切都是要让人民生活得更加幸福、更有尊严,让社会更加公正、更加和谐"。成为公众心中最温馨的温家宝语录。不难看出:"幸福"、"有尊严"、"公正"、"和谐"这些关键词与图书馆公益性的目的在某种程度上是不谋而合的。

2011 年 2 月,文化部、财政部共同出台《关于推进全国美术馆、公共图书馆、文化馆(站)免费开放工作的意见》,明确提出,2011 年年底之前,全国所有的公共图书馆、文化馆(站)实现无障碍、零门槛进入,公共空间设施场地全部免费开放,所提供的基本服务项目全部免费。这为图书馆实现免费开放提供了有力的经费保障。

政策出台后,国内各大公共图书馆相继实行免费开放,读者人数翻倍增长,图书馆不再是"锦上添花"的城市摆设,而成为市民生活中不可或缺的一部分。

事实证明,图书馆只有在保持公益性质的前提下,才能通过执行社会职能来实现自己的价值。

(2)知识自由

人类是以追求幸福为最高祈望的动物,而人类对幸福的追求是以自由的获得为基本前提与标志之一，这种诉求体现在人之思想和行动的所有方面。因此，这种诉求也必然贯穿在人的知识活动之中。在人的知识活动中体现的自由诉求，我们可专门称其为“知识自由”（knowledge freedom 或 intellectual freedom）。

以知识自由来定位图书馆职业价值，既符合国际图书馆界及其专业组织对图书馆职业价值的定位要求，又有利于同国际图书馆界保持一致，IFLA 的《关于图书馆与知识自由声明》的核心内容包括：“图书馆应该起到发展及维护知识自由的作用，促进捍卫基本的民主价值和世界人权；图书馆有责任保证和推动知识传播和智能活动，为此，图书馆采集和收藏反映社会各个方面的信息资料；图书馆将确保只基于业务角度考虑馆藏的采选和服务方针，而不受政治、道德和宗教因素的影响；图书馆将在获取、加工和传播信息方面拥有自由权，并抵制任何专制行为。”图书馆维护知识自由，恰好与图书馆员一贯秉承的维护读者权利的理念相契合。

（3）平等获取

信息时代不同人群间信息获取差距拉大，使贫富差异更大，成为新的社会问题。图书馆，特别是公共图书馆，应当提供相应的物质保障，制定完善的规范，保证每个用户可以平等地获取所需文献信息，这是图书馆义不容辞的责任，也是图书馆的社会价值所在。

在此原则之下，不管用户的目的是为了学术研究、继续教育，还是为了娱乐休闲，也不管用户的年龄、性别、种族、阶层、观念，图书馆员都应向用户提供平等获取信息的机会。也就是说，图书馆不应对任何用户及用户需求持有偏见，而应当力所能及地帮助用户获得馆内（包括通过馆内设施能够获得的网络上的）所有相关文献信息。

（4）人文关怀

图书馆对读者施以人文关怀，主要包括两个方面：

一是服务与管理的人性化，即关爱读者、方便读者。图书馆人应该是爱的使者，图书馆应该是充满爱的人间“天堂”。在服务中，图书馆人不仅要去关爱所有的读者，更应该关心、体贴和帮助那些弱势读者——残疾者、失业者、失学者、年老者、年幼者、体弱者（包括怀孕妇女和患病者）、贫困者、失落者等。

二是保障弱势人群的信息需求。现代社会信息服务多元化，图书馆很难满足更多人的需求。在这种局面下，图书馆为读者服务工作的重心，是要为科研服务，或是为领导决策服务，还是为社会大众甚至是社会底层服务？笔者认为，现代公共图书馆要旗帜鲜明地把服务目标聚焦于社会大众甚至是社会底层。

图书馆员通过满足弱势人群的信息需要，帮助其解决现实生活和今后发展中所遭遇的困难，使他们在信息社会中获得或重新获得强势地位，从而融入到社会进步的大潮之中。所有这些,不仅是图书馆为和谐社会建设作出的应有贡献,同时也是自身存在价值的实现。

图书馆的职业价值是图书馆人追求的理想与目标,是图书馆人需要坚守的原则与教义,这些理想与原则具有丰富的内容,构成了图书馆的价值体系。这个价值体系虽然具有相对的长期性和稳定性,但不是一成不变的,它会随着时代精神的变化而不断充实和完善。也就是说,图书馆的公益性、知识自由、平等获取、人文关怀的具体内涵要求,在不同时期、不同阶段是不断发展变化的,我们要以与时俱进的眼光去看待,使图书馆职业价值更好地体现时代精神,更好地指引图书馆工作,从而推动图书馆事业良性运行、理性发展。

参考文献

[1]蒋永福. 图书馆核心价值及其中国语境表述. 国家图书馆学刊,2008(2):21－25.

[2]Gorman M. 数字时代的图书馆价值. 台湾图书馆学会,2006(1－2).

[3]徐建华.《公共图书馆宣言》与现代图书馆理念. 图书情报论坛,2008(3):3－8.

[4]范并思. 现代图书馆理念的艰难重建——写在《图书馆服务宣言》发布之际. 中国图书馆学报,2008(6):6－10.

[5]李国新. 21世纪新图书馆运动的时代任务. 图书馆,2005(2):1－2,9.

[6]俞传正. 图书馆核心价值的历史解读. 图书与情报,2007(3):10－14.

[7]黄晓曼. 图书馆核心价值的探索和意义. 图书与情报,2007(3):6－9.

[8]程焕文. 普遍均等 惠及全民——关于公共服务普遍均等原则的阐释. 图书与情报,2007(5):4－7.

[9]张久珍. 信息普遍存取原则阐释. 图书馆建设,2006(1):21－24.

[10]宋显彪. 试论图书馆员职业的核心价值. 图书馆杂志,2002(9):3－5.

图书馆核心价值研究

——基于儒家思想的实证分析

刘　磊　王　浩(南京农业大学信息管理系)

1　研究背景

近年来,世界各国特别是发达国家的图书馆学者、图书馆协会都在致力于研究图书馆核心价值,目前已取得了一批成果,诸如核心价值文件以及依据核心价值形成的服务宣言、声明、职业准则等其他文件。从中国图书馆学会2007年的峰会开始至今,国内关于核心价值的研究逐渐升温,范并思、[1]黄宗忠、[2]蒋永福、[3]王知津、[4]黄俊贵等人提出了各自的观点,[5]研究的重点主要是关于核心价值的含义、意义和重要性等,并且呈现出众说纷纭、莫衷一是的局面。

当前我国图书馆学界对于图书馆核心价值的研究处在一个思想活跃和观念碰撞的时期,这使得图书馆核心价值呈现出多元化的态势,在一定程度上缺乏凝聚力。历史告诉我们:思想文化越是多样化于纷纭复杂,就越需要将自己的学说与同时代的轴心思想相符合,这将有助于使自身的学说获得一个良好的社会共识平台,继而实现良性发展。当前我国社会的主流价值体系是党中央提出的以"八荣八耻"为主要理念的社会主义核心价值体系,这个总的价值导向体系,有待于不同行业结合自身的特点将其具体化来加以推广实施。图书馆核心价值同样需要体现出上述核心思想的理念,在具体论述中则应"求同存异"。

2 儒家思想视角下的图书馆核心价值

2.1 研究的可行性

文化具有传承性,每一个阶段的文化都是对以前不同阶段文化的继承和发扬。我党提出的以"八荣八耻"为主要理念的社会主义核心价值体系,不仅是结合时代要求审时度势倡导的,而且也是对我国传统优秀文化的一种兼容并蓄。这也意味着我们可以从源远流长的儒家文化中探寻若干符合我国当前主流价值体系的精神元素,并以儒家思想的视角来分析解读图书馆核心价值。

在我国传统文化中,民本思想对国家和社会有着积极而广泛的影响。在《孟子》一书中,我们可以看到大量有关此类的论述,"得天下有道,得其民斯得天下","民为贵,社稷次之,君为轻","乐民之乐者,民亦乐其乐;忧民之忧者,民亦忧其忧"等。上述民本思想虽然是作为反对王权霸道而提出来的,但在后世中亦经久不息,体现出一种"仁"的精神理念,而现今的社会主义核心价值观"以服务人民为荣,以背离人民为耻"正是对这种"仁爱"思想的传承,两者都体现出一种尊重关心人的仁爱思想,借此笔者拟用儒家文化中精神元素之一的"仁"来阐释图书馆核心价值,这不仅是对当今国家主流价值观念的一种合拍,而且也有助于使我国图书馆核心价值的研究带有本土化意蕴。同理,本文将依次引入儒家文化中的其他精神元素来构建我国图书馆核心价值,诸如"以热爱人民为荣,以背离人民为耻"体现出儒家思想中的"义",两者都是一种对自我私义的反省和对本职道义的坚守。"以遵纪守法为荣,以违法乱纪为耻"则与儒家文化中的"礼"有着异曲同工之处,都蕴含着一种对规则的遵循。"以崇尚科学为荣,以愚昧无知为耻"

体现出儒家文化中求知尚学的传统美德。“以诚实守信为荣,以背信弃义为耻”展现出儒家文化中的诚信风范。综上所述,笔者在把握我国当前社会主流价值取向的前提下,将用儒家思想中的“仁、义、礼、智、信”来构建我国图书馆核心价值。

2.2 内涵

儒家思想承载了我国的主流民族精神、传统道德和价值观,在历代社会里都拥有较高的社会认同度。笔者认为图书馆核心价值是一个范畴,包含了诸多要素,而不是某个特定的所指,我们应当从不同的视野和角度去审读理解,同时由于人们研究视角的不同,其结论的侧重点亦有所差异。笔者曾在《基于儒家思想的图书馆核心价值及其实现》一文中论述了其内涵,[6]而本文在实际调研的基础上又对其作进一步的深化,认为图书馆核心价值是一个多层次和多元的有机统一体,可归纳为五个方面,即以仁为本——平等对待读者是核心,以义为尺——坚持知识自由是内在约束,以礼而立——彰显书香氛围是外在表现,以智促长——提高信息素养是手段,以信为名——树立社会形象是保障。这五方面“形散而神不散”地诠释了图书馆核心价值,其中以仁为本起着统摄作用,与其他四方面共同构成图书馆核心价值的有机整体,具体而言:

以仁为本——平等对待读者,这句话表明图书馆作为核心价值的客体,其满足读者需求的价值实现过程应当建立在“仁”的理念上,即平等而无差别的对待、服务读者,体现了一种博大的人文关怀。即图书馆通过平等对待读者这样一种价值规范,使“仁”的思想精髓在现实图书馆工作中得到诠释。图书馆员通过践行以仁为本——平等对待读者之道,将仁爱思想作为指导自身言行的价值取向,有助于将“图书馆面前人人平等”这一图书馆最基本的理念彰显,在这样的前提下,我们可以依次总结图书馆核心价值的其余四方面。

以义为尺——坚持知识自由,这一价值取向使图书馆通过维护读者知识自由这样一种道德标准尺度,来实现知识面前人人平等的行为规范,可以说这是对以仁为本——平等对待读者这一核心理念的引申和约束,一方面它揭示了图书馆负有维护知识自由的社会责任,另一方面它作为馆员内在的一种自我约束,是衡量馆员言行的“一把标尺”,规范着馆员的职业价值取向。以仁为本——平等对待读者作为以义为尺——坚持知识自由的根本,对其起着指导作用,正如《礼记·礼运》所言:“仁者,义之本也。”而这种指导作用是无形的,是通过馆员坚持知识自由的行为规范来实现的。

以礼而立——彰显书香氛围,这一价值取向的内在精神是以仁为本——平等对待读者,孔子曰:“人而不仁,如礼何?”(《论语·八佾》)。换句话说,也就是以礼而立——彰显书香氛围是以仁为本——平等对待读者的服务行为规范。馆员通过服务与读者交流沟通,服务是一个非常重要的中介,其品质的高低直接关系到读者是否能有效而愉快地利用图书馆,此时我们将仁爱精神融入到服务之中,不仅体现出以仁为本的核心指导作用,而且也是读者具体见证服务面前人人平等的最有效方式之一,可以说读者在享受馆员仁爱服务的同时,也在体会着图书馆以仁为本的精神内涵。

以智促长——提高信息素养,这一价值取向的最终结果必须统一于以仁为本这一核心理念上,如孔子所言:“知及之,仁不能守之;虽得之,必失之。”(《论语·卫灵公》),这告诉我们只有用仁德才可以守住自己已得到的智慧成就。馆员提高信息素养的目的在于可以更好地从理念上、技术上无差别地、平等地、高效地服务读者,使读者充分感受到和利用好高素质馆员的智力活动成果。馆员只有首先树立起以仁为本的观念,才可以发自内心地不断提升自我,努力满足读者的需要,因而馆员提高自身素养的过程离不开以仁为本的指导。

以信为名——树立社会形象,这一价值取向表明图书馆要树立一种以诚信为特征的良好社会形象,而这种社会形象确立的基础则是仁爱。荀子曰:“致诚则无它事矣,惟仁之为守……诚心守仁则形,形则神,神则能化矣。”(《荀子·不苟》)。这告诉我们仁爱是实现诚信的唯一办法途径,只有恪守仁爱,才能显现出诚信行为来,继而达到感化大众的崇高境界。可见图书馆树立自身社会形象离不开以仁为本这一核心理念的基础指导作用,馆员缺乏仁爱平等对待读者的价值取向,就意味着丧失了来自读者的满意评价和支持,众口皆碑的图书馆形象是建立在馆员践行以仁为本的理念之上的。

简言之,以义为尺——即通过图书馆员的职业道德,维护读者的知识自由,建立以仁为本、平等对待读者的社会责任和内在约束;以礼而立——即通过为每一位读者提供高品质的服务,实现以仁为本,彰显书香氛围内涵的外在规范;以智促长——即通过提高馆员的信息素养,达到以仁为本、为读者提供无差别服务的目的;以信为名——即通过树立诚信的社会形象,践行以仁为本,获得社会对图书馆认可与支持的信誉保证。

2.3 结构

以仁为本——平等对待读者构成了图书馆核心价值中最重要的根基部分,只有首先拥有“平等”的条件,才能真正体现和引申出图书馆核心价值的其余四部分。以义为尺——坚持知识自由是图书馆核心价值的内在约束,保障了核心价值的正确取向,并成为衡量图书馆核心价值不可缺少的“一把标尺”。以礼而立——彰显书香氛围,一方面使图书馆核心价值外显出来,使其形象化,另一方面也对图书馆核心价值的实际应用起到一种规范的作用。以智促长——提高信息素养为图书馆核心价值的建设提供了智力支持作用,赋予图书馆核心价值以内部的动态活力和发展方向。以信为名——树立社会形象保障了图书馆核心价值在社会公众中的影响力,展示了图书馆核心价值的社会内涵,并赋予其以外部的动态活力和发展方向。

同时其余四种价值观念之间也存在着相互促进作用。例如以“义”为代表的职场文化体现出一种内在的道德规范和价值取向标准,它的确立有助于指导和促进礼仪文化这一外在的行为规范;礼仪文化的发展提升了“智”的境界,使人知道如何善于知人和自知;而一个有“智”的人必定会时刻关注自己的长远发展,只有靠诚信才能获得长远发展,如此他将用自己的智慧去维护和提升自己的诚信,这样就为诚信文化的培养和发展提供了内在动力;而一个拥有诚信的人必定会更加尊重和爱护自己所从事的职业,如此就为职场文化提供了保障。因此,这四个价值观念就构成了一个依次促进且良性循环的结构。可见上述四种价值观念以文化的具体方式形成了紧密联系的体系,增加了图书馆核心价值的整体向心力。

我们可以将图书馆核心价值的结构概括成“一个中心,两个着力点,两个发展方向”,即一个中心:以仁为本——平等对待读者,它统领着其余四项价值取向;两个着力点:以义为尺——坚持知识自由和以礼而立——彰显书香氛围,分别通过内在和外显的方式贯彻执行着以仁为本——平等对待读者的精神内涵要旨;两个发展方向:以智促长——提高信息素养和以信为名——树立社会形象,分别通过图书馆内部和外部的发展来向社会宣誓自身的神圣价值所在,而这种发展过程离不开以仁为本——平等对待读者的指导作用,上述五个方面共同构成了一个良性循环的有机体。

3 馆员对图书馆核心价值认知的调查分析

本次调查选取南京 8 所公共图书馆的馆员为调查对象,分别是:南京图书馆、金陵图书馆、鼓楼区图书馆、秦淮区图书馆、白下区图书馆、江宁区图书馆、下关区图书馆、浦口区图书馆。被调查者包括不同年龄、学历、职称和性别的图书馆员。采用随机抽样发放问卷 120 份,回收有效问卷 110 份。调查时间为 2010 年 2 月至 4 月。

(1)问卷中第 1—3 题主要围绕以仁为本——平等对待读者这一理念展开。调查数据显示:60.91% 的馆员非常赞成将以仁为本作为自身的职业理念。20.91% 赞成以仁为本的理念,这表明该价值取向获得大部分馆员的支持。虽然有 16.36% 的馆员持无所谓态度,但这只是一个中立的表述,说明通过宣传、学习,有可能将这部分馆员争取至“赞成”队伍中去。

（2）问卷中的第4—6题主要围绕以义为尺——坚持知识自由这一理念展开。调查显示60%以上的馆员赞成将此作为自身的职业理念之一，15.45%的馆员非常赞成，但也有23.64%的馆员认为无所谓，甚至有3.64%的馆员反对意见。这一方面说明超过七成的馆员认同该种观点，另一方面也表明"知识自由"这一职业理念在部分馆员的心目中不是很重要的，认为是可有可无的，这同时也折射出馆员对此问题的价值判断是多元的。

（3）问卷的第7—9题主要围绕以礼而立——彰显书香氛围这一理念展开的。数据显示有过半的馆员赞成这一理念，12.73%的馆员非常赞成。与此同时29.08%的馆员对此反应平平，少数个别馆员持否定态度。这表明大部分馆员十分看重读者服务这一工作，但也有部分馆员不太重视读者服务，这反映出馆员在读者服务工作方面还有待进一步的提高完善。

（4）问卷中的第10—12题主要围绕以智促长——提高信息素养这一理念展开。数据显示：有49.09%的馆员比较赞成这一理念，另有29.09%的馆员非常赞成，可以说有超过七成的馆员认可这一理念，这表明大部分馆员认同了这一观念，同时部分馆员由于个人因素的不同，对此有自己的看法，这符合人们思维多样性的特点。

（5）问卷中的第13—15题主要围绕以信为名——树立社会形象这一理念展开。调查数据显示，有超过六成的馆员认同该价值观念，但也有28.18%的馆员反应一般。这说明大部分馆员重视图书馆的形象问题，此外不同的见解也折射出馆员对此问题的认识角度不同，有必要认真倾听这部分馆员的见解。

（6）第16题是一项多选题，通过提供尽可能多的图书馆核心价值关键词表述来征求馆员的看法，这有助于把握馆员对此问题的总体认知情况，为了具体说明，我们依次将馆员对每项核心价值关键词的选择总次数与所有核心价值关键词被选总次数之和进行比较，结果表明：服务（87.27%）、平等获取（74.55%）、人文关怀（72.73%）、知识自由（62.73%）、学习素养（44.55%）、公益性（41.82%）、尊重隐私（34.55%）这7项是馆员选择率较高的，而这些馆员认可度较高的选项与本文提出的核心价值是基本吻合的。

（7）第17题是一项开放式题目，让馆员表述自己心目中的核心价值，有助于获取馆员自己对图书馆核心价值的认识，使其可以不受限制地表述自己的观点，这促进了与馆员的深层次交流，可以从中发现一些自我忽视的问题。

4 总结与思考

通过调查可以得知大部分馆员对本文所陈述的五项价值理念持赞成态度，但也有来自部分馆员的不同声音。这一方面表明笔者所提出的图书馆核心价值是有可取之处的,另一方面也折射出馆员对图书馆核心价值的认识是多元的,而正是由于馆员在这个问题上“仁者见仁,智者见智”,使得图书馆核心价值的研究呈现出复杂的局面。那么我们该如何看待调查中那些来自馆员的不同心声呢?如何把握多元化的核心价值现状呢?笔者在调查中领悟到馆员对图书馆核心价值的认知是一种多元并存的无序状态,没有表现出一种高度统一的见解,在彼此的冲突中进行着艰难的趋同。图书馆工作者由于各自的工作内容、兴趣爱好、生活环境等的不同,使得彼此间对核心价值的看法会产生一定的冲突和碰撞,具体表现为人们对各项价值理念的权衡比重不同,这就导致了一时很难在该问题上统一起来。

不同的图书馆核心价值理念通过彼此的交流与比较、吸收和排斥,最终结果将是取长补短,使馆员各自的价值认识得以进一步丰富和深化,形成越来越多的共识。同时也只有在冲突中,各种不同价值理念的优劣才能得以彰显。那些僵化的、保守的、片面的、不合理的、封闭的价值观念将会在冲突中面临考验,直至被淘汰。可以说图书馆核心价值的多元化局面将经过一个漫长的思辨时期逐渐趋向统一。当然,这种统一并不是绝对的、完全的机械式一致,而是这种最后趋同的核心价值可以有效地表述图书馆所应该承担或能够承担的社会责任,可以涵盖图书馆的职能、社会属性、职业道德等方面,同时也具备广泛的代表性和认同度。目前国内外的相关研究已经初露萌芽,例如国外图书馆界就图书馆核心价值的认知问题在服务、取用平等、知识自由、保存人类遗产、社会教育等方面基本上是一致的,国内则主要统一在读者、服务、知识自由、平等、公益性等方面。

图书馆核心价值在我国的研究应当体现出本土内涵和理论风格,要符合本国的文化传承,易于被人们所认同接受。实际上传统文化作为社会的一种生存和创造机制,是人类精神和物质文化得以保存发展的载体,合理的继承传统才能有更大的创新发展。我们在研究图书馆核心价值的过程中融入上述儒家思想观念元素,一方面将儒家文化得到了继承和发扬,并使其在当今图书馆实践工作中被赋予新的内涵;另一方面,这对我国图书馆事业的发展也是一种创新和补充,将促进我国图书馆事业本土化的研究与发展。为此笔者在“取其精华,去其糟粕”的原则下,从中汲取若干价值理念并加以诠释,将其借鉴应用到图书馆核心价值的构建中,从而使核心价值的研究具有本土化色彩和意蕴,这有助于使馆员更好地顿悟和实践图书馆核心价值。

图书馆核心价值的研究离不开对价值主客体双方的互相研究,本文在论述时同样不会忽视这一问题。笔者站在图书馆馆员的立场上探讨了图书馆核心价值的若干问题,但这并不意味着是一种对价值主体读者的视而不见,而是把来自读者的呼声融入图书馆核心价值的阐释中，使两者成为一个有机整体。例如，读者渴望图书馆能平等对待和服务自己，那么笔者提出以仁为本——平等对待读者这样一种价值观念。读者期待馆员能倡导知识自由和遵循职业道德，这样就可以用以义为尺——坚持知识自由来反映这一呼声。同理，本文所论述的其余三项价值取向分别表达了读者对馆员规范服务、提高自身素养、建立良好口碑的要求。总之，本文在论述图书馆核心价值时尽量考虑了来自不同方面的看法和要求，随着图书馆实践活动的发展，笔者亦将不断对此深入研究。同时笔者也期待与同行共同商榷，以期完善。

参考文献

[1]范并思. 图书馆核心价值研究：我们面临的挑战. 图书馆建设，2007(6)：15－18.
[2]黄宗忠. 论图书馆的核心价值(上). 图书馆论坛，2007(6)：3－8.
[3]蒋永福. 图书馆核心价值及其中国语境表述. 国家图书馆学刊，2008(2)：21－26.
[4]王知津、樊振佳. 当代中国语境下的图书馆核心价值. 中国图书馆学报，2007(5)：53－58.
[5]黄俊贵. 图书馆核心价值及其实现. 中国图书馆学报，2008(5)：14－19.
[6]刘磊，王浩. 基于儒家思想的图书馆核心价值及其实现. 图书馆，2011(1)：17－19.

图书馆理论创新视觉下若干业务工作的思考

王　福(内蒙古工业大学)

1　图书馆流行的业务内容，以及这些内容的相互关系

近年来，随着图书馆工作的外部环境发生了变化，涌现出许多新的名词。为了使图书馆工作人员更好地理解和掌握它们的关系，笔者总结如图1，该图是图书馆各项工作相互关系图，通过该图可以看出图书馆各项工作都不是相互独立，而是互为基础，相互依存的。

从图1可以看出最左边是图书馆的传统的服务，它是依靠纸质资源和物理的场所为基础来提供服务的，在提供服务过程中需要加强队伍建设，比较流行的有外派进修和内部导师等多种培训方案可供选择。同时需要进行科学管理，目前主要流行的有体现对读者和工作人员的人性化管理。

第二阶段为数字信息服务阶段，在第一阶段基础之上，加上了服务的基

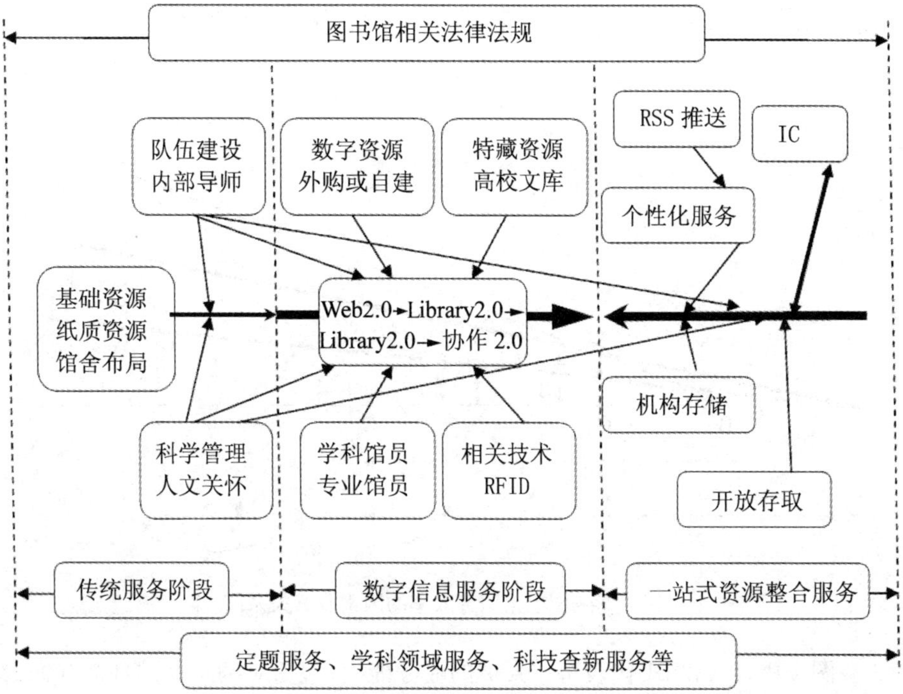

图1 图书馆各项工作关系图

础——Web2.0,Web2.0 成就了 Library2.0 和 Librarian2.0 甚至是现在的协作 2.0。据新的文献报道目前已经过渡到 Lib3.0。在此基础之上,我们利用的电子资源包括外购数据库和自建数据库。目前各个图书馆都在建设类似于本学校文库等特色的自建资源,甚至对文库自建电子资源进行深加工,形成特色产品,产生了很好的效益。为读者提供数字资源信息服务需要以相关技术支持,同时还要配备相关的学科馆员作为专业馆员,当然第二阶段也需要队伍建设和科学管理。

第三阶段,则是数字信息服务阶段的升华,是“一站式”资源整合服务平台为基础的信息服务。如:个性化信息服务(基于 RSS 信息推送)、开放存取服务和机构存取服务(对本学校比较突出和重点的学员的相关学科进行机构存取)。有的学校还建立了 IC 服务,就是基于数字服务平台物理的 IC 和虚拟的 IC。

从以上所述可以看出数字信息服务的高级阶段是基于统一检索平台提供信息服务。对于统一检索,笔者曾经在 2009 年第 4 期的《贵图学刊》上发表文章,相关材料大家可以参阅该文章。另外在三个阶段都可以进行定题服务、学科领域服务和科技查新服务等工作,只不过在每个阶段所运用的工具不同、手段不同,效果不同,但是整个过程的目的和意义都是一致的。

2　影响图书馆服务效率因素分析及相互关系

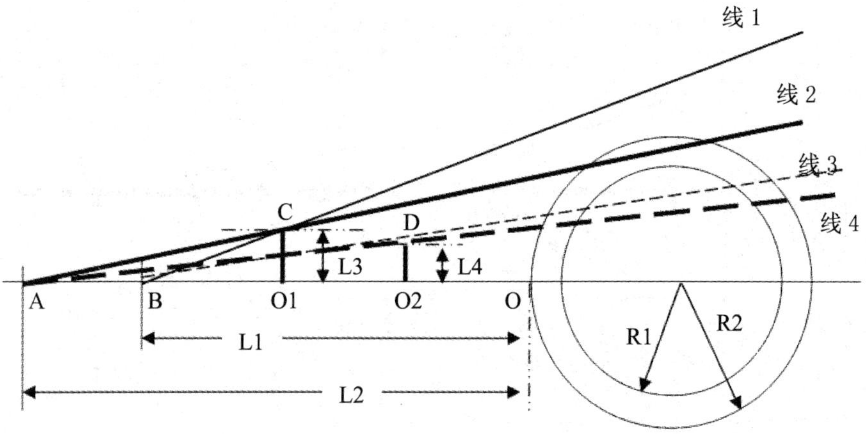

图 2　影响图书馆服务效率的因素及其关系图

在图 2 中，L3 和 L4 代表工作人员的业务能力，包括对读者提供日常咨询、参考咨询、信息检索、科技查新等综合业务能力的大小。图中 L3 > L4，代表 L3 这类工作人员的业务能力要强于 L4 这类工作人员的业务能力。

在图 2 中，O1 和 O2 与 O 之间的距离代表工作人员与读者的沟通能力和亲和力，包括读者的服务的主动性和创新性等综合服务能力的大小。图中 O1 与 O 的距离要大于 O2 与 O 之间的距离，说明前者的工作人员的综合沟通能力要比后者的综合沟通能力要强。

在图 2 中，点 A 与 O，点 B 与 O 的距离 L2 和 L1 分别代表图书馆的管理水平、管理能力、领导能力、工作方针方向等综合管理能力。L1 < L2，说明 B 点的管理综合能力更加贴近读者和工作人员，这类管理方法更加符合读者的要求。

在图 2 中，有两个圆，半径分别为 R1 和 R2。圆的半径代表读者群体综合素质，包括读者群受教育情况、容易接受事物的情况、主动沟通能力和人际交往能力等综合素质和能力。R1 < R2 说明读者群 2 的综合素质要强于读者群 1。

在图 2 中，可以看出当工作人员的综合业务能力较强、沟通能力较强、读者的综合素质较强、图书馆的综合管理能力较强时，这些因素都会促使图书馆的服务效果向好的方向发展。从图中可以看出“线 1”的效果要强于其他，依次为：“线 1”>“线 2”>“线 3”>“线 4”。

除上述因素外，影响图书馆服务效率的还有读者之间、工作人员之间的相互作用和相互影响,也就是知识流,这里的知识流指的是正向知识流或有益的知识流,表 1 为工作人员和读者交流和服务关系图。

表 1 为“工作人员”与“被服务对象”的知识流转关系示例表,其中:A1,B1,…,F1 指的是“工作人员”,A2,B2,…,F2 指的是“被服务对象”,表格内的数字“0”代表“工作人员”和“服务对象”没有知识交流“1”代表有单向交流,“2”代表有双向交流。

表 1　工作人员与被服务对象的知识流转图

	A1	B1	C1	D1	E1	F1
A2	1	1	0	0	1	2
B2	0	2	1	0	0	1
C2	1	0	1	1	0	2
D2	2	1	0	2	1	0
E2	0	0	0	1	2	2
F2	1	1	1	0	1	1

从表第 2 列可以看出,A1 不仅为 A2 提供服务,也对 C2、D2、F2 进行服务,并且与 D2 之间的知识转化较多时双向的。

图 3 是“工作人员与服务对象相互影响”的网络结构图,其中的各个节点代表“工作人员”和“被服务对象”,形象地显示了他们之间知识流转的关系。

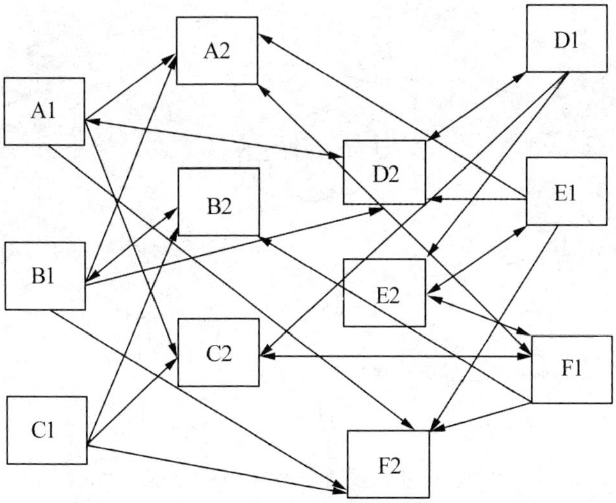

图 3　工作人员与被服务对象的知识流转网络结构图

在知识流转过程中,与工作人员或被服务对象连接的节点越多说明工作人员或被服务对象与越多的工作人员或被服务对象进行了交流,他的知识流转能力强。假设 A1 与 A2 有知识的交流,如果 A1 的知识交流能力强,则会增强 A2 的知识交流能力。同样假设 A1 与 A2 有知识的交流,则 A1 连接的节点数越多,越会减弱 A2 的知识交流能力,因为与 A1 连接的节点越多,说明与 A1 交流的人越多,而 A1 的精力是有限的,自然会减少与 A2 交流的机会。

3　图书馆网络建设的思考,及影响因素和相互关系

图书馆网络建设会遇到方方面面的问题,尤其是在网络规模不断扩大、病毒日益流行的今天。笔者在图书馆工作了十多年,十多年来一直和网络打交道。在网络的管理和应用中遇到一些实际问题,归纳起来主要有以下问题:IP 地址资源的紧缺、多校区资源共享问题、带宽、安全性和低延时性。

为了解决这些问题,笔者提出了以 VLAN、VPN、NAT、ACL 等技术相结合的网络建设方案,来提高图书馆的网络性能。下面分别以 VLAN 和 NAT 和 VPN 等综合应用进行实证研究。

图 4 是内蒙古工业大学两校区的网络拓扑结构图,在图中涉及了 VLAN、VPN、ACL、NAT 等技术的综合运用。

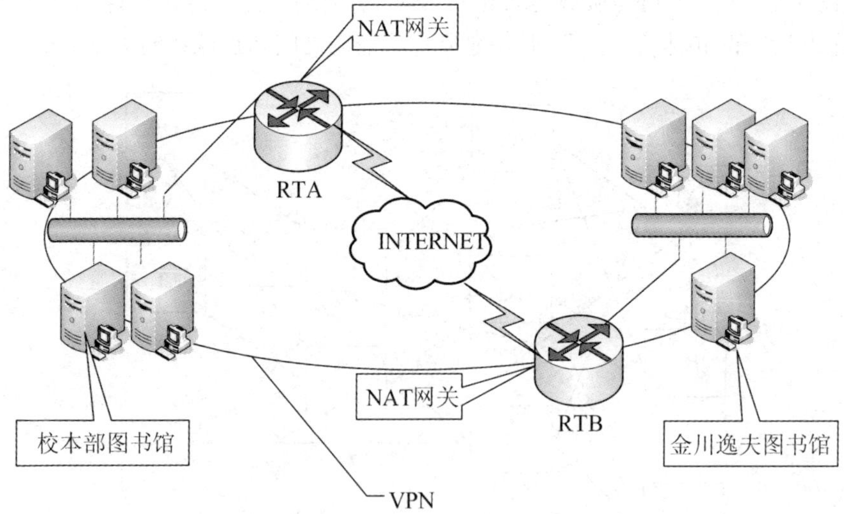

图 4　内蒙古工业大学图书馆两校区网络拓扑结构图

在内蒙古工业大学设置了 6 个 VLAN,其中 1 号 VLAN 是默认的,其各个 VLAN 的任务如下。

VLAN1:用于图书馆网络管理。图书馆网络管理及其他需要使用真实 IP 地址快速连接到因特网上的内部计算机划分为一个 VLAN。该 VLAN 主要用来对其他计算机的管理和配置。

VLAN2:用于 OPAC 检索用。提供书目信息查询、读者借阅信息查询、续借、预约等功能,其他功能禁用。

VLAN3:馆内工作人员。图书馆集成管理系统是图书馆业务工作的内部专用系统。图书馆的主要业务,如采访、编目、典藏、流通、期刊管理、读者管理等都是通过该系统实现的。以上各业务站点可以直接对图书馆的书目数据库、读者数据库进行修改操作,对用户权限和安全性要求很高,不允许无关的客户访问。因此需要将中央数据库服务器与所有业务站点形成一个 VLAN。

VLAN4:馆内读者。对于提供信息检索和数字资源利用的计算机,单独划分一个 VLAN,减少因使用人员比较复杂对图书馆内部网络安全带来威胁。

VLAN5:普通阅览。与 VLAN4 相比权限更小,只用于图书馆普通业务的浏览。

VLAN6:信息检索教学及服务。全体信息检索教师用机,信息检索课实习用机,它们可以进行作业下载、提交等操作。

VLAN1 只对外开放某些端口,VLAN3 可以访问除 VLAN1 以外的其他任何一个 VLAN,而其他 VLAN 则不可访问 VLAN3;VLAN4 可以访问 VLAN5,相反则不可以;VLAN6 可以访问除 VLAN3、VLAN1 以外的任何一个 VLAN;VLAN2 则不可以访问其他任何一个 VLAN。各 VLAN 间相互访问的时候是通过主交换机的第三层交换技术来实现的,工作人员和部分馆内读者可以通过对 VLAN 和 IP 的设置,限制其对外部的访问。

在内蒙古工业大学图书馆采用了 VPN 技术供校外教师使用电子资源,更重要的是试用 NAT 技术进行网络地址翻译来弥补 IP 地址的不足如图 4 所示。

内蒙古工业大学共有两个校区,一个是校本部,一个是金川校区,二者相距甚远。组网时采用原校园网的线路,每个校区都安装一台带 NAT 功能的路由器,使路由器的内部端口(inside)连接内网,外部端口(outside)连接外网。内部端口连接的网络用户使用内部私有 IP 地址,如校本部校区图书馆使用 192.168.10.X 的网段地址,金川校区图书馆使用 192.168.20.X 的网段地址。外部端口使用公网地址 202.207.22.X(校本部)与 64.57.1.X(金川校区)。馆内用户需要与 Internet 用户通信时,使用 NAT 路由器提供的动态复用地址转换功能实现与 Internet 上用户的通信。对需要向 Internet 上用户提供服务的内网服务器,如

Email、FTP、Web 等均需设置两个 IP 地址，即一个公网地址和一个内网地址，分别分配给服务器所带的两个网卡。

4 检索效率的影响因素和相互关系

文献检索的过程类似于医院体格检查，也就说二者在一定程度上具有相似性，笔者用 SPSS 进行过相关分析。表 2 为文献信息检索和医院体格检查的对比表。

表 2 文献检索与医疗体格检查的对比表

比较内容	文献检索	体格检查
与读者进行沟通	了解科研找到比较合适关键词	询问病人症状找到可能病因
借助设备或仪器	选择检索工具	选择检查设备
检索或检查过程	检索出相关文献	检索出相关病因
设备工具的调节	范围不适合调整检索工具	病因还是不确定调整设备
需要辅助设备	借助其他工具或调整关键词	借助其他医疗设备
检查结果	写出检索报告	写出诊断结果
同样的工具设备	不同的人检索出结果不同	不同大夫诊断结果可能不同
同样的人	不同时期查到文献不一样	不同时期诊断结果不一样

从表 2 可以看出，文献检索和体检的步骤具有惊人的相似。不同之处在于文献检索直接对应于科研项目，而体格检查则直接对应于患者。前者关系到一项科研的成败，后者则关系到人身体的健康。判断一个医生检查的好坏是靠检查的全面性和准确性，而考核一个文献检索工作者检索结果的好坏，要从检全率和检准率来进行考核，文献检索流程和医疗的体格检查流程的流程图对比如图 5 所示。

对于同样的医疗设备，同样的医院，两个不同的医生检查或诊断出的结果有可能完全不同，这就决定于医生的医术。而医生的医术是多种因素组成的，包括接受的教育、阅历和实践经验等。

对于文献检索也同样存在这样的问题，一个图书馆工作人员所接受专业理论的程度、学科背景的丰富程度和实际的检索实践对于科技文献检索来说都是非常至关重要的。所以就出现了对于同样的检索工具、同样的检索课题所检索的结果完全不同的现象。

正是由于上述情况，在文献检索教材中提出了检索性能曲线如图 6 所示。

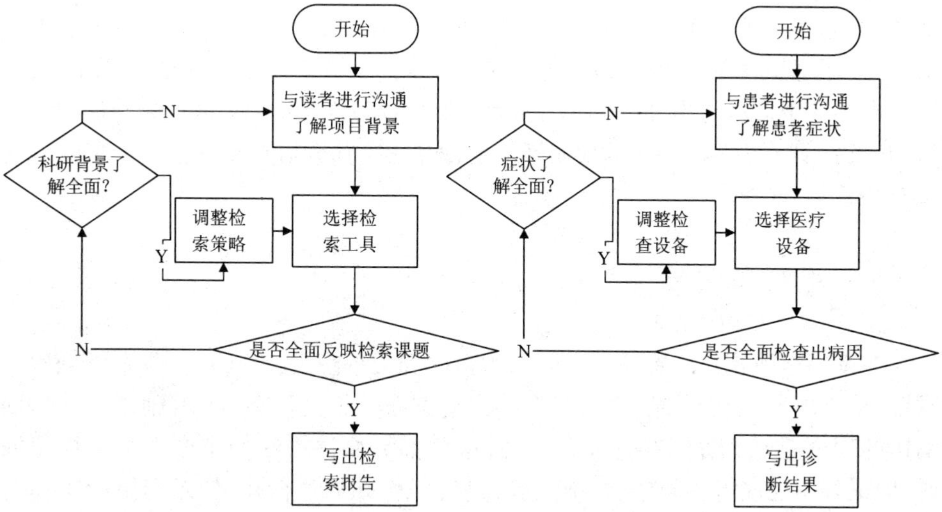

图5　文献检索流程图和医疗检查流程图的对比

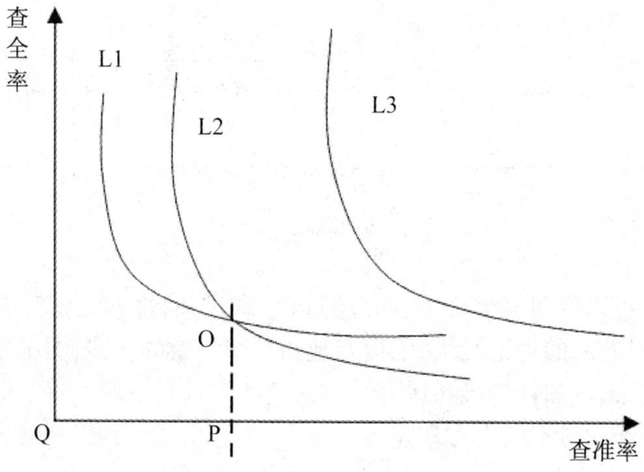

图6　检索性能曲线

从图6的三条曲线可以看出:如果在检索工具相同的情况下,曲线L1和曲线L2是不同的两类工作人员的检索性能曲线,也就是说他们的检索水平都是在一般情况下或状况下。对于L2曲线和L3曲线其形状完全或几乎完全相同只不过其位置不同,曲线L3比曲线L2要高说明曲线L3的检索性能要比曲线L2的检索性能要好。曲线L3和曲线L2形状相同说明他们所用的检索工具完全一样,且说明这两个检索人员的性格、学历层次、学科背景等完全相同,也就是说曲线 L2 和曲线 L3 是同一类工作人员在不同时期或不同背景下所测试结果。只不过曲线 L3 表明,在经过一定的培训和实践等其他因素的影响下他的检索能力有所提高。

在图 6 中可以看出,曲线 L1 和曲线 L2 在 O 点左侧时,L2 的检索性能要好于 L1,相反在 O 点右侧时,L2 的检索性能要次于 L1,其数值关系与曲线的形状和位置有关系。

5 总结与展望

在图书馆中还存在着很多这样的逻辑图和关系图表,只要在工作中做到细心观察、认真思考、善于总结,就可以总结出这方面的相关理论。和其他学科一样图书馆的理论需要不断扩展完善和提高,这些都需要请一线的工作人员来提出问题,但最好是还能解决问题、总结经验,进行隐性知识显性化,使图书馆的工作有更多理论来指导。笔者在大连理工大学进修时曾做过类似于图 7 的一个图。

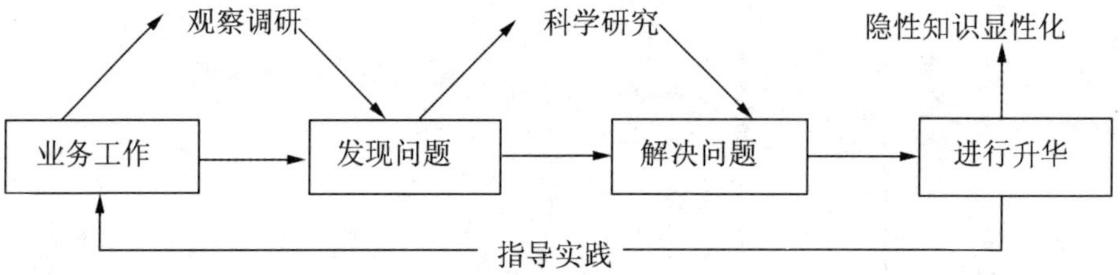

图 7　科学研究流程图

通过图 7 可以说明整个科学研究的过程、意义和目的,大家只有在工作中不断总结,才可以有新的理论诞生,来更好地指导图书馆的实践,图书馆学会运用到多种工具和方法,比如计算机和运筹学等。这些工具和方法的不断运用会使得图书馆方面的边缘学科不断丰富和完善。

参考文献

[1]王福.透视运筹学在图书馆中的应用?.现代情报,2010(6).
[2]王福.新型图书馆低成本建网模式的优化设计?.内蒙古农业大学学报,2010(2).
[3]王福.LIBRARY2.0 在图书馆中的应用.图书情报论坛,2009(2).
[4]王福.VPN 技术及其在高校数字资源共享中的应用.图书情报论坛,2009(3).
[5]王福.机构存储在图书馆中的应用研究.高校图书情报论坛,2009(3).
[6]王福.基于 XML 与 Web Service 的数字资源统一检索平台研究.贵图学刊,2009(4).

[7]王福. RFID 技术在“大流通”模式中的应用研究. 贵图学刊,2009(2).
[8]王福. 内蒙古工业大学图书馆博、硕士学位论文管理研究. 晋图学刊,2008(5).

图书馆是个生长的有机体

——试论图书馆学人文与技术的关系

王雯琦(闵行区图书馆)

人文与技术问题一直是我国图书馆界探讨的热点问题之一,也是图书馆理论界产生较多分歧的理论点。图书馆是保存人类文化的知识、信息中心,人文属性是图书馆学与生俱来的本质属性,有其久远的人文传统。然而,自二战以来,科学技术迅猛发展,尤其是现代信息技术在图书馆学的应用,在给图书馆学以强大的技术支持的同时,也给图书馆学带来冲击与影响,使得对于图书馆学人文传统的研究逐渐消退,逐渐被追求技术进步局面所替代。这种情况还在延续。

图书馆是个生长的有机体,人文与技术问题,应该放置于图书馆所生长的社会数字化时代大背景下来认识,要以满足用户知识信息需要为前提来分析它们之间的关系,探寻人文与技术整合的可能与线索。

1 人文与技术

1.1 人文概念及其内涵

所谓人文,即人文精神,是一种普遍的人类自我关怀,对人类遗留下来的各种精神文化现象的高度珍视,对一种全面发展的理想人格的肯定和塑造,它关注的是人类价值和精神表现。按照普遍的观点,即指“把人作为一切事物即世界的标准的理论;其根本观念是从人类自身角度来思考以人为中心的各种社会关系;其实质简单地说,就是关心人、尤其是关心人的精神生活,尊重人的价值,其是尊重人的价值,尊重精神的价值”。

图书馆作为人类社会知识宝库,其人文精神是指在图书馆工作实践的过程中所体现的以人为本的思想,以满足人的需要、实现人的价值、追求人的发展、体现人文关怀作为图书馆活动的宗旨。图书馆学是研究人的学科,具有源远流长的人文传统。自图书馆诞生之日起,图书馆事业就与人的发展和人类文化的发展息息相关,它始终关注的焦点是人类文化的保存、传播和延续,是人类自身的发展和进步。约翰逊认为:“在书籍和图书馆的历史中,人的因素始终是最重要的。”施蒂格强调:“人文价值观念是图书馆职业的核心。”谢拉提醒人们,图书馆事业“主要还是一个人文主义事业,图书馆学始于人文主义”。印度图书馆学家阮冈纳赞著名的“图书馆学五定律”中前四条都直接面对读者,跟人有直接联系。图书馆人文和人文思想是图书馆在社会历史变迁和科学变革中不致消亡的根本原因之一,也是图书馆与其他文化教育和信息交流机构竞争的重要优势。我国《图书馆服务宣言》明确表达了图书馆人文理想和目标,[1]指出图书馆是以实现和保障公民基本阅读权利,以读者需求为一切工作出发点的开放知识与信息中心,在服务与管理中体现人文关怀,为全社会普遍提供以人为本的平等服务、人性化与便利化服务,承担传播知识、传承文明的社会功能,以及促进全民阅读、缩小社会信息鸿沟的使命。

1.2 技术概念及其内涵

不论何种文化,技术都是异曲同工的词汇。技术是人类为实现社会需要而创造和发展起来的手段、方法和技能的总和。法国科学家狄德罗主编的《百科全书》给技术下了一个简明的定义:技术是为某一目的共同协作组成的各种工具和规则体系,具有目的性、社会性、多元性的特点。

在图书馆学界,人文主义论者基本上是把“技术”概念作为实现人文价值所采用的方法和手段。在图书馆学研究中习惯地将技术概念外延缩小到以现代通讯网络和计算机为核心的信息技术领域。但就图书馆事业领域而言,技术概念还应包括编目规则、分类著录、排架标架、文献加工等传统的图书馆工作技能。从广义的角度理解,图书馆技术还应包括图书馆为实现其发展和服务目标而采用的各种办法与规则,如图书馆制度、法律、图书馆行政管理等。

技术在图书馆事业的发展过程中发挥着重要作用。在图书馆发展早期的手工作业阶段,其专用技术主要是图书的分类、典藏、校雠、目录等方面的技能。特别是现代信息技术的发展及其与图书馆学科之间的交叉融合,给图书馆事业发展带来深远影响。首先最明显的变化就是以 MARC 应用为标志的图书馆行业信息化程度已经取得很大的成果,改变了图书馆工作流程、服务方式、服务规则。其次,技术改变传统信息格式,原有的学科术语的内涵与外延都发生了显著变化。比如图书概念的演化:图书——文献——文献信息——信息资源,以及网络图书、数字出版等,现今已不再新鲜,甚至有人认为数字化技术会改变我们如何书写、如何阅读、如何形成知识。比如,读者概念,传统意义上是指到馆的现实读者,而现代意义上的读者则是指利用图书馆实现信息获取的一切用户,包括虚拟读者。图书馆的概念也超越了物理空间,不再仅指实体的客观存在,也指具有一定系统化信息知识的虚拟存在。再比如,各种类型或模式的图书馆联盟存在,以及数字阅读、虚拟参考咨询、知识导航等现代图书馆服务功能的拓展,包括一些专门为弱势群体阅读服务的专有设备和技术的应用,使得图书馆人文关怀、普遍均等服务、促进人的全面发展具有了现实意义。

1.3 人文与技术的论争

技术与人文之间的矛盾和抵触,由来已久。西方自17世纪以来,关于人类、社会、历史的知识,形成两个学派。人文主义往往以理想的方式想象世界应该怎么样,现实世界也的确有太多的缺憾,人文追求给了人类前进的永恒动力,技术进步所带来的变革,一度使技术由手段变成了目的,不断迸现的技术亮点,甚至使作为目的的人文相形黯然。

在图书馆事业和图书馆学科研究中,人文体现于价值层面,而技术则是为实现这种价值所采用的方法和手段,它们是属于两个层次的概念。20世纪30年代芝加哥倡导科学的研究方法和人文理念,对技术抱持偏见,造成了图书馆学的分裂。1953年,谢拉指出,图书馆学对图书馆工作的技术方面缺少必要的注意。徐引篪、霍国庆认为,“正是因为图书馆的保守性质,新生的情报学不能见容,最终导致了图书馆学的不稳定与情报学的分离”。而对图书馆学理论而言,经历这场分裂,主流图书馆家终于放弃了芝加哥学派的理论价值取向,重新回到了关注图书馆相关技术和应用性研究的道路。20世纪70年代的信息检索技术与机器编目技术,20世纪90年代以后以数字图书馆研发为核心的技术研究主导了图书馆学、数字图书馆或网络资源开发与利用等技术问题成为了经久不衰热门课题。我国图书馆界在20世纪90年代对图书馆的这两个问题经过了初期的概念解析和体系化探索后。在二者的关系上渐渐出现了两种相左的观点,特别是在人文和技术孰主孰从的问题上,出现了较大的冲突,冲突的焦点就是人文和技术谁将能主导图书馆的发展。

尤其是信息技术的发展,正改变着图书馆学,它使人文技术之争升级。它不仅仅改变了图书馆自动化研究等原本属于IT应用的领域,也改变了文献资源建设、文献标引与编目、信息咨询与服务等传统技术研究领域。信息技术的发展甚至影响了理论图书馆学。它严重冲击了理论图书馆学研究,同时也改变了理论图书馆学的价值取向。在图书馆研究主体方面,现代信息技术使传统图书馆学理论面临危机,不仅不能解释客观现实,更难预测图书馆发展的未来,理论失去应有的韧性。[2]甚至出现“图书馆消亡”危机论调,图书馆学的科学和人文精神有没落的趋势。

2 论争产生的根源

就人文与技术之争看,“图书馆危机”并不是空穴来风,引人深思。

(1)不管是图书馆学研究还是图书馆事业实践,都必须关注社会环境的变化。图书馆危机不单是来自图书馆内部,而更多的是来自图书馆所处的外部信息和技术环境的变化,来自人类社会信息和知识的生产、传递、处理和保存模式的变迁,整个社会信息链的变迁给图书馆带来巨大的挑战,基于传统信息链的图书馆服务无法适应新的信息链机制,从而造成图书馆服务渐渐游离于主流社会信息交流机制,图书馆不再处于社会信息链的中心环节。这是图书馆危机的根本原因。从图书馆发展史看,20 世纪中叶发明了叙词表等信息描述组织系统,以及被视做最具革命性的图书馆行业迈向自动化、规范化和全球化的 MARC 应用,[3] 到后来以共享书目数据而形成图书馆联盟(这种联盟最成功的例子就是 OCLC),再到“书目控制”理想的实践,图书馆一直处于社会信息链中心环节。但是进入 20 世纪 90 年代,信息技术真正成为改变人们社会生活的重要力量。信息技术改变了信息生产、组织、传递、存储与利用的原有格局,改变了人们获取信息的原有方式与阅读行为,图书馆人试图用书目控制的原理对网络世界的数字资源进行有效的揭示组织和控制,这一理想以 OCLC 先于 Google 启动的 NetFirst 项目的失败而搁浅,形成鲜明对比的是,以 Google 为代表的基于网络机器人的自动发现的搜索引擎的成功。这充分说明图书馆界对社会环境变革所带来的影响估计不足,对人在知识信息方面的需要认识不够。

(2)人文与技术的此消彼长,所暴露的问题便是图书馆学基础理论研究比较薄弱。“人文失落”与“技术至上”的论调便是佐证,[4] 说明图书馆学的发展正经受着社会发展尤其是信息环境变化所带来的巨大压力。图书馆学理论研究史上,一直存在着许多范式:技术范式、人文范式、知识范式、认知范式、信息资源范式和制度范式等,[5] 存在要素说、矛盾说、系统说、文献交流说、知识交流说、文献信息交流说,以及知识资源说,图书馆学的一些基础理论到目前还无法对其形成一种统一的认识,学者们各执己见、相持不下,这种局面不利于图书馆学正常发展。其次,图书馆学研究中引入或套用许多相关学科的理论成果和方法,在某种程度上使图书馆学本应该具有鲜明的图书馆人文特质被边缘化了,造成专业思维、专业方法缺失。[6] 图书馆学必须打破人文传统与技术传统对峙、相持的局面,寻求在理论研究方面的创新性突破。

(3)技术在图书馆学研究中比重的增加有其合理性。观其本质,技术的存在取决于人们的需要,并满足其需要。从满足人的信息需求、促进知识信息交流的角度来看，技术无疑因其目的性、社会性和多元性，适应了社会变革与信息环境变化的需要。图书馆技术作为社会生产力在图书馆行业的具体体现，是制约图书馆形态演变的直接原因。[7] 因此在图书馆学研究中对技术应用的研究也不断得到重视。可以肯定的是，信息技术是图书馆学发展的新生长点。

3 重新审视人文与技术的关系

人文与技术是内在统一的。"技术至少有两个维度，一个是科学的维度，另一个是人文的维度"。[8]

图书馆存在的价值在于为社会所提供的信息服务，图书馆人文与技术就是在促进社会知识信息有效交流、实现图书馆服务的同时体现其内在价值的统一。有效和重要的图书馆服务是由用户的需要而不是仅靠技术进步推动的。图书馆不断引入和创新应用技术工具来实现它的工作目标，以此改进服务手段和方式，提高服务效能与效率，提高图书馆服务自身价值，从而实现自身人文价值。因此，当我们把技术应用与图书馆的价值实现紧密结合时，技术本身的力量才充分显示出来；技术应用与人文相结合，就会极大地激发人们的创新精神；技术创新与人文相结合就更显示出技术水平的先进性。单从技术本身来看，技术源于人或人类社会的需求，具有鲜明的社会时代背景，其本身就是适应社会发展需要而生的，是工具性的东西，是手段和方法，对图书馆的发展具有强力"引擎"的作用，它所呈现的不仅仅是人们信息获取、信息交流方面的需求，而且是图书馆服务实现的全过程，它能更大程度地促进社会交流系统高效运转，促进知识信息的有效交流，从而满足人的文化知识需要和社会文化进步。从另外一角度看，技术是科学知识和经验知识的物化，使可供应用的理论和知识变成现实。在它们之间是一种互相联系、相互促进、相互制约的关系。当然，图书馆学也不是技术科学，图书馆技术的形式、功用、作用方式，无不反映着图书馆所在时空中的社会人文特性，反映着这种技术产生时人们的技术价值观，反映其所在环境的历史特征，技术离不开人文的指引，技术又为图书馆学研究提供更多实证的空间。图书馆通过技术应用与创新性融合图书馆人文精神，使目的与手段之间互补与整合，[9] 体现图书馆服务价值。

4 构建图书馆人文技术是图书馆科学发展的需要

所谓人文技术是指以人文科学为根据，以认识、塑造、控制、服务人为目的而建构起来的技术。[10] 图书馆人文技术则是以科学的人文思想与理念为依据，以建设人文关怀的图书馆而构建起来的技术。人们总是根据对人的认识来展开相应技术建构的,图书馆是社会知识信息中心,首当其冲关注的是人的知识信息需求,只有建立在满足人的知识信息获取、交流等方面需要的技术才是有生命力的,这种认识越是深刻、全面,图书馆据以建构的技术便越是合理,通过对知识和知识交流系统的控制,由社会形塑或形塑社会,促使人类自觉创造和谐文化、自觉发展。

构建图书馆人文技术需要注意的几点:(1)坚持人文精神渗透图书馆技术应用全过程。没有人文指引的技术,其在行业的应用必然是生硬的,或者是短命的。(2)克服"技术至上"的倾向,构筑人文关怀图书馆。一方面要坚持以人为本的制度供给与图书馆治理;另一方面,图书馆信息化要强调技术的人性化,而不能一味追求先进技术简单照搬应用。(3)在作为物质手段和信息手段的现代技术中,技能仍然是技术的不可忽视的一个要素,要重视馆员和图书馆用户信息素养的问题。这也是一个人文关怀图书馆促进人的发展的社会使命。

5 结语

图书馆人文关怀是图书馆人永恒的理想,而技术则是个不断发展变化的东西。技术发展只会越来越有利于图书馆人实现他们的人文理想。图书馆人文精神不排斥信息技术,现代图书馆人文关怀需要信息技术的支撑,图书馆技术应该更加关注人文因素。人文与技术的整合,是社会信息环境和满足人及人类发展需要的必然选择,图书馆人文技术的建构正在进行时。

参考文献

[1]中国图书馆学会. 图书馆服务宣言. 中国图书馆学报,2008(6):5.

[2]储流杰. 精神的复归人文的趋向——图书馆科学精神、人文精神、人文关怀杂谈. 图书馆,2002(4):7-9.

[3]刘炜. 知识组织图书馆职业的核心能力. 国家图书馆学刊,2010(2):32-33.

[4]卢泰宏. 图书馆学的人文传统与情报科学的技术传统. 中国图书馆学报,1992(2):4-10.

[5]白卉,蒋永福. 图书馆学范式初论. 图书情报工作,2009(1):34-38.

[6]王宗义. 专业思维与专业方法:关于当代中国图书馆学基础研究的散思. 图书情报工作,2009(11):21-24.

[7]邱五芳. 超越习惯学术分野——对图书馆学技术、人文研究的另类思考. 图书馆,2003(2):6-9.

[8]孟僵伟. 技术的人文维度. 哲学动态,2002(5):15-18.

[9]蒋永福. 在技术传统与人文传统之间保持必要的张力. 图书馆建设,1993(4):12-15.

[10]苏富忠. 思维科学. 哈尔滨市:黑龙江人民出版社,2002:348-349.

图书馆学结构与学科体系的学科论研究

王宏鑫(信阳师范学院图书馆)

1 引言:图书馆学的学科论视角

在古希腊的德尔菲神庙铭刻着"认识你自己"这样一句据说是神谕的箴言。[1]自从图书馆学产生以来,图书馆学研究者一直在追问着:"什么是图书馆学?图书馆学的结构与学科体系是什么样的?"认识图书馆学的建设与发展的规律,描绘图书馆学的结构与学科体系是图书馆学研究者责无旁贷的任务。这也是"图书馆学的学科论"的根本任务,它是那神谕的启示。

所谓图书馆学的学科论要对图书馆学科的形成发展及影响因素、学科的本质及构成要素、学科的价值及意义等基本理论问题进行研究。认识图书馆学发生发展的规律性,探究图书馆学的结构与学科体系,构建建设图书馆学科的理论,指导对图书馆学科建设与发展的研究。

我们认为:图书馆学的学科论是对图书馆学进行研究探讨的理论。其主要任务是对图书馆学的结构与学科体系的研究。然而,图书馆学的结构与学科体系是由图书馆学研究者以图书馆学对象为基点而建构的,因而本文就是要在图书馆学对象、图书馆学研究者、图书馆学的关系基础之上寻求研究者的视域融合,是从学科论的角度展开讨论的。

2 图书馆学研究者、图书馆学及其对象

图书馆学与图书馆密切相关。虽然不能肯定地说"图书馆学的对象是图书馆"(比如与图书馆相关的环境因素、社会经济基础等是图书馆学需要研究的对象,还有在研究图书馆学学科论的时候,图书馆学本身也成其对象),但可以肯定地说"图书馆是图书馆学的对象",而且是"核心的对象",图书馆学的一切内容都是围绕"图书馆"展开的,图书馆学的核心价值就体现在对图书馆认识结果的凝结,以及对图书馆认识过程的解释与指导。因此,首先要对图书馆有所认识。

要认识图书馆,就要把图书馆放到人类信息活动的大背景中去考察。人类的

信息活动与人类的劳动相伴而生,人类劳动越来越表现为社会化的信息劳动。可以表达为图1所示。

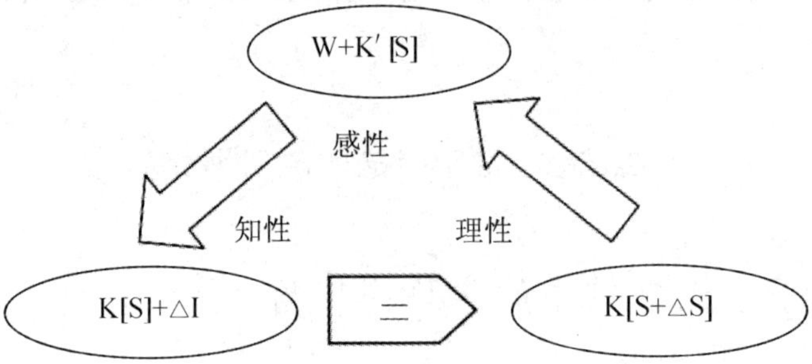

图1　信息基本循环图示

△其中W是人们认识改造的对象;K'[S]是社会的或(和)他人的主观的或(和)客观的知识结构;K[S]是人(个人或团体)的知识结构;ΔI是人从社会实践活动中得到的信息;K[S+ΔS]是K[S]吸收ΔI后形成的新的知识结构;"+"表示作用与联系。这个图示表明:人类与世界的关系主要表现在人类知识结构与世界的作用与联系,突出了社会劳动的信息化过程与科学化过程;主体在活动中获得信息ΔI被K[S]吸收同化形成新的有序的知识结构,再反作用于认识改造的对象,从而促进人类对事物的认识获得新的信息,而每一循环都使个体或(和)社会的知识结构发生变化,上升为新型的知识结构,使得人们认识改造世界的能力增强,其参与者也在社会化的过程中使个人劳动转化为社会劳动,而实现自己的价值。[2]

图书馆就起源于信息基本循环图示所描述的劳动过程的社会实践。随着人类信息交流活动的发展,人类知识不断增加,大脑记忆和口头流传已不适应社会发展,以文字记载保存和传播时代文化知识以及传统价值观念的社会需要,催生了图书馆,是图书馆文化建设取向的根本原因。人类信息活动这种社会实践过程的自觉性、组织性、目的性和社会性不断加强,这就要求有相应的社会机构来承担相应的职责与功能,图书馆应运发展了,这是图书馆社会建设取向的根本原因。图书馆的产生又极大地促进了人类文化的进步与信息交流活动的社会化发展。这就强化了图书馆作为社会文化的推进器、社会化组织环节以及社会制度安排的地位。图书馆建设包括文化建设与社会建设两个方面。不仅是文化设施和工具以储存、组织、序化传播人类知识,同时也是社会公共服务机构与制度以保障公民基本信息权益的实现。[2]

信息基本循环图示也可以借用来描述图书馆学对象、图书馆学研究者、图书馆学的关系。此时,其中 W 是图书馆学的对象;K'[S]是图书馆学研究者共同体的或(和)个人的主观的或(和)客观的图书馆学知识结构;K[S]是图书馆学研究者(个人或团体)的图书馆学知识结构;ΔI 是图书馆学研究者从相关社会实践活动(主要是图书馆学研究活动)中得到的相关信息;K[S+ΔS]是 K[S]吸收 ΔI 后形成的新的图书馆学知识结构;然后通过学术交流建构进 K'[S];"+"表示作用与联系。每一循环都使个体或(和)图书馆学研究者团体的知识结构发生变化,上升为新型的知识结构,这个循环表现为螺旋式上升的形式。康德认为人的认识机能分为三个层次:感性——知性——理性。这里的感性对应直观,知性对应范畴,理性则是自由的层次(对应于批判)。人通过感性直观获得对象的表象,这些直观通过知性思维产生一定范畴的概念,这些概念体系通过理性批判还原直观才能形成知识,才能开始新的知识形成过程。这样的认识过程,其实也可以很好地描述图书馆学发生发展的过程。这就意味着图书馆学就是在这一过程中形成的关于图书馆的相关知识结构。这一过程是相应知识结构与其对象结构同构化的进程。

3 图书馆学的结构

3.1 图书馆学的"双律性"发生结构

图书馆学是人们对图书馆学对象认识过程中所形成的一种科学的社会意识形态,它作为一种科学的社会意识形态,必须自觉地用马克思主义的发生学原理来考察。恩格斯关于唯物史观与辩证法的统一的原理,对社会意识形态的发生机制提出了一个"双律性"的发生结构模式,若从社会意识形态的形式的发生来看,它是服从"自律性"的,即各种社会意识形态为其相对独立的内在发展规律所制约,若从社会意识形态的内容的发生来看,它是服从"他律性"的,即由社会经济基础的性质及其变化所决定的。[3]"双律"的关系即形式与内容的辩证关系。图书馆学的发生机制符合"双律性"的发生结构模式。就图书馆学来讲,除了作为学科的"双律性"(这是学科论的研究对象)外,图书馆学主要反映图书馆的"双律性"发生结构。

所谓图书馆的"他律性"是指其发生受与其相关的社会经济基础以及人类历史文化发展的影响与制约。图书馆只有在社会经济基础发展到一定阶段才能产生,并在一定的社会经济基础之上发展,对"他律性"的研究,可以把握和认识图书馆在社会经济中以及人类历史文化中的地位和作用,认识图书馆的发展动力与基础。

所谓图书馆的"自律性"是指其发生发展受其相对独立的内部发生规律制

约。图书馆的“自律性”决定了图书馆的形态与个性，是图书馆之所以为图书馆的规定性。对“自律性”的研究，可以认识和把握图书馆的发展方向，保持图书馆旺盛的生命力与个性。

所谓图书馆发生的“双律性”是指其“他律性”和“自律性”的辩证规律。图书馆的发生受到“他律性”和“自律性”的双重制约。“双律”的关系即内容与形式的关系。在“双律”的作用下图书馆的内容与形式都在发生着变化与发展。通过“双律性”的考察，可以认识和把握图书馆发生和发展的客观规律。

3.2 图书馆学的“历时结构”与“共时结构”

图书馆学作为一种科学的社会意识形态是客观存在在人的意识中经过思维活动而产生的结果。它或以精神的形式存在于个体的意识活动之中，或以客观形式（如各种文献）存在于社会意识活动中，它是由意识的结构与功能所决定的。[4]

在哲学中一般认为：知识、情感、意志构成意识的内在结构。因而在图书馆学也具有知、情、意的内在结构，这与图书馆学研究者始终不渝追求的理想——真、善、美相对应。然而，人又具有自然属性和社会属性，人的意识结构又呈现自然结构与社会结构的共时态结构，同时意识的发生、传播、解释、接受的过程又构成历时态结构，因而图书馆学知、情、意的内在结构也呈现为“共时结构”和“历时结构”。

3.3 图书馆学的“理论、方法、应用”三维结构

在图书馆学的研究中有三个维度：理论研究、方法研究和应用研究。

理论研究是与经验研究或应用研究相对而言的。是指对图书馆现象的内在联系及其规律的研究。一般来说，图书馆学的理论研究包括三个方面：一是图书馆学研究的指导理论；二是图书馆学本身的理论研究；三是对种种图书馆现象研究的具体理论。理论研究与应用研究是相辅相成的，不是相互对立的。

方法研究是对图书馆活动以及图书馆学研究中所运用的手段、方法进行系统的研究，以开发和应用更容易、更有效的方法的科学活动。首先着眼于整个图书馆工作系统、研究系统的整体优化（程式分析），然后再深入地解决关键的局部问题（操作分析），再进而解决微观问题（动作分析），从而达到系统整体优化目的。

应用研究是针对某一特定的实际目的或目标，运用已有理论与方法，为获得新知识而进行的创造性的研究。其特点是：具有特定的实际目的或应用目标，并在围绕特定目的或目标进行研究的过程中获取新的知识，为解决实际问题提供科学依据；具有专门的性质，针对具体的领域、问题或情况。

3.4 图书馆学的层次结构

图书馆学是对图书馆现象的本质、内在联系、社会功能、发展规律等方面认识成果的系统化和理论化。这种系统化和理论化过程就是对研究对象的理解与解释的过程。图书馆学的层次结构依赖于研究者对图书馆学对象的认识层次与结构。中国传统文化中有“观物以取象,立象以见意,境生于象外”之说,[5]可以借用这句话很好地描述图书馆学研究者、图书馆学及其对象之间的关系。这句话如果用现代哲学语言来转述的话(不纠缠于传统文化的复杂语义之中),“观”即研究者去考察,“物”是研究者考察的本体意义上的对象物,“象”是那个对象物向研究者呈现的现象,“取象”是研究者有判断与选择地认识那个现象,“立象”就是研究者对所“取象”的描述与构建,“见意”就是研究者去揭示对象的本质与规律,“境”就是意与象的整合与融汇。所以研究工作表现为“观物以取象”、“立象以见意”、“境生于象外”的动态过程,这一过程可以简化为:物——象——意——境,这四者融会贯通。[6]在这一过程中研究者对图书馆学对象不断提出本体论、认识论、方法论的追问,形成图书馆学的现象学、元学、方法学层次。上述这些关系可以概括为表1。

表1 图书馆学研究者、对象、学科内容层次结构关系

研究者的认识层次	真	善	美
	知识	情感	意志
	观物以取象	立象以见意	境生于象外
	感性	知性	理性
学科对象的层次	本体论	认识论	方法论
学科内容的层次	现象学	元学	方法学

图书馆学的现象学形式结构与哲学现象学不同。它直接面向知觉所呈现的图书馆系统及个体在发生发展过程中的现象,自觉或不自觉地遵循现象学方法原则,通过现象学还原法,用与本质相符合的形式将这些本质描述出来。不去着意建构系统而致力于扎实的基础工作,而其结构是在自然而然中形成的。[7]

图书馆学的元学层次就是以图书馆学自身为对象的深层研究,是对图书馆学的现象学结构的研究。它是图书馆学的现象学体系的异化和一般化。它有三大特征:(1)以图书馆学自身为研究对象;(2)注重图书馆学的深层逻辑结构,以此来检验现象学体系的有效性和正当性;(3)其研究并不着意建立体系,不以某个统一的标准为模式,而是强调各种不同范式,视界之间的相互理解。[7]

图书馆学的方法学层次是对现象学与元学结构体系的研究。它关注图书馆活动的途径、手段和方式。它的内容包括：(1)各种具体的研究方法；(2)各种研究方法的评价；(3)方法的移植；(4)方法体系结构的研究；(5)方法的比较研究；(6)图书馆学的方法学体系与图书馆学的理论体系的关系。[7]

3.5 图书馆学结构图

上述关于图书馆学结构的论述可以归结为：以学科对象为核心；以学科核心价值观为轴；以现象学研究、元学研究、方法学研究为层次结构；以理论研究、方法研究、应用研究为三维坐标；以共时结构为经；以历时结构为纬；以“双律性”为依据，而不断发展的、开放的、有序化的、具有解释功能的结构体系。[8]

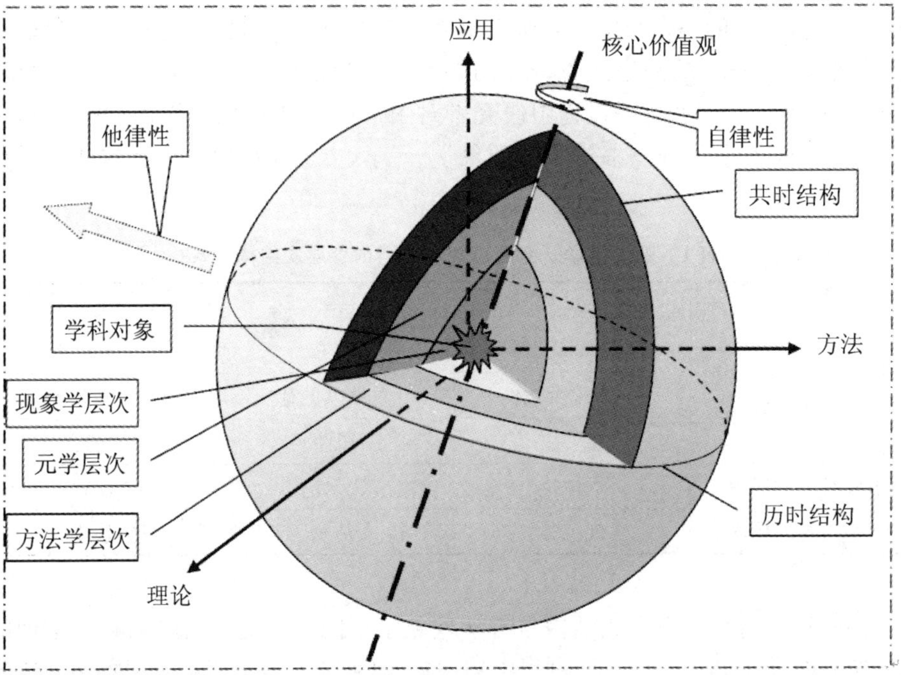

图2 学科体系结构图

4 图书馆学的学科体系

图书馆学的学科体系是研究者在参与信息基本循环过程中，通过自身认知结构与客体结构的互动而形成的一种具有一定知识范畴的逻辑体系，即对上述图书馆学结构的具体建构,建构过程是学科体系结构与图书馆学内在结构逐渐同构化的进化过程。这种图书馆学知识结构客观化的形式包括著作体系和教材体系。

4.1 图书馆学的著作体系

所谓著作体系是沿着研究者认识逻辑展开而形成的有着严密逻辑范畴的理论体系。范畴是基于人们对事物的理性认识而产生的最基本的概念,范畴与范畴之间的层次递进关系构成了范畴的逻辑,沿着这种范畴的逻辑展开就形成了一定的逻辑范畴。要构建图书馆学的著作体系,就应找到能揭示图书馆现象的基本范畴及其逻辑关系。

笔者在《现代图书馆理论研究框架》一文中指出图书馆现象有图书馆活动、图书馆体制、图书馆机制、图书馆观念等4个基本范畴,[7]从而给出了一个著作体系,它包括:第一,图书馆学总论,主要论述图书馆的发生学考察,图书馆学的研究对象、学科体系、层次结构,以及当代图书馆和图书馆学的发展趋势等;第二,图书馆活动论,主要论述图书馆活动的职能、内容、过程及方法,活动开展等;第三,图书馆体制论,主要论述图书馆体制的含义、内容及结构,组织机构及其职责权限,体制改革等;第四,图书馆机制论,主要论述图书馆机制的含义、类型及机制创新等;第五,图书馆观念论,主要论述图书馆观念的含义、地位、作用、结构和观念更新等。当然,图书馆学在其发生发展过程中由低级向高级发展,对图书馆活动、体制、机制、观念等基本范畴研究的深度不同,形成了标志学科不同发展层次水平的学科范畴体系,即图书馆学的现象学、元学、方法学层次。

4.2 图书馆学的教材体系

所谓图书馆学的教材体系,也是由在范畴的逻辑基础上展开而形成的有着逻辑范畴的理论体系。但它与图书馆学的著作体系不同,在这种体系的构建过程中,不仅要考虑图书馆学自身的逻辑,还必须考虑施教者和受教者双方的认识逻辑,以便于教与学。一般地,教材体系是建立在著作体系之上的,即先要有某门学科的著作体系,然后才会产生某门学科的教材体系。

教材体系又具有层次结构,由于教材体系是建立在著作体系之上的,于是对应著作层次体系,教材层次体系也包括现象学的教材、元学的教材和方法学的教材。不同层次的教材对应于不同的人的培养规格。一般来讲,由于本科及以下层次人才教育的主要任务是打好知识基础,对他们来说最为需要的是系统而全面地掌握现象学知识,所以培养本科及以下层次的人才,应以现象学层次的教材为主;由于研究生层次人才教育的主要任务是进行科学研究,对他们来说特别重要的是掌握元学和方法学知识。所以培养研究生层次的专业人才,应以元学和方法学的教材为主。在构建专业教材体系时,还必须考虑不同层次人才培养规格与不同层次教材之间的关系,根据不同专业人才的培养规格,配之以不同层次的教材,形成科学合理的专业教材体系。

5 结语

图书馆学的学科论是图书馆学研究自身的学问。其主要任务是对图书馆学的结构与学科体系的研究。图书馆学对象、图书馆学研究者、图书馆学的关系是图书馆学的学科论研究的基本关系。因而只有在回答了这一基本关系问题基础之上,才能对图书馆学的结构与学科体系有一个完整的认识。

首先,要在"信息基本循环"过程中认识图书馆学的对象、图书馆学研究者、图书馆学及其关系。

其次,全面认识图书馆学以学科对象为核心,以学科核心价值观为轴,以现象学研究、元学研究、方法学研究为层次结构,以理论研究、方法研究、应用研究为三维坐标,以共时结构为经,以历时结构为纬,以"双律性"为依据,而不断发展的、开放的、有序化的、具有解释功能的结构体系。

再次,从学科体系的著作体系与教材体系方面,探讨图书馆学科体系的建设。

参考文献

[1]钱远晏. 从人类认识史的经验谈思维的训练和学习//贤林讲坛第一辑(2009). 开封:河南大学出版社,2010:47-68.

[2]王宏鑫. 图书馆的发生和发展研究. 图书与情报. 2010(4):29-32,56.

[3]程伟礼. 灰箱:意识的结构与功能. 北京:人民出版社,1978:204.

[4]王宏鑫. "思想基因"的结构与功能,知识工程,1992(3):36-38.

[5]朱良志. 中国艺术的生命精神(修订版). 合肥:安徽教育出版社,2006:122-132.

[6]邱正伦. 审美价值取向研究(下). 北京:文化艺术出版社,2007:189.

[7]王宏鑫. 现代图书馆理论研究框架. 图书情报工作,2003(11):19-21,97.

[8]图情释怀. 图书馆学情报学体系结构图. [2007-01-07]. http://blog. sina. com. cn/s/blog_3e3873f 2010007h9. html.

图书馆学理论创新的几个跨学科问题

陈洪澜(河南大学哲学与公共管理学院)

任何理论都是价值主体用来阐述认识对象的一种知识体系。图书馆理论也是这样,它需要对图书馆这个社会文化组织有一个较为全面的认识和简明阐述。首先,它应当明确说明图书馆的基本属性和使命;其次,它应当系统地总结图书馆活动的基本原理、基本概念、基本方法和基本规律;再次,它应当较为全面地反映该学科的发展模式和发展趋势,预测图书馆事业的发展前景;最后,它还应当涵盖图书馆学领域内对各类问题的不同意见,具有批判、反思、描述、解释、预测、选择、指导等功能。只有这样才能使其成为图书馆事业持续发展的指南,成为保证图书馆有序开展各项活动的行动依据。但是,人们的认识都有一个渐进的过程,其中有许多应该明白却又难以明白的问题,则需要进行持久的全面的深入细致的研究。即便是已经形成了系统的理论,也不能够一劳永逸地拥有它,仍然需要我们随着事物的发展变化而发展变化,需要持续不断地观察后果,反复检验,反复调整,通过不断的修正和补充,才能使之逐渐地丰富和完善。因此,理论创新既是事物发展的必然要求,也是认识深化的阶段性成果。本文所说的图书馆学理论创新,就是要强调在前人认识的基础之上不断地从已知出发向它的纵深处开掘,通过对我们匆匆走过的道路进行回顾和反思,总结其中的成就,发现其中的问题,使以往的错误见解得到纠正,过时的观念得到更新,狭窄的视野得到扩充,理论上的纰漏得到修补,未曾认识到的新事物得到精确的描述,未曾论证过的新概念得到恰当的定义和符合事实的阐释,随着实践活动的深化不断地获得新见解、新方法、新知识和新理论的过程。

"学科"这个概念,过去在我国常见的用法大致有三种:一是按照知识的性质划分出知识门类(或称为科学的分支体系)。二是学校分科教学的科目;三是在军事训练或体育训练中与"术科"相对应的知识性科目。当下人们还把它看做是一种知识社会组织方式与知识劳动状态。"学科"在西文中与"规训"(discipline)为同一词汇,在知识的组织方面具有分类、挑选、归整、集约化、等级化和秩序化等功能。因此,我们可以把"学科"看做是根据特定学科标准从那些笼统的知识中划分出来的一个个相对独立的知识领域。任何一门学科都是以特定的研究对象、研究方法和独到的哲学思维建构起来的知识体系。图书馆素有“知识海洋”之称,以图书馆为研究对象的图书馆学便涉及人类知识的方方面面,使得图书馆学知识体系与其他学科的知识体系存在着千丝万缕的联系。正如美国图书馆学家谢拉所说的那样,图书馆学涉及所有的学科,图书馆学理论随着它的发展,定将包括所有形式的人类活动。由此可知,图书馆学是一门包罗万象的复杂学科。学界常常抱怨有着两百多年发展历史的图书馆学至今尚未成熟,甚至说它还只是一门“前学科”或“潜学科”,正是因为图书馆学的认识对象极其丰富而又复杂的缘故。

其实,世界上并没有完全成熟的学科,因为任何事物都有发展变化,只要有未知的东西存在,学科知识的发展就不会终止。学科越是发展,它的知识体系就越是庞大,知识研究者为了获得准确的知识,常常运用逻辑分析的方法划分出认识的疆界。研究越是深入,学科的划分就越是精细,从中所获得的知识也就越是精确。但是,人类的社会活动总是相互关联的,其中出现的问题错综复杂,依靠单一的学科知识往往难以解决。于是,学科交叉、知识互涉、技术方法移植等跨学科研究不仅成为解决现实生活中重大问题的一种思维方法,并且也常常成为新知识、新理论产生的增长点。图书馆学理论创新需要进行跨学科研究,只有打破知识疆界的人为限制,才能使其获得新的发展空间。本文所说的跨学科研究,主要是指在学术活动中以问题为中心跨越本学科的知识边界与其他学科的知识体系融会贯通、整合利用的求解过程,而不是把“跨学科”作为研究对象。

跨学科研究近年来在诸多学科里都是理论创新的一个重要路径和研究方法。其优势在于它能够利用系统性和综合性思维打破以往那种以单一学科知识体系为疆界的研究模式,实现对问题的整合性研究。自20世纪晚期开始,由于以计算机为核心的信息网络群体技术的迅猛发展及其在图书馆里的广泛运用,使得图书馆学领域里出现了许多新问题,其中绝大多数问题都不是图书馆学这个领域中的知识体系能够单独解决的。比如,图书馆的价值认识、信息网络数字化技术、知识管理、知识服务、资源建设等问题都带有跨学科的性质,需要通过跨学科研究的路径,借助多学科知识融会贯通的方法进行解析才有可能从中找到图书馆学理论创新的突破口。但近年来我国在图书馆学领域里的跨学科研究成果却不多见,这就迫切要求我们加大力量对此开展研究,以增强图书馆学理论的说服力、预测力和指导力,从而使图书馆学理论得到创新和发展。

1　图书馆的价值认识问题

自人类社会进入信息化、网络化和数字化时代以来,人们足不出户只要坐在电脑屏幕前转动鼠标就可以获得各种各样的信息和知识。那么,图书馆还有存在的必要吗？近年来对图书馆进行价值认识之所以能够成为国内外图书馆学界广泛讨论的热点问题，也许就是因为关心图书馆未来的存亡问题所引起的。价值认识隶属于哲学中的分支学科哲学价值论，把它引入图书馆学领域里对图书馆进行价值认识，其目的在于正确评价图书馆在人类社会发展中的意义，为图书馆未来的生存和发展寻找理论支持。

在人类的认识活动中，人们通常把认识划分为事实认识和价值认识两个类别。事实认识在于探求事物的属性和运动规律，价值认识聚焦于人，它关注人的需要，强调在事实认识的基础之上，寻求事物的属性与人的需要之间的价值关系。只有对价值关系进行揭示，才能显现出认识的目的与意义，即根据人的实际需要，对认识的客体对象加以改造利用，使之满足主体的具体要求。价值并不等同于有价值的事物自身，而是人们对于客体认识的结果。任何有价值的东西若不为人们所了解、所利用，就无法实现其价值。由此可知，对图书馆进行价值认识意义重大，影响深远。

对图书馆进行价值认识，有助于加强图书馆学的基础理论研究。求知是人类共有的也是最基本的一种需要，知识的普世价值就是由这种普遍的需要所产生的。知识可分为隐性知识和显性知识两种存在形态，隐性知识只有人的大脑才能产生和储存，显性知识则以各类文献为载体。图书馆是各类文献的载体，它在满足人类求知需要方面的价值是毋庸置疑的。图书馆在人类文明发展史上是一个古老而又长生的社会文化组织。自从人类产生了保存记忆和知识的思想意识之后，收藏和保存文献的活动就开始了。在古代中国，搜集、保存文献的地方有许多雅称，如“府”、“阁”、“观”、“殿”、“院”、“堂”、“斋”、“楼”、“兰台”、“石渠”等都是管理图书的机构，它们只为统治阶层服务，有着神圣、庄严、不可冒犯的特殊地位。在古代西方，人们曾把文献存放在神庙里，或把图书馆建在与神庙毗邻的地方以便于守护。可见中外的古人早就重视文献的搜集、整理和收藏，对于汇聚精神文化的地方持有无比崇敬的心态。这种重视保存人类精神文化遗产的思想和行为就是现代图书馆活动和图书馆学理论形成的滥觞。

对图书馆进行价值认识，特别是对图书馆的核心价值进行研究，有助于加强图书馆学理论的说服力。事实认识，说明图书馆是什么。通过对图书馆的社会性、科学性、教育性、中介性、技术性和服务性等基本属性分析，可以明确其在社会生活中应有的功能和地位。但是，通过价值认识还可以说明图书馆作为保存人类客观知识的社会文化组织所承当的历史使命。历史使命既是人们对图书馆所负载的社会责任的一种认同，也是人们对图书馆应有的价值判断、价值追求和价值选择的认同。它与图书馆的宗旨、理想、目标和具体责任相一致，既规定了图书馆的本质属性、基本职能、社会定位和发展方向，也规定了图书馆的价值取向、价值目标和行动意趣。尽管图书馆的历史使命是随着图书馆的创建与生俱来的,但它又伴随着社会的发展变化而不断地自我认识、自我调适、自我丰富、自我完善。在初期,图书馆作为一种社会文化机构,所承担的主要是搜集、整理、保存和传承文献的基本职责。随着时代的变迁和图书馆事业的不断发展壮大,图书馆不再只是一个保存人类公共记忆的知识容器,在历代图书馆学家和图书馆员们的共同培育下又使它生长出了许多新功能。比如,使图书馆成为没有围墙的大学,成为知识交流的平台和枢纽,成为提升国民素质的公共智力源泉,成为知识创新以及知识再生产的原材料和无尽资源。只有通过对图书馆所担当的历史使命的解析,它的历史文化价值才能够充分地显现出来,才能够在社会生活中得到广泛的价值认同,才能够增强图书馆内部的文化凝聚力,才能够增强图书馆学对外部社会的说服力、感召力和支持力。

对图书馆进行价值认识,有助于揭示图书馆领域中的各种关系,使图书馆学理论体系得到拓展,学科地位得到提升。价值在哲学领域里不是一个纯粹的概念,而是一种关系范畴。它以客体能否满足主体的需要为尺度,反映客体对主体的意义。图书馆是社会关系的产物,从领导者、管理者、作者以及各界读者都是它的关系户。在价值关系中,因为主客体的地位经常互换,所以图书馆价值的表现形态多种多样。人们通常认为,图书馆中所收藏的古今中外文献具有重要的价值,这种认识值得肯定。其实,图书馆人的思想、经验、知识、理论、技术方法和服务精神尤其值得珍视。因为任何价值的实现都是在主客体对象化的活动过程中完成的,正是图书馆人所进行的中介性服务使特殊的文献与特殊的读者建立起对象化联系,才使各类文献的价值得以实现。图书馆学需要梳理这些价值关系,若能够在图书馆理论中揭示出各类图书馆在满足不同读者需求中的特殊意义、揭示出各类图书馆在社会政治经济文化发展中的具体功用、揭示出图书馆员的具体责任和义务的话,不仅对于增强图书馆员的职业情感和知识服务水平具有积极意义,同时对于推动图书馆事业的长远发展也有积极意义。

对图书馆进行价值认识,有助于明确图书馆工作的价值取向,使图书馆学理论的引导功能得以实现。“价值取向”是价值哲学中的一个重要范畴,说的是特定主体在处理各种矛盾、冲突、关系时基于自己的价值观所持有的基本价值立场、价值态度以及所表现出来的基本价值倾向,并由其决定、支配主体的价值选择。比如,在实际工作中,图书馆的领导者若有明确的价值取向,就有可能投入更多的力量支持图书馆事业的发展,使图书馆真正成为学习型社会中人人都可随时自由进入的精神文化家园。图书馆员若有明确的价值取向,就能够树立起对国家和读者高度负责的职业责任感,并将其内化为一种精神追求,关注国家和民族的发展需要,采取积极有效的措施,选择好书,推荐精品,通过高质量的服务引导读者有效地使用图书馆,使图书馆真正能够成为一种提升民族智力的知识源泉。社会全体公民若有明确的价值取向,就会喜欢图书馆、学会充分利用图书馆,同时也会爱护图书馆,自觉地支持图书馆的发展。

由此可知,通过对图书馆的价值认识,可使图书馆活动背后的重要意义得到揭示。而意义的揭示又可丰富图书馆学理论的内涵,扩展图书馆学理论的知识体系,实现图书馆学理论创新的理想目标。

2 图书馆的信息网络数字化技术问题

在信息化、网络化和数字化时代里,拥有尖端的信息技术工具并不是人类所追求的最终目的,而利用这些技术工具打捞有用信息,从各类文献中快速猎取可靠的知识才是大家共同关心的问题。于是自 20 世纪后期开始世界上许多尖端的信息技术纷纷涌入图书馆,很快就在这里找到了它们的用武之地。如大型数据库研发技术、数字化转换存取技术、超链接技术、虚拟技术、镜像技术、学科门户导航技术、知识挖掘技术等都争先恐后地在图书馆里落户,数年间图书馆便成了现代各类信息技术聚合的前沿阵地。这些新技术无限地拓展了图书馆的服务空间,丰富了图书馆的知识载体类型,改变了图书馆的资源结构,改善了图书馆的服务模式,提高了图书馆的服务效率,甚至使图书馆自身的名称和形象也发生了重大改观。

然而,这些崭新的信息技术带给图书馆的并非都是明媚的阳光,随之而来的还有行业的变更,传统图书馆学理论的颠覆,专业内部知识秩序的混乱,以往的专业术语被边缘化和图书馆员们的困惑、彷徨和失落感等诸多负面的东西。如黄长著教授所说,在数字化时代,"文献信息管理与服务既是受惠最多的领域之一,也是受冲击最多的领域之一"。[1] 比如,近年来人们把信息管理、信息检索、信息系统等知识体系看成是图书情报学领域里的主干课程,或者说把信息服务业等同于图书情报行业,它反映了当今信息科学的强势地位和传统图书馆学的式微。这些新学科之所以能把传统图书馆学的主干课程取而代之的原因,除了社会信息化浪潮的严重影响之外,其主要原因还在于图书馆界学人对于驾驭新的信息技术方法持有积极主动的态度。当我们借助信息学理论、计算机和网络技术工具来探讨图书馆活动中的信息获取、处理、传递和利用过程的时候,忽略了本学科的理论建设,喧宾夺主,喜新厌旧,利用新概念来解释图书馆工作的基本原理和基本方法,利用信息技术领域中的主流语言来取代图书情报领域内的主流语言,致使行业界限日益模糊,社会分工不再明确,岗位职责不再稳固,大家一窝蜂似的去追赶"信息",有序化的图书馆实践活动被打乱了,图书馆学的学科危机随之发生。自 20

世纪 90 年代后期开始,从国际到国内,许多图书馆、文献中心和图书情报学教学组织普遍掀起了改名风潮、机构重组、岗位重设,原有的阅览设施也让位于电脑终端,以往那些传统的文献管理技术方法逐渐被自动化信息技术所取代。在图书馆学和情报学的教学过程中,许多传统图书馆学的教学内容让位于计算机和信息系统的教学内容,弱化了图书馆学基本知识和基本理论的传播。在图书馆学的理论研究方面也存在着严重的技术化倾向。如在近年来的图书馆学专著和专业化期刊栏目中,探讨图书馆学基本理论的内容少之又少,而充斥其间的大多都是讨论信息技术和网络技术方法的问题,甚至在国家社科基金的研究课题中也出现了类似现象。据黄长著教授统计:"1997 年以后,与网络、现代信息技术特别是数字技术和计算机技术及其应用有关的项目以及与经济学、管理学等学科研究内容交叉的项目数量呈逐年快速增加的趋势。进入 21 世纪以后,增加的速度更快。不仅总的申报数大幅增加(从 2008 年到 2009 年每年都超过 600 份,按申报数排名已首次进入全国社科规划办列出的 13 个大学科的范围),而且这 600 份申请书中许多课题的内容都与网络、信息技术和管理学有关。似乎还没有哪个学科像图书馆学情报学那样受到信息环境和网络环境那么大的影响,以至于一些学者多次提出学科更名的问题。"[1]

在信息化、网络化和数字化的强光遮蔽下,传统的图书馆、图书馆员和读者如同旧时的隐士一齐退居于幕后,由数字化、网络化资源取代了图书馆,软件编程员和系统管理员取代了图书馆员,网民与网虫取代了读者。特别是谷歌、百度带来的"搜索"旋风,更是让一切信息和知识的获取变得异常容易,不少人开始担心:在数字化时代里,我们还需要图书馆吗?谷歌和百度是否会成为图书馆的终结者?传统的图书馆失去了存在的价值吗?传统的图书馆员都应当转岗失业吗?传统的图书馆学理论已经彻底的失效了吗?答案是否定的。只要我们细心地观察一下,就会发现其中的奥秘。比如,当今人们谈到图书馆时,便要在图书馆的前面附加一些定语,如"自动化图书馆"、"电子图书馆"、"虚拟图书馆"、"复合图书馆"、"数字图书馆"、"网络图书馆"等,这些附加的定语只是用来说明当下的图书馆存在的形式和使用图书馆的技术方法,而它的实质仍然是图书馆,人们所追寻的目标仍然是其中收藏的信息和知识。即便是谷歌和百度这样的品牌搜索门户,除了支撑它的管理体制与信息技术之外,其检索功能与图书馆工作的基本原理有着天然的联系,从中检索到的有质量的内容绝大多数也仍然来自于传统图书馆,只不过是把图书馆中原有的纸介质文献转换成为数字化文献罢了。特别是当需要回溯知识源流的时候,需要查寻问题的来龙去脉的时候,需要处理带有复杂性和综合性的重大问题时,离开了图书馆以往的收藏,仅仅依靠近年来新生成的网络资源是远远不够的。如果当今的网络不与传统的图书馆相联系,它就成了无源之水,无本之木。因此可以说,无论多么尖端的信息技术手段都不能改变图书馆的本质和属性,也不能瓦解图书馆学的基础理论。不过我们应当承认,这些新技术对于拓展图书馆学的基础理论研究,扩大图书馆学的认识领域,增加图书馆学的认识对象,改善图书馆学的研究手段和方法都是非常重要的东西,只要我们在跨学科研究中能够处理好学科知识的主次关系,就能够使图书馆学理论在网络环境下得到更快更好的发展。

3　图书馆的知识管理问题

图书馆学的上位学科是什么?人们对此曾有多种说法,如"社会科学"、"综合科学"、"应用科学"、"人文科学"、"交叉科学"、"社会应用科学"和"管理科学"等。在国家近年颁布的学科专业目录中,其上位学科为管理学。那么,图书馆行业中的管理对象是什么呢?图书管理、文献管理、文献信息管理、信息管理和信息资源管理等都曾是业界经常使用的行业术语。但是,近年来知识管理却成为本行业里高频使用的一个概念,即把管理的主要对象由图书、文献、信息转化为知识,使知识管理成为业界的主要目标。

知识管理并非是图书情报领域里的专业概念,它来源于20世纪90年代的企业界。在企业界,知识管理有许多不同的定义,这里借鉴美国生产力与质量研究中心对知识管理的定义,可以把它看做是企业为了提升竞争力而对知识的识别、获取和充分发挥其作用的过程。国内的研究者龚蛟腾先生说:"知识管理不仅包括知识本身的管理,而且包括与知识有关的各种无形资源的管理。知识管理学的研究范畴十分广泛,涉及知识生产、知识获取、知识组织、知识存储、知识传播、知识利用、知识资产、知识技术、知识环境、知识制度和知识人才等诸多方面的内容。"[2]

在图书馆界知识管理确实可以成为我们主要的管理目标吗?龚蛟腾先生认为:"图书馆是人类公共知识中心在某一特定发展阶段的表现形态,馆藏资源的本质是人类社会的公共知识。文献的采购、分类、编目、整理、典藏与服务,表象是文献载体的收藏与利用,实质是文献中公共知识的管理活动。图书馆工作实际上就是公共知识中心的公共知识管理,即为社会公众进行知识搜集、整序、存储、提供和交流服务。公共知识中心是知识共享设施和知识保障体系,同时也承载着社会的公共知识管理制度。因此,图书馆学实质是公共知识管理学,即公共知识管理学是图书馆学的继承与发展。"[2]黄长著教授也认为,知识管理就是各类文献管理部门应有的职责。他指出:"知识管理的目的是要建构一个过程来评价组织的无形资产,以便在组织的内、外部都以最佳方式来影响和利用知识(leverage knowledge)。其任务是致力于知识的创造、保障、获取、协调、整合、检索和发送。知识管理是包括企业信息机构和知识组织在内的当代一切文献信息管理,及服务机构的职责。"[3]赵慧清先生对图书馆界的知识管理进行了深层分析,她认为:"图书馆知识管理就是对显性知识和隐性知识的搜集、管理存储和应用,并使其充分发挥作用的过程。主要体现在以下三个方面:一是对显性知识的序化,即对显性知识加以序化组织,以便建立知识库,供读者使用;二是对隐性知识的发掘,即强调人是知识管理的核心,建立一种创新、交流学习和应用知识的环境与激励机制,培养知识型馆员,建立人才库;三是用知识管理的理念指导图书馆服务,充分发挥服务的价值和知识的价值,走向知识服务之路。"[4]

经过近几年来学界的广泛讨论和实践体验,我们应当形成这样的共识,即把知识管理理论引入图书馆,可以改善图书馆的管理理念,便于调动图书馆员的积极主动性,从而提升管理水平和服务质量。因为图书馆在知识管理方面具有多方面的优势和可能性。首先,图书馆的天然使命就是为社会搜集和保存知识,可以满足不同用户的知识需求,能够实现知识管理的基本目标要求。其次,图书馆作为知识的集散地,在知识搜集保存、分类整理、组织加工、准确传递以及对资源的共建共享等方面都有着得天独厚的行业优势,可以为知识管理提供丰富的显性知识资源储备。其三,图书馆员在知识采访、知识识别、知识检索、知识挖掘、知识获取等方面也有独到的职业技能和较为全面的技术方法,可以满足知识管理的多种人才资源需求,所以可以把文献管理推进到知识管理的新阶段。这样,我们就可以从知识管理的实践中为图书馆学理论的创新找到另一条新途径。

4 图书馆的知识服务问题

知识服务并不只是图书馆学领域里的行业用语,而是一个十分宽泛的概念。在我国,凡是知识分子所做的有较高知识含量的专业化工作都可看做是知识服务。比如,教师、医生、律师、策划师、金融财会工作者等都是知识服务者。在国际上,人们多用知识密集型服务业、知识密集型服务或知识密集型服务活动来指称。经济合作与发展组织把知识密集型服务行业划分成信息服务业、研发服务业、法律服务业、金融服务业、市场服务业、工程服务业和管理咨询业等七个类别。虽然各国的研究者对知识服务的界定多不相同,却可以用大同小异来概括,可见大家对知识服务的理解是相近的。

应该说,知识服务古已有之,只是到了知识经济时代才日益成为大家普遍关注的重要问题。既然知识服务是诸多行业通用的一种服务方式,那么图书情报领域内的知识服务有什么行业特色呢?

自从有了社会分工，不同行业都有自己的行业知识体系。只有凭借这些行业知识或者说是专业知识，知识服务者才能利用自己的独到的学问和精湛的技艺为社会大众提供高质量的服务，解决各种各样的具体问题。图书馆情报领域内的知识服务所凭借的就是自己的行业优势，即从业者拥有独到的搜集、整理各类文献信息的知识和技能，同时还把历代收藏的无比丰富的文献信息资源作为重要的资本来开展知识服务活动。学界较早研究知识服务问题的张晓林先生在定义“知识服务”时说：“知识服务是一种基于一切信息资源（馆藏物理资源和网络虚拟资源），以用户需求目标驱动的、面向知识内容的、融入用户决策过程并帮助用户找到或形成问题的解决方案的增值服务。”[5]马费成教授则从图书情报机构产生以来服务方式的发展变化来说明图书情报行业知识服务的基本特征：由向信息用户提供文献线索，例如卡片目录、机读目录、网络目录；后来发展到全文提供以及“一站式”服务；在资源整合和重组的基础上，设立了学科门户导航、专业主题信息网关；随着网络技术和用户研究的深入，推出了智能代理、个性化定制等新型的服务模式。他指出：“与传统的信息服务相比，基于用户的决策目标，面向知识内容是知识服务最突出的特点。知识服务要求将分布式多样化的动态资源组织成一个逻辑整体，针对用户的特定需求对知识单元进行解析、重组、链接，并向其提供专业化和个人化的服务。知识服务需要相应的技术平台基础，要求能够充分支持基于内容的数据挖掘、信息内容分析和动态集成，并支持以用户为中心的信息交流和知识应用。网络化学术信息交流体系、开放式数字图书馆、数字化咨询服务系统、立足于特定专业领域的知识库等，都是目前较为典型的面向知识服务的信息系统。”[6]我们可以说，在图书馆学领域，所谓知识服务实质上就是在传统的文献服务和信息服务的基础上发展而来的。它以解决当下的实际问题为出发点，以知识创新和知识增值为目标，以计算机及其相关的信息技术为手段，根据用户的具体需要为服务对象提供专业化、目标化、个性化、集成化及动态化的知识。它所强调的就是服务者对相关信息和相关知识的挖掘、分析、整合、重组的能力，强调服务者内隐知识的特殊作用，强调服务者与服务对象的密切合作与互动，强调多学科知识的相互渗透融通，它不仅表现为一种新的服务机制，同时也是从业者运用图书馆学知识体系为社会各行业搜求与加工知识的实践过程。这些实践活动都可为图书馆学理论创新提供坚实的知识基础和理论来源。

5 图书馆的资源开发建设问题

近几年，在图书馆学界使用“文献资源”、“信息资源”、“知识资源”、“数字化资源”、“网络资源”以及“资源管理”、“资源建设”、“资源开发”等术语来表述图书馆拥有的财富和图书馆的活动内容已被大家所认同。但“资源”这个概念并不是图书情报领域里固有的常用词汇，它最早来自于资源科学。资源科学是自然科学、社会科学和工程技术相互交叉的边缘应用科学，它本来是研究自然资源与劳动力资源相互关系、资源经济系统与资源生态系统相互关系的一门综合性科学。但是，随着资源科学的发展，资源的概念也在不断地扩展和变化。早期的资源概念，主要指生产资料和生活资料的天然来源。随着人们对资源研究的深化，资源概念，已不局限于天然来源，而是把人类社会中可资利用的东西都称为资源。“从资源定义的延展出发，资源科学的内涵正在迅速扩大，逐步形成一个巨系统密网络的大科学。它是随着人类社会的发展而发展的。在农业社会里，它主要研究的是自然资源；在工业社会里，它侧重研究自然资源与社会资源的综合；在知识社会里，它将致力于自然资源、社会资源和知识资源相结合地进行高效配置的整体研究。”[7]

当资源科学的概念和理论被移植到图书馆学领域之后，我们好像在图书馆学中发现了新大陆一样，茅塞顿开，视野拓宽，使图书馆学中原有的研究对象、研究范围和技术方法都得到了无限的延展。比如，过去我们把馆藏文献作为图书馆赖以存在的要素，局限于图书馆的内部来研究它的采访采编之道、分类编码之道、流通管理之道。当今有了资源管理的新思维，我们不仅可以利用“资源”这个概念来指称图书馆围绕服务对象的需要特意组织起来的人才、馆藏、技术设施等多种相互配合的资源体系，同时还可以指称社会上那些潜在的、有可能被开发利用的信息和知识元素，这样就把研究者的视阈一下子从图书馆这个物理对象中扩展到广阔的宇宙和社会空间中，缩小了图书馆与世界各国、图书馆与社会各界的距离，在原有的工作基础上拓展出新的信息、知识采访采集渠道，把强调图书馆的资源配置转变成为强调资源的共建共享，把强调馆藏图书的搜集购置转变成为资源的开发建设。过去，我们研究入馆读者在知识需求方面的主流趋势、学科分布、专业特色等要素，以便进行文献的配置和传递服务。当今，在网络化和数字化资源的支撑下，我们的读者遍布天下，他们也许永远也不需要到图书馆里来，但是却可以自由地享用我们所开发出来的特色资源。过去，图书馆的服务者都是在图书馆工作的职员，大家经常在书架之间和阅览室内跑前跑后为读者服务，当今的读者们大多都坐在网络终端的屏幕前不再需要寻找馆员的帮助，只需要是晃动鼠标就可以享受其中的数字化资源。难道这些东西真的如神话中的宝盒那样，只要轻轻地一点想要什么就有什么吗？当然不是！它仍然需要有大量的资源研发者、资源管理者、软件编程员、系统维护员等各方大军协同作战，通过艰辛的劳动才能实现这个日标。在网络环境下，读者们所享用的每项服务都是研发人员事先设计制作出来的成果，其中大量的劳动仍然属于图书馆的基本工作，只是我们把传统图书馆的台前服务转移到了幕后罢了。当然,在网络环境下图书馆学理论应当对这些工作原理和服务方式的转换进行描述和解释,应当对图书馆学原有的学科框架进行扩展,应当附加图书馆工作中的技术性知识含量;应当借助多学科的知识和技术方法对图书馆学的理论体系进行调配、补充和完善。唯有这样,才能使图书馆学理论与网络环境下的实践活动相适应,由此实现理论应有的解释功能和引导功能。

上述的跨学科现象证明了图书馆学自身所具有的复杂性和综合性特征。正是因为图书馆学拥有这些包容各学科和超越各学科知识的特殊品性,它除了与文献学、目录学、情报学和档案学等学科有着密不可分的亲缘关系之外,还能够与任何其他学科的知识体系广结学缘,以便于利用各个学科的研究成果为人们提供更多更好的求知门径和治学工具,图书馆学理论的创新和发展就是在一次又一次的跨学科研究中实现的。

参考文献

[1]黄长著.用发展的视角观察发展中的图书馆学情报学.情报资料工作,2010(1).
[2]龚蛟腾.知识管理学:图书馆学之上位学科.中国图书馆学报,2006(5).
[3]黄长著.用发展的视角观察发展中的图书馆学情报学.情报资料工作,2010(1).
[4]赵慧清.图书馆知识管理与创新研究.情报资料工作,2009(3).
[5]张晓林.走向知识服务:寻找新世纪图书馆工作的生长点.中国图书馆学报,2000(5).
[6]马费成.在数字环境下实现知识的组织和提供.郑州大学学报,2005(4).
[7]霍明远.资源科学的内涵与发展.资源科学,1998(2).

现代图书馆服务理念的实践探索

王秀香　李　丹　黄国彬(国家图书馆)

图书馆理念是图书馆在经过不懈的理论研究和实践探索的基础上形成的关于图书馆如何实现自身价值的基本观念和基本准则,是贯穿图书馆服务工作的基本指导思想。[1]图书馆服务理念在社会历史进程中不断积累与发展,将图书馆服务理念的意义与目的建立在图书馆与社会、与人的作用基础上。在这些理念的指引下,图书馆成为推动一个国家教育、科学、文化及经济发展的活生生力量,不断涌现出为适应社会文化发展的新服务理念与服务模式,以进一步优化图书馆服务实践,提升图书馆服务质量与效益。

1 现代图书馆服务理念的历史沉淀

自19世纪中叶现代图书馆创建伊始,某些“潜在的”图书馆服务原则便一直引导图书馆服务的方向,在历史发展长河的不断积累中,图书馆人将其提取概念化为图书馆服务理念,这些理念在各个图书馆及图书馆组织的战略规划、服务原则、职能、核心价值等方面中直接或间接地体现出来,图书馆服务理念作为图书馆的核心概念进入图书馆学人的视野。图书馆逐渐形成了以对全社会普遍开放、尊重公民智识自由与读者权利、对所有人平等服务、对利用图书馆有困难的人实施人文关怀、保护读者隐私的现代图书馆服务理念。[2]

1.1 “对全社会普遍开放”

对全社会普遍开放体现图书馆面向全社会民众提供服务的基本职能。1850年英国《公共图书馆法》的颁布及公共图书馆的建立开启了读者为社会大众服务的先河,19世纪中后期发起的公共图书馆运功,将图书馆免费服务社会的理念发扬光大。1902年徐树兰建立的古越藏书楼的对外开放,1903年杭州藏书楼改建为浙江图书馆揭开了我国图书馆服务社会的面纱,从封闭的藏书楼发展成为今天免费为所有大众服务的图书馆。可以说,图书馆“对全社会普遍开放”理念的形成标志着近现代图书馆理念的正式形成。[3]《IFLA公共图书馆服务发展指南(1997)》指出公共图书馆的一项最基本的原则就是对所有人开放,即它的各项服务必须对社区的所有成员开放,而不能因为社区的某个团体而排斥其他成员。

1.2 “公平服务”

公平服务是对全社会普遍开放服务的补充,这两个共生共存的服务理念将图书馆送到每个读者身边。通过实现公平服务或平等服务,才能切实保证读者获取馆藏、图书馆服务的权利,图书馆服务不能因人、因事、因时等影响用户获取图书馆服务的权利。1949年,联合国教科文组织《公共图书馆宣言》明确指出,公共图书馆必须“对社区内所有成员,不分职业、信仰、阶层或种族,平等的免费开放”,[4]在1994年的修订版中,将这一理念改述为“每一个人都有平等享受公共图书馆服务的权利,而不受年龄、种族、性别、宗教信仰、语言或社会地位的限制”。[5]1964年,英国颁布的《公共图书馆和博物馆法案》中,要求图书馆当局为所有人提供全面高效的服务。[6]

1.3 “智识自由”①

通过满足用户的智识自由，图书馆消除数字鸿沟的职能也能相应实现，信息社会对图书馆的冲击使图书馆不得不采用先进技术、先进服务理念来满足读者的信息需求，保障其信息权利。1948 年美国图书馆协会《图书馆权利宣言》第一次以图书馆组织正式文件的形式宣布“一个人利用图书馆的权利不得因其出身、年龄、背景或所持观点而被拒绝或消减”。[7] 2002 年《图书馆及其可持续发展声明》宣称：“图书馆和情报服务机构有利于维护基本民主价值观和普通的公民权利。”[8] 2005 年 IFLA 发表《图书馆亚历山大宣言：信息社会的作用》声明：“IFLA 和图书情报机构分享 2003 年 12 月日内瓦 WSIS 提出的信息社会共享愿景，这种愿景促进一个包容性社会，基于基本人权能够不受限制地获取和表达信息，每一个人都能够建立、获取、利用和分享信息和知识。”[9]

1.4 “弱势群体服务”

弱势群体服务近几十年来逐渐进入图书馆人的视野，成为研究者关注的焦点，也成为衡量图书馆服务的一个重要指标。英国公共图书馆法的推生力量便是当时对社会底层人群的关怀，对弱势群体人文关怀的实现是图书馆服务社会性、公平性的真正体现。1994 年《公共图书馆宣言》明确指出：“对任何不能享受常规服务和资料的用户，例如少数民族、残疾人、医院病人或监狱囚犯，必须向其提供特殊服务和资料……为了使社区的每一个成员都确实获得图书馆服务，还要对不能到馆的用户提供户外服务。”[10]《IFLA 公共图书馆服务发展指南(1997)》中指出有些读者因为各自不同的原因不能使用图书馆的正常服务，但是这些读者却同样有权利获得图书馆的服务，因此，图书馆必须采取措施让这些读者得到馆藏资源和服务。《IFLA2006—2009 年战略计划》指出：“IFLA 非常重视促进信息获取内容的多语种、文化多样性，以及满足原著居民、少数民族和残疾人的特殊需求。”[11]

2 现代图书馆服务理念实践的持续求索

近些年来，世界各国图书馆在服务理念上与时俱进、孜孜以求，在服务手段、服务方式和服务模式等实践中也不断推陈出新，主要体现在以下四个方面。

---

① 智识自由(Intellectual Freedom)：在任何媒介和不论国界地获取信息、思想和想象力作品的自由，它们有助于维护民主价值和普遍公民权利。

2.1 图书馆服务的社会覆盖率不断提升

国内外图书馆界为践行“公平、普遍”的图书馆服务理念,积极拓展服务范围,开展针对少儿、青少年、老年人、弱势群体等特殊人群的服务,千方百计地满足社区内各种人群的需求,不管他们的年龄、身体条件、经济和社区地位如何,使图书馆服务的社会覆盖率不断提升。

(1)关注少儿与青少年服务

少儿与青少年是有着自身文化特色的社会成员,公共图书馆必须了解他们的要求并为他们提供服务,关注少儿与青少年读者的信息需求并为其提供符合其年龄特点和阅读需求的信息服务是近年来各国图书馆界的重要关注点。比如,在我国,国家少儿图书馆的建立是国内为少儿与青少年服务发展的一个里程碑,在国内外都有着深远影响。国外在少儿与青少年服务方面也在不断探索,如英国发起的一项鼓励家庭参与图书馆的新型试点计划,新生儿家长有机会通过登记新生儿出生日期为新生儿办理借书证,以帮助家庭更好地利用当地图书馆的服务;2009年10月23日美国国会图书馆青少年读者中心正式向公众开放;[12]肯尼亚恩布省图书馆把儿童服务延伸到了医院,为医院里的住院儿童提供情绪和心理支持。[13]

(2)为老年读者提供更加便捷的服务

目前各国图书馆在战略规划制定过程中都会强调为公民提供终身学习的机会,老年读者便成为图书馆服务的重点内容,为更好地满足老年读者需求,各国图书馆都采取了一系列新措施。美国新泽西州的老桥公共图书馆为年龄在60岁以上的读者建立了一个专门的“老年人空间”,目前“老年人空间”已经成为该图书馆的品牌服务。[14]英美两国的图书馆协会将老龄者问题考虑到图书馆的政策中,以“超越因年龄增长带来的障碍,提供与普通成人读者同样的图书馆服务”为主题,专门为老龄读者制定了“图书馆老龄读者服务指南”。[15]日本将促成残疾人和高龄者“读书无障碍”立法,日本参议院2010召开会议,研究制定《读书无障碍法》。[16]

(3)关注弱势群体的信息获取服务

公平服务是图书馆核心理念之一,公平性的一个重要体现便是对弱势群体的关注与服务,在此理念指引下,各国图书馆积极开展针对弱势群体的信息服务。如中国国家图书馆倡导与中国残疾人联合会信息中心及中国盲文出版社三家合作建设中国盲人数字图书馆,旨在为盲人提供更好的服务。美国图书馆协会与图书馆版权联盟在2009年继续合作,确保视力缺陷用户和正常用户一样具有同样获取各种文献的机会。澳大利亚图书馆遵照该国政府1992年颁布的《反残障人士歧视法》相关规定，为残障人士提供更加便捷的服务和良好的环境，并将其作为一项战略性内容列入图书馆的年度发展报告。[17]为了提高馆员残障意识，英国邓迪大学图书馆于2006—2007年间创建了一个数字学习模型，通过数字化的学习培训和在线交流帮助馆员加强对残障人士的理解，以提供更优质的服务。[18]加拿大图书馆界为残疾人服务是通过公共图书馆和高校图书馆两个系统来实现的，其中加拿大国家盲人协会图书馆是公共图书馆服务的代表，也是加拿大图书馆界为残疾人服务的中心。[19] ALA于2010年发表了《公共图书馆为穷人服务：尽我们所能》的报告，明确指出要通过多样化、获取的公平性、教育和持续学习、知识自由和“21世纪的文化素养”五个主要措施为弱势群体提供服务。[20]

2.2 更贴心地服务读者

图书馆通过提升技术能力、提高服务质量、改善服务方式、扩宽服务领域为读者提供更加贴心、便捷的服务。

(1)注重用户服务的便捷化

数字化服务的浪潮在信息网络等新信息技术不断发展的环境下产生，为读者提供了更为便捷、全面的服务。国外图书馆在这一浪潮下积极探索，如日本富山大学图书馆和东京大学图书馆的手机I-Mode定制服务，新加坡义安理工学院图书馆的手机WAP服务，芬兰赫尔辛基大学图书馆推出的手机移动服务等。国内在这一领域也取得了较为显著的成就，国家图书馆推出的全媒体服务，它通过网络、手机、广播、电视、移动阅读器和触屏终端提供服务，并通过信息无障碍服务门户——盲人数字图书馆、印刷媒体和缩微媒体提供的服务，做到了数字资源的“一次生产加工，多元发布和服务”，其手机服务和电视服务更是取得了显著成果。2008年国家图书馆启动的“掌上国图”项目使用户只需通过手机就可以很方便地利用国家图书馆的各种数字资源。上海图书馆开通了我国首家“手机图书馆”；湖南理工学院图书馆也开通了该服务。

近年来国内发展起来的流动图书馆、图书馆服务车、图书馆服务驿站等使用户能够就近便捷地获取图书馆服务，如国家图书馆的远程跨越模式、天津图书馆的“四轮驱动”模式、广州的流动图书馆模式、丰南图书馆的“丰南动车组”、宁波的民企流动图书馆以及国外非洲驴背上的“流动图书馆”与“骆驼图书馆”，都展现了图书馆便利读者、资源共享的理念。

(2)注重满足读者的休闲娱乐需求

图书馆在满足求知需求的同时，还努力满足读者的休闲、娱乐需求。这一点更体现图书馆全面满足社会大众各层面信息需求的神圣职责。74届IFLA主席克劳迪娅·卢克斯女士说：“图书馆作为知识和文化的大门，提供不同形式的信息、思想及创造性作品的获取途径……但是图书馆也有娱乐和提供思考空间的功能,这也是新型图书馆建设需要加入新的空间元素的原因;在维持创造力氛围中学习和思考的空间;反映人类行为理念的空间;‘松’的空间,让人们得到休息,从生活的忙碌中退出,与内在灵魂进行交流。”[21]如国家图书馆的音乐厅、咖啡馆;东莞图书馆在业务建设之初就确立了“休闲、交互、求知”的服务理念,着力为读者营造一个具有亲和力、安静和舒适的环境,同时提供各种交流空间和平台。其他图书馆也大都设置休闲阅览区、景观休闲廊、休息区、共享空间、茶室、文化沙龙等,以满足这一需求。[22]摩尔图书馆(Mall Library)借助商业业态理念,以图书馆为主体,集购物、餐饮、休闲、娱乐、文化、服务为一体的多功能活动中心,[23]更有学者提出要营造星巴克“第三空间”式的图书馆。[24]

(3)注重推进社区化服务

社区是人们生活的主要领域,图书馆社区服务能更贴近读者,服务读者,由此图书馆社区服务深受读者热爱,在社区的不同场所,只要是人群较集中的地方,都可以提供图书馆服务。美国图书馆协会发布的《图书馆连接社区:公共图书馆的财政资助与公共技术设施服务(2009—2010)》指出,图书馆已经积极地适应了一系列新角色:数字世界中“一站式商店”角色,提供就业与职业发展服务、电子政务的卫星办公室角色,支持终身学习的角色。[25]吴建中指出图书馆将成为区域或社区的文化中心,成为遍及城乡各个角落的最完备的社会网络,图书馆员在人们心目中的认可度和信赖度也将大为提升。[26]在中国,深圳市推进的社区图书馆服务为国内这一方面的发展提供了实践经验,在《深圳市社区建设发展规划纲要》(2005—2010年)中要求在2010年前,每个社区需建立100m^{2}的社区图书馆,此外,深圳市通过加强街道图书馆建设,让其更多地承担起社区图书馆的指导责任。

2.3 个性化与专业化服务凸显

个性化与专业化服务是图书馆进一步提升自身服务的社会价值和经济价值的重要体现,建立以用户为中心的服务理念,加强用户信息需求分析,根据用户信息行为的变化进行服务设计,将图书馆的服务嵌入到用户的科研和学习过程中,缩短图书馆和用户之间的距离,淡化图书馆和用户之间的边界,创造图书馆服务与用户空间的有机融合,为用户提供到身边、到桌面、随时随地的图书馆服务。

(1)个性化服务更加灵活多样

国内有些图书馆根据自己的地域特征、文献特征、读者需求等提供特色化服务,像国家图书馆的古籍阅览,东莞图书馆的粤剧图书馆、衣食住行图书馆,汕头市图书馆茶文化阅览室、潮汕民俗文化阅览室等,还有很多图书馆为读者开通了“我的图书馆”、“Mylibrary”等个性化服务、可定制化服务。比如,在新书推荐中,根据用户注册时填写的感兴趣书目类别，图书馆通过信息技术为用户推送新书通报中用户感兴趣的书目。而在国外，2010 年 3 月 1 日，美国国立医学图书馆宣布新的粉丝页面在 Facebook 上首次亮相，这个新网页的目标是与感兴趣的读者分享新闻、信息、有趣的故事以及重要链接，能够与网络上各类用户进行交流沟通。[27]

泛在图书馆（Ubiquitous Library）理念也是个性化服务的新生力量，它突破现有物理图书馆和数字图书馆的藩篱，打破人们对传统图书馆的认识，真正能够从用户及其需求出发，遵循用户新的需求，适应用户的行为变化，创造图书馆服务于用户空间和过程的有机融合的一种新的平衡状态，为用户提供一种到身边、到桌面、随时随地的服务。[28] 韩国 LG 上南图书馆践行真正的泛在图书馆理念，于 2005 年开始了一项新的旨在发展面向未来的图书馆模式的计划——“LG 数字有声读物图书馆”（LG Digital Talking Book Library），Google 的图书馆计划也是泛在图书馆的一个典例。[29]

（2）专业化服务继续拓展

专业化服务是图书馆进一步提升自身服务的社会价值和经济价值的重要体现。在专业化服务，国内多数专业图书馆、高校图书馆都非常重视。比如，中国科学院国家科学图书馆设立了学科咨询部，构建一支以各个自然科学领域的博士后、博士为主体的学科化服务队伍，有力提升图书馆在专业化信息服务方面的影响力。而多所高校图书馆均设立了面向学科领域服务的导航岗位。傅荣贤曾提出，通过利用图书馆，我们不仅要获得正确，还要力争获得高明，[30] 这与美国图书馆 2008—2013 财年战略规划的主题——“促进人类的认知与智慧”（to future human understanding and wisdom）不谋而合。纽约公共图书馆理念中明确指出要激扬读者和研究者的智慧，[31] 大英图书馆宣布的 2020 年英国国家图书馆愿景（2020 Vision）中的一个愿景便是支持促进社会和经济发展的关键领域的科学研究，并指出为了达到这个愿景，他们将与研究者合作提供定制服务，通过对定制服务的连续性评估及时对服务进行更新与提升。[32] 也就是说图书馆不仅要成为信息提供者，还要成为知识生产者、提供者。

2.4 通过合作促进服务

在信息社会，存在着信息资源的无限增长和单个图书馆的有限收藏处理能力之间的矛盾，以及用户信息需求的无限增长与单个图书馆的有限信息服务能力之间的矛盾，而图书馆间的协同合作是解决上述矛盾的有效途径。

（1）方兴未艾的图书馆服务体系构建

在《国民经济与社会发展第十一个五年规划纲要》和《国家“十一五”时期文

化发展规划纲要》发布后，建立覆盖全社会的公共文化服务体系开展得如火如荼。李长春同志在国家图书馆建馆100周年之际指出，要积极构建覆盖城乡、惠及全民、便捷高效的公共图书馆网络体系，基本形成以国家图书馆为龙头，省、市、县三级图书馆和村镇、社区图书馆阅览室共同组成的图书馆建设体系。[33]

我国在宏观政策的大力支持下，图书馆公共服务体系构建主要表现为：[34]以提高公共图书馆覆盖率的基层图书馆和服务点建设；以形成联系相对紧密、优势互补的图书馆共同体的总分馆体系建设；以形成区域性资源共享机制的区域性服务网络建设，通过这三个层次的建设形成覆盖全社会的图书馆服务网络。此外，图书馆延伸服务、图书馆联盟、农家书屋、乡村图书室等将这个服务网进一步巩固、完善。

图书馆服务体系构建秉承两个理念：包容性与全覆盖。[35]包容性主要体现在公共图书馆服务的平等性和无区别性，不以经济状况、年龄、性别、身体状况、种族宗教等因素排斥任何人。图书馆同仁从理论上对这方面进行了深入探讨，如图书馆权利、图书馆自由、图书馆无障碍服务、弱势群体服务等，这与近年图书馆社会责任、社会包容等的探讨热，都是包容性这一问题的外延。全覆盖是指所有人都能就近便捷地获得图书馆服务，主要体现在地域层面的全覆盖。包容性与全覆盖是相衔接的，通过两者互为重合实现服务人口、服务内容和服务地域的全覆盖，通过两者有效融合保证"每位读者有其书"。

（2）层层深入的社会化合作

图书馆通过与相关社会机构合作，进一步提升图书馆的信息服务能力。《澳大利亚国家图书馆2009—2011年战略目标》强调合作的重要，并指出，与图书馆、文化机构、大学和政府机构合作，通过新的在线发现服务提高数据的可获得性。与其他澳大利亚以及国际上的机构合作（包括国际互联网保存联盟）共同开发软件以支持图书馆资源的管理和信息传递。[36]

在网络技术的渗透力作用下，图书馆与搜索引擎商也开展了合作，以确保从主要的网络搜索引擎链接到图书馆的内容或服务，因为大部分用户已经习惯通过网络检索信息，倾向于将搜索引擎而不是图书馆作为研究工作的起点。2005年斯坦福大学积极响应Google的数字图书馆计划[37]；之后又与其签署了修订后的Google图书搜索协议，该协议较先前达成的图书馆资料数字化协议有所扩充，其目标是通过大幅度提高用户借助Google图书搜索对图书作品的在线访问比例，增强作者和出版者以数字形式分发其作品内容的能力，以更好地为读者和研究人员服务。[38]

国家图书馆于2010年正式加入OCLC的Worldcat资源共享目录，实现了世界文献资源共享。[39]麻省理工学院与国际光学工程学会（SPIE）进行开放获取政策的合作，并与 Hindawi 出版社、Rockefeller 大学出版社、产业与 应用数学协会（SIAM）及加州大学出版社开展了开放获取政策的合作。[40]康奈尔大学图书馆与 Internet Archive 结成合作伙伴关系，以共享数以万计的数字图书。[41]加州大学和 Springer 达成开放获取（出版）试合作协议，支持来自加州大学作者文章的开放获取出版。[42]

3 结语

在悠悠历史长河中，图书馆完成了从藏书阁到信息共享、服务中心的身份转变，经历了从封闭到完全开放的跌宕历程，实现了从服务部分人群到公平为所有公众服务的质的提升。2008 年中国图书馆协会发布的《图书馆服务宣言》旗帜鲜明地指出，“现代图书馆秉承对全社会开放的理念，承担实现和保障公民文化权利、缩小信息数字鸿沟的使命”，确立了对社会普遍开放、平等服务、以人为本的基本原则。[43]《宣言》向世界公众宣布了中国图书馆人对现代图书馆理念的认可与秉承，这也标志着中国图书馆人与世界业内人士共同积极构建现代图书馆理念的决心。

参考文献

[1]周旖. 解读“用户永远都是正确的”. 图书情报知识，2007(1):9-11.
[2]范并思. 现代图书馆理念的艰难重建——写在《图书馆服务宣言》发布之际. 中国图书馆学报，2008(6):6-11.
[3]范并思. 现代图书馆理念的艰难重建——写在《图书馆服务宣言》发布之际. 中国图书馆学报，2008(6):6-11.
[4]The Public Library a living force for popular education(UNESCO 1949). [2010-11-20]. http://www. fundaciongsr. es/documentos/manifiestos/mani49ing. pdf.
[5]公共图书馆宣言(1994). [2010-11-20]. http://archive. ifla. org/VII/s8/unesco/chine. pdf.
[6]王素芳. 国外公共图书馆弱势群体服务研究述评. 中国图书馆学报，2010(5):95-107.
[7] ALA. Library bill of rights. [2010-11-20]. http://ala. org/ala/oif/statementspols/statementsif/library billofrights. pdf.
[8]IFLA. Statement on Libraries and Sustainable Development. [2010-11-18]. http://www. Ifla. org/III/eb/sust2dev02. html.
[9]范并思，胡小菁. 图书馆学教育与现代图书馆理念. 图书情报知识，2008(11):5-9.
[10]公共图书馆宣言(1994). [2010-11-20] http://archive. ifla. org/VII/s8/unesco/chine. pdf.
[11]IFLA 2006—2009 年战略计划. [2010-11-20] http://archive. ifla. org/V/cdoc/IFLA-

StrategicPlan-zh. pdf.
[12]曾丽斌. 美国国会图书馆少年读者中心对外开放——国会图书馆史上首个为年轻人设置的中心. 图书情报工作动态,2009(2):17.
[13]国家图书馆研究院. 国内外图书馆学研究与实践进展(2007—2008). 北京:国家图书馆出版社,2009.
[14]Allan M. Kleiman. Senior Spaces:The Library Place for Baby Boomers, Older Adults & Their Families. [2010 - 11 - 26]. http://archive. ifla. org/IV/ifla74/papers/072-KLeiman-en. pdf.
[15]李农. 英美图书馆的老龄读者服务指南. 图书馆杂志,2007(10):58 - 60c.
[16]日本拟为读书无障碍立法. [2010 - 11 - 06]. http://www. ccdy. cn/2010-04/20/content_421968. htm
[17]玛格丽特 E. S. 弗雷斯特. E-learning to support the development of disability awareness skills : a case study,2008 年世界图书馆信息大会:第 74 届国际图联(IFLA)大会暨理事会,第 80 次小组会议"残障人士图书馆组".
[18]玛格丽特 E. S. 弗雷斯特. E-learning to support the development of disability awareness skills:a case study,2008 年世界图书馆信息大会:第 74 届国际图联(IFLA)大会暨理事会,第 80 次小组会议"残障人士图书馆组".
[19]夏凡,郜向荣. 加拿大图书馆界为残疾人服务之现状及启示. 图书馆建设,2008(3):100 - 101,104.
[20] Public library services for the poor. [2010 - 11 - 23] http://www. ala. org/ala/neWspresscenter/news/pressreleases2010/april2010/poor_pub. cfm.
[21]吴志荣,庄雷. 追求知识的永恒和普及——第 74 届 IFLA 大会见闻及其引发的思考. 图书馆杂志,2009(3):69 - 70,74.
[22]王素芳. 现代图书馆理念的应用与彰显——《城市图书馆新馆建设》读与思. 图书馆建设,2008(3):18 - 21.
[23]阎佳梅. 摩尔图书馆——新一代图书馆构造理念. 图书馆建设,2009(10):79 - 81.
[24]郭育凯. 从"星巴克"看高校图书馆营造"第三空间". 图书馆建设,2009(12):65 - 67,71.
[25]美国图书馆协会(著),杨志刚(译). 图书馆链接社区:公共图书馆的财政资助与公共技术设施服务(2009—2010). 图书情报工作动态,2010(7):7.
[26]吴建中. 2040 年中国图书馆展望. 国家图书馆学刊,2009(3):26 - 29.
[27]NLM launches Facebook Fan Page. [2010 - 11 - 26]. http://www. nlm. nih. gov/news/facebook_ nlm. html.
[28]初景利,吴冬曼. 论图书馆服务的泛在化——以用户为中心重构图书馆服务模式. 图书馆建设,2008(4):62 - 65.
[29]郑永田. 国外泛在图书馆理论与实践研究进展. 图书馆杂志,2007(10):3 - 6.
[30]傅荣贤. 论当代图书馆学研究范式的转变. 大学图书馆学报,2009(1):23 - 29,42.
[31]魏洪钟. 世界著名公共图书馆理念. 图书馆杂志,2007(6):2 - 6.
[32]2020 Vision. [2010 - 11 - 18]. http://www. bl. uk/2020vision.
[33]李长春. 在国家图书馆建馆 100 周年庆祝大会上的讲话. 中国图书馆学报,2009(5):4 - 7.

[34]邱冠华,于良芝,许晓霞.覆盖全社会的公共图书馆服务体系:模式、技术支撑与方案.北京:北京图书馆出版社.

[35]邱冠华,于良芝,许晓霞.覆盖全社会的公共图书馆服务体系:模式、技术支撑与方案.北京:北京图书馆出版社.

[36]Directions 2009—2011.[2010-11-22].http://www.nla.gov.au/library/NLA_Directions_2009-2011.pdf.

[37]有了Google:把斯坦福大学图书馆搬回家.[2010-11-24].http://news.xinhuanet.com/newmedia/2005-01/11/content_2443159.htm.

[38]魏剑(编译),胡婧坤(校对).斯坦福大学签署修订后的Google图书搜索协议.图书情报工作动态,2010(3):16.

[39]国家图书馆通过OCLC实现世界文献资源共享.http://www.nlc.gov.cn/syzt/2010/0820/article_546.htm.

[40]Ellen Duranceau著,魏剑(编译),胡婧坤(校对).SPIE及其它四家出版商确认就开放获取政策与麻省理工学院进行合作.图书情报工作动态,2010(3):8-9.

[41]陈雪飞(编译),庞弘燊(校对).康奈尔大学与Internet Archive结成伙伴关系.图书情报工作动态,2010(3):14.

[42]张红丽.加州大学图书馆和Spring达成开放获取(出版)试合作协议.图书情报工作动态,2009(2):30.

[43]国家图书馆研究院.国内外图书馆学研究与实践进展(2007—2008).北京:国家图书馆出版社,2009.

图书馆作为公共文化空间的价值

肖希明(武汉大学信息管理学院)

20世纪70年代末,兰开斯特曾预言"无纸社会"将要到来。尽管事实已经证明这是一个失败的预言,但由此而引发的"图书馆消亡论"这30多年来从没停息过。2011年新年伊始,《美国高等教育纪元报》发表了艾尔弗莱特大学的指导馆员Brain T. Sullivan撰写的一篇名为《2050年高校图书馆尸检报告》的专题报告,在美国图书馆界继而又在中国图书馆界掀起了一阵不大不小的波澜。国内有学者批这一报告"纯属哗众取宠",[1]笔者也认为,这一报告除使用了一个耸人听闻的标题外,其内容并无多少新意。然而,当我们一次又一次地听到"图书馆消亡论"的时候,我们不能不有所警醒,有所思考。不可否认,随着信息技术的发展,图书馆有不少功能确实在萎缩，或者被替代，但也正是在新的信息环境中，图书馆又有很多新的功能在产生、在扩展、在强化。笔者认为，图书馆作为公共文化空间的价值，就是在新的社会环境中得以凸显的。本文试就此问题进行探讨。

1 公共文化空间：被忽视的图书馆价值理性

公共空间是一个社会学范畴的概念，一般被认为是由公共权力创建并保持的、供所有公众使用和享受的场所和空间。文化空间原本则是指一个具有文化意义或性质的物理空间、场所、地点。[2] 但有学者认为，“文化空间”应是“指一个社会群体的文化现象、文化需求和历史记忆在一定区域的空间表现以及社会成员之间在这个空间文化交往的表达方式”。[3] 因此，文化空间应当具备物理空间、人、文化活动、交往互动等基本要素，它是“体现意义、价值的场所、场景、景观，由场所与意义符号、价值载体共同构成，其关键意旨是形成具有核心象征的文化空间”。[4] 公共文化空间是具有意义阐释与价值生产功能的文化空间在公共性内涵不断加强和体现的过程中所形成的新的空间内容与形式，它不仅强调空间的公共性，而且突出空间的文化性。[5] 公共文化空间包括多种类型，如具有文化展示、传播和交流功能的场馆，具有深厚历史文化积淀的社会生活场所，具有特殊的文化价值代表现代城市风貌的公共场所等。显然，图书馆就是这样的公共文化空间。

图书馆是人类理性的产物，而人们对图书馆的认知，则一直存在着工具理性与价值理性的分野。图书馆工具理性主要是将图书馆作为存储、传播和获取知识信息的工具，带有明显的功利性、实用性。工具理性注重技术在图书馆的运用，寻求通过各种先进的技术设备和手段来提高图书馆的工作效率。如 19 世纪末美国图书馆学泰斗麦维尔·杜威所声称的“不是追求什么理论上的完整体系，而只是从实用的观点来设法解决一个问题”，将这种工具理性发挥得淋漓尽致。与此不同的认识是图书馆价值理性，它主要表现为追求图书馆终极的价值目标，积极寻求通过人性化的服务，来满足人们情感的、伦理的、审美的需求。20 世纪 30 年代美国图书馆学芝加哥学派的代表人物谢拉曾提出的图书馆事业“主要还是一个人文主义事业”的观点，印度图书馆学家阮冈纳赞总结了具有浓厚的人文主义色彩的“图书馆学五定律”，所体现的就是图书馆价值理性。今天，当我们从公共文化空间的角度来理解图书馆的时候，图书馆就不仅仅是人们获取知识信息的工具，而是社会文化运作的一部分。不同职业、不同背景、不同身份的社会公众相聚到图书馆这一公共文化空间，接受文化熏陶，讨论公共话题，分享交流思想，一同休闲娱乐，从而使人们加深理解互信，增强社会的凝聚力，促进社会和谐发展。图书馆的这一功能，所体现的正是图书馆的价值理性。

长期以来,人们对图书馆的认识是向工具理性倾斜的。特别是自 20 世纪 90 年代以来,现代信息技术突飞猛进的发展,并在图书馆广泛而成功地运用,极大地推动了图书馆的发展,同时也使得人们对技术的崇拜达到了狂热的程度,图书馆的工具理性更加膨胀和蔓延,而图书馆的价值理性则被人们忽略了。

然而,问题也接着来了。信息技术发展之迅速完全超乎图书馆人的预料,它对于图书馆的影响已经不是改进,甚至也不是改革,而是颠覆性的!比如,图书馆人一直在试图使人们相信,虽然电子文献已大行其道,但纸质文献更符合人们的阅读习惯,因而不会被取代,但现实的发展却是各种便携式的阅读设备和方便的辅助阅读功能使电子文献的阅读变得比纸质文献更加随意和便利。而且,读者随时可以在线浏览图书或将其下载到便携阅读设备上,可以通过向资源提供商支付费用无限制地获取数字资源,而无须经过图书馆。又如,对信息与知识的组织、描述,一直是图书馆人引以为自豪"本领",并且已经形成了相当成熟的理论与方法体系,然而今天数据库生产商开发出来的各种数据库检索系统,界面友好,便捷易用,服务人性化,使图书馆在这方面的优势相形见绌。更不必说,随着网络的发展,信息的传递早已突破了时空的局限,人们足不出户,就可以获得来自全球的信息,图书馆再也不是人们获取知识信息必不可少的渠道。这一切似乎都说明,作为"工具"的图书馆确实正在被边缘化,图书馆的功能被取代也并非危言耸听。

但现实又并非如此。正是在"图书馆消亡论"的喧嚣声中,物理形态的图书馆不但没有消亡,反而近年来出现了新馆建设的高潮。君不见,在世界很多国家,在中国大地,一座座宏伟大气、设施先进、功能完善的图书馆拔地而起。在高校,校园里最漂亮的建筑物的图书馆,在城市,新建的公共图书馆成为新的地标,排着长队进图书馆成为许多公共图书馆和高校图书馆一道亮丽的风景。

是什么原因使得在一些人看来即将"消亡"的图书馆仍然有如此的生机?笔者认为,正是作为公共文化空间的图书馆所彰显的价值理性,使图书馆不但没有被取代,反而成为当今社会不可或缺的组成部分。美国公共图书馆协会会长萨里·费德曼认为,在当代美国的社会网络中,可能没有一个比公共图书馆更能体现美国生活方式和价值体系的机构了。目前,美国有 9000 多个公共图书馆系统,大约有16 500座公共图书馆,68% 的美国人拥有读者证,每年大约有 14 亿人次到馆访问。"实际上,数字环境和社会网络的兴起,已经为图书馆界带来了新的生命力"。[6]

2 当今社会需要作为公共文化空间的图书馆

根据切雷斯·施耐德等学者的公共空间理论,公共空间包括物理的、社会的、精神的公共空间等几个层次。公共文化空间从本质上讲是一个社会空间和精神空间,然而,社会的、精神的活动往往需要有一个物理空间作为活动的平台和载体,因此,公共文化空间是物理、社会、精神三种空间成分的结合体。人们就是借助这样一个“真实”的公共场域开展交流与互动,满足自己的精神和文化的需求。人们为什么需要这样的公共文化空间呢?很简单,没有人与人在空间上的接触,就不可能发生社会互动。安东尼·吉登斯在其结构化理论中反复强调“共同在场”对于社会结构的重要性,因为“共同在场”使日常接触成为可能,而这是社会存在的基础。[7]从心理层面来说,人际互动可以为人们带来商量、依赖、爱、友情、赞美、认可等精神层面的满足感;从物质层面来说,社会互动也是创造经济机会、扩大社会协作面、传播人类文明成果的基本前提。

现代科学技术的迅速发展,不仅带来了人类社会物质财富的极大增长,而且为人们提供了丰富多彩的精神文化生活。无远弗届的网络,不仅为人们获取知识信息提供了极大的便利,而且也带来了人们社会交往范围和方式的根本变化。然而,这一切并没有改变,甚至没有淡化人们在公共空间互动和交流的心理需求。否则,我们就无法解释为什么今天大多数都市家庭已经拥有高级的音响设备,完全可以在家里欣赏世界名曲,可还是有那么多人愿意购买价格不菲的门票,去音乐厅欣赏世界知名乐团的演奏。因为在音乐厅这一公共空间,听众与演奏员、听众与听众之间有一种心灵的交流,那种感受,不到这个“场所”是无法体验的。同样的情况还有足球场、影剧院等。特别值得注意的是,许多调查研究表明,在科技日新月异、经济快速发展、财富日益增长的当今社会,人们的幸福感并没有同步提升。精神焦虑、心理失衡,使得千百万都市人更加渴望理解,渴望沟通,渴望交流,渴望真情,因而公共文化空间成为许多人向往的精神家园,也是一个健康社会自我整合、自我完善、自我提升的机制,构筑一个健康的公共文化空间是人类社会文明进步的标志。

图书馆就是这样一个公共文化空间,是由公共权力创建并维持,为所有社会公众提供公共文化服务的场所。根据国际图联/联合国教科文组织 1994 年发布的《公共图书馆宣言》,公共图书馆服务的核心应该与信息、扫盲、教育和文化密切相关,其主要使命为:尽早培育并加强儿童的阅读习惯;支持各级正规教育与个人自学教育;提高个人创造力的发展机会;加强文化遗产保护意识;提高对艺术、科技成就与创新的鉴赏力;为公众提供各种文化艺术表演展示的机会;促进不同文化的对话,促进文化的多样性;促进信息的发展和计算机应用能力的提高等。可见,图书馆并非单纯是借阅图书或获取知识信息的地方,而是满足人们学习、娱乐、休闲、交流、沟通等多种需求的公共空间。美国的公共图书馆在美国人的生活中,尤其是在社区文化中,有着非常重要的地位。公共图书馆是社区中最重要的免费公共文化生活空间，除了借阅图书以外，图书馆还举办各种讲座、展览、聚会及社交活动，是社区的文化活动中心和信息中心。[8]由此可见，图书馆通过向社会公众提供舒适温馨的环境、丰富多样的资源、充满人文关怀的服务，从深层次上促进了公众的沟通交流，加深了社会人群的理解互信，增加社会的凝聚力、亲和力，从而促进社会和谐发展。因此，当今社会对作为公共文化空间的图书馆的需要是毫无疑义的。

3 作为公共文化空间图书馆的文化特质

公共文化空间可以分为不同的类型。有公益性的，如博物馆、图书馆、美术馆等；有教育性的，如学校、科技馆、历史纪念场所等；有商业性的，如书店、影剧院、歌舞厅等；有休闲性的，如主题公园、茶馆、咖啡馆等。不同的公共文化空间的性质、职能，形成了不同的公共文化精神。图书馆作为一种特定的公共文化空间，其文化特质体现为：

3.1 平等性

平等性是作为公共文化空间图书馆文化精神的第一要义。平等地获取知识信息是现代社会公民的基本文化权利，也是现代图书馆核心价值的根本体现。图书馆的平等性主要体现在利用图书馆空间和设施的平等性，使用图书馆文化信息资源的平等性，享受图书馆服务的平等性。平等性意味着进入图书馆的人没有职业、身份、种族、信仰以及身体健全与否的限制，这里没有歧视、没有等级、没有压抑，所有读者都能充分享受到平等的权利，每个人都能在平等、自由的氛围中学习知识，获取信息，愉快地参加图书馆的各种活动。平等性虽然是现代民主社会对各种公共空间的要求，但图书馆所体现的平等性是最为彻底的。

3.2 公益性

图书馆是政府利用公共财政兴办的公共文化服务机构，是国家为保障公民的基本文化权益、满足公民的基本文化需求、提高公民文化素质、优化社会生存与发展的文化环境所作的制度安排。因此，公益性是作为公共文化空间的图书馆最基本最原始的特征。自19世纪中叶以来，免费服务就一直是公共图书馆的基本原则，也是世界公共图书馆的共识。今天，我国的公共图书馆事业已经进入了一个普遍均等服务的时代，而“普遍均等”的真正实现，必须以公益性为前提，实行免费开放，使所有公众都能享受图书馆的资源与服务，而不会因经济贫困而被拒之门外，从而实现基本公共文化服务的均等化。在今天市场经济已经成为社会经济运作的基本模式，几乎所有服务都成为商品的情况下，图书馆是坚持公益性原则的典范，它为社会所有成员提供免费服务，真正成为广大社会公众所共享的公共文化空间。

3.3 开放性

图书馆的开放性，首先表现为图书馆空间的开放性，任何社会成员都可以成为图书馆的读者，可以自由地进入图书馆，既不需要查验证件，也没有身份限制。其次表现为资源利用的开放性。知识自由是图书馆奉行的普世价值，读者拥有自由选择文献资料、自由阅读、自由沟通与交流、自由获取知识信息的权利，这种权利不应该受到政治、宗教、意识形态的干扰。第三表现为议题的开放性。公共空间这一概念出自西方，原本用于解释西方在由封建社会向资本主义社会演进过程中出现的民主制度的社会空间形态，资产阶级集中在咖啡馆、广场、会议厅、图书馆、沙龙等公共场所，讨论国家事务，从文学到经济到政治，由个体集合在一起形成公众话语权，其自由的言说与对话具有批判的功能和色彩，形成现代意义上的公共空间。[9]因此，图书馆作为人们日常交往的平台，在这里人们自由地交流思想，发布信息，谈论自己感兴趣的话题，包括重大社会问题、日常民生问题、文化现象等，展开各种文化思想的对话与碰撞，促进知识、文化、信息的传播和发展。这种开放性也是图书馆这一公共文化空间的明显特征。

3.4 人文性

其实，各种公共文化空间都具有人文性，但图书馆的人文性更具有自己的特色。比如，它为读者提供的个性化服务、为不同的弱势群体提供的专门化服务、它的流动图书车和送书上门服务、它建立在城市街头的“24 小时图书自助借还书系统”等，较之于其他的公共文化机构更显得温馨，更富有人文关怀。图书馆十分注意读者的参与和与读者的互动，无论是借还书刊、参考咨询、读者培训、专题讲座，都有读者与馆员或主讲人、读者与读者的互动与交流，读者不仅可以参与图书馆组织的活动，而且可以参与图书馆的管理。这些都是在其他公共文化空间难以见到的人文特色。

4 充分发挥图书馆作为公共文化空间的功能

人们从不同的角度来认识图书馆，图书馆发挥的功能是不一样的。当我们将图书馆主要是作为获取知识和信息的工具的时候，突出的是图书馆教育功能、情报功能，这些功能主要通过借阅书刊、参考咨询、检索服务等方式来实现，全面、准确、方便、快捷是它追求的目标。如前所述,图书馆的这些功能以及服务方式正面临着前所未有的挑战。当然,即使我们将认识图书馆的视角转向公共文化空间,我们也不应弱化这些功能,而是要改进和完善这些服务的内容和形式,让它能够更好地适应图书馆作为公共文化空间服务的要求。问题是,作为公共文化空间的图书馆,必须拓展其传统的功能,延伸传统的服务内容和形式。

4.1 重视图书馆作为“场所”的作用

在公共文化空间这个概念中,“公共”表明“空间”的属性,“文化”则需要依托于“空间”这个载体。这是一个物理形态的“空间”,亦即“场所”。近几十年来,多少人曾预言图书馆这个“场所”将要消失而走向“虚拟化”,但这个“场所”的人气却越来越旺,越来越多的人认为这种场所不是多了,而是太少了。人们需要借助这个场所寻找那些比网络更为可靠的、权威的、严肃的知识和信息,需要置身于这个场所安宁平静而又充满书卷气的氛围进行学习和思考,需要通过这个文明高雅的场所与志趣相同的友人进行沟通和交流,需要在这个宁静轻松的环境中休闲娱乐、放松心情。因此,图书馆作为公共文化空间必须十分重视“场所”的建设。图书馆的建筑和设备要先进、方便、适用、美观,体现人文关怀;图书馆的环境要体现出宽松、开放、温馨、亲切,富含文化意蕴,充满灵秀之气;图书馆的资源要数量丰富、质量优良、结构合理、方便实用;图书馆的工作人员要提供热情周到和富有知识含量的服务。只有这样,图书馆这个“场所”才有长久的吸引力。

4.2 重视开展各种读者活动

目前,公共图书馆、高校图书馆都注意组织不同形式的读者活动。但“迄今为止,国内大多数公共图书馆仍然将传统服务看做是图书馆的‘主业’,读者活动是‘副业’”,[10]这种观念显然是陈旧了。必须看到的是,在作为公共文化空间的图书馆,那些被忽视的“副业”常常走到了前台,唱起了主角。如美国一个普普通通的小镇图书馆,全年的读者活动高达3000多次,说明了在美国的公共图书馆,读者活动已成为一项主流服务。[11]结合我国公共图书馆的情况,一般认为,以下读者活动在发挥图书馆作为公共文化空间的功能方面有较好的效果。

(1)举办公益性讲座。这种针对各类公共话题、公共事务的专题讲座,一般聘请各行各业专家、文化名人主讲。但这种讲座无论是学术性的,还是知识性的,都不只是单向的信息和知识传播,听众也不只是单纯的受众和受教育的对象,而是作为讲座话题的参与者,参与对公共领域中各类话题、各种知识的自由探讨、交流,在互动中传播信息、交流思想,接受教育,因此这类讲座是体现图书馆的公共文化空间功能的重要形式。

(2)开展读者培训。图书馆可以向社会公众免费提供各类培训,包括图书馆利用技能的培训,如信息检索、阅读指导等,也包括诸如电脑、网络的使用知识的培训,还可以包括为弱势群体开办的诸如法律维权、生产技能等方面的培训。由于培训也需要面对面的交流,读者与图书馆员之间、读者与读者之间可以相互交流新知识、新技术,因此也能很好地发挥图书馆作为公共文化空间的功能。

(3)搭建交流平台。利用图书馆的各种设施条件,组织读者沙龙、论坛,设立读者共享空间,为读者提供自由交流空间,读者可以在这里品茗、谈天、自由交流,让图书馆成为社会公众理想的交流沟通的公共空间。

(4)举办书评活动。图书馆可以通过举办专题读者报告会,请专家评介图书、组织读者评论图书、组织作者与读者见面对话,或者图书馆要与出版社、书商沟通,定期推荐图书,通过这些活动促进全民阅读,引领大众阅读的方向。

(5)办好文化休闲。文化休闲形式多样,如举办绘画展、摄影展、书法展、各种专题的文化艺术展、专题馆藏展、专题音乐会等。这些活动既有文化内涵又兼顾公众欣赏水平,公众在领略艺术的同时又愉悦身心,作为公共文化空间的图书馆在文化休闲方面的功能不应忽视。

4.3 重视新技术在服务中应用

本文反对盲目信奉图书馆工具理性而忽视图书馆价值理性的倾向,但丝毫不意味着对新技术的冷漠和抵制。相反,笔者认为,在现代科学技术如此深刻地改变着人类社会生产、生活和社会组织方式,深刻地改变着图书馆业态的今天,忽视和抵制新技术的应用,无疑是十分愚蠢的。问题是,我们要如何让新技术这个“工具”,服从于图书馆终极的价值目标,运用新技术来提高服务的水平和质量,去满足人们精神的、伦理的、审美的需求。为此,图书馆应该积极应用先进的信息技术打造一个全新的公共文化空间,提升自己的服务能力。在数字化信息资源建设、智能化信息检索、网络化管理系统建设等方面不断取得新的进展,使服务更加人性化,从而使作为公共文化空间的图书馆真正成为当代人们的精神家园。

参考文献

[1]程焕文.《大学图书馆尸检报告》纯属哗众取宠.(2011-01-01)[2011-01-10]. http://blog.sina.com.cn/s/blog4978019f01017b00.html.

[2]向云驹.论“文化空间”.中央民族大学学报(哲学社会科学版),2008,35(3):81-88.

[3]王少峰.公共政策与文化空间.见:金宏图,等.传统节日与文化空间:“东岳论坛”国际学术研讨会专辑.北京:学苑出版社,2007:116-117.

[4]关昕.文化空间:节日与社会生活的公共性国际学术研讨会综述.民俗研究,2007(2):265-272.

[5]王玲.基于公共文化空间视角的上海市博物馆发展研究.上海:复旦大学,2010:50.
[6]潘启雯,赵波.公共图书馆是否会被互联网替代.中国社会科学报,2009-11-26:1.
[7]叶涯剑.城市空间的社会意义.中国房地产报,2006-09-04:30.
[8]任一鸣.公共文化空间:美国波士顿、剑桥公共图书馆个案研究.见:叶辛.2006—2007年上海文化发展报告.北京:社会科学文献出版社,2007:219.
[9]王晓敏.文化公共空间——公共图书馆的核心价值之一.图书馆工作与研究,2009(8):3-6.
[10]李超平.重要的是转变服务观念.图书馆研究与工作,2011(2):5-7.

我国图书馆核心竞争力研究论文定量分析

胡一樱　虞智明(浙江省绍兴县图书馆)

在经济全球化愈演愈烈的环境中,我国信息服务领域不断地向国内外扩展,市场竞争愈加激烈,图书馆要想在这种环境中保持优势,就必须发挥其独特的核心竞争力。本文通过对我国图书馆核心竞争力研究论文的定量分析,以期揭示其现状,得到一些启示。

1　研究方法

本文的数据均来自CNKI《中国期刊全文数据库》,在论文统计中,以“篇名”为检索项,以“图书馆 * 核心竞争力”为检索词,模糊查找所有期刊,时间设定为2000—2010年,检索时间为2010年12月18日,得到相关论文260篇,除去一稿多投和系统重复载文,实际获得论文226篇。运用文献计量学的方法对这些论文进行整理分析和归纳。

2　统计结果分析

2.1　年代分析

某一时期的文献量,在一定意义上代表了这一时期该学科的研究水平和发展程度。2000—2010年相关的图书馆核心竞争力研究论文的年份分布见图1,从图1我们可以看出图书馆核心竞争力的研究始于2000年,当时发表的论文较少,截止到2001年的两年间，仅为2篇；到2002年得到初步发展，从2002—2004年，共发表论文10篇；从2005年开始，对于图书馆核心竞争力的研究得到了快速发展，2005—2010年共发表论文248篇，占发文量的95.38%。这说明图书馆核心竞争力已经得到了图书馆界的重视，图书馆核心竞争力已经成为业界的热点。

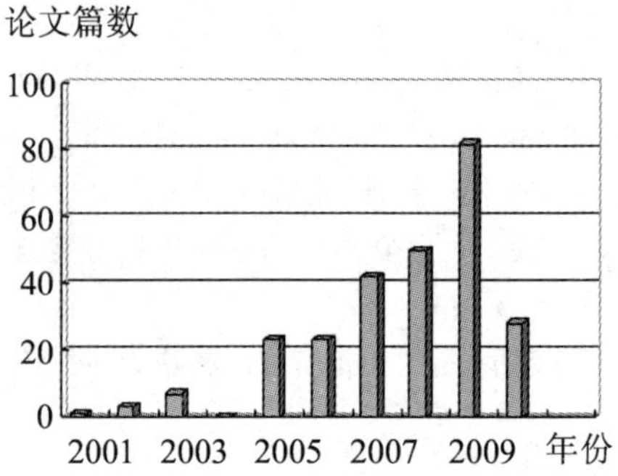

图1　图书馆核心竞争力论文的年份分布图

2.2　期刊分析

对图书馆核心竞争力研究论文所在期刊的分析，可以了解相关论文在期刊中的分布规律，指导读者重点阅读和研究。图书馆核心竞争力研究论文的期刊分布，见表1。

表1　图书馆核心竞争力论文的期刊分布表

序号	刊　名	载文量	累计载文量	累计百分比
1	科技情报开发与经济	34	34	15.04
2	现代情报	14	48	21.24
3	图书馆学刊	11	59	26.11
4	农业图书情报学刊	8	67	29.65
5	科技信息	8	75	33.19
6	图书馆理论与实践	7	82	36.28
7	图书馆工作与研究	7	89	39.38
8	图书馆	6	95	42.04
9	图书馆论坛	6	101	44.69
10	医学信息	6	107	47.35
11	图书馆研究与工作	6	113	50.00
12	图书馆建设	5	118	52.44
13	图书馆杂志	5	123	54.42
14	情报资料工作	5	128	56.64
15	江西图书馆学刊	4	132	58.41
16	图书馆学研究	4	136	60.18

续表

序号	刊　名	载文量	累计载文量	累计百分比
17	高校图书馆工作	4	140	61.95
18	河南图书馆学刊	4	144	63.72
19	大学图书馆情报学刊	3	147	65.04
20	情报科学	3	150	66.37
21	图书情报工作	3	153	67.70
22	黑龙江科技信息	3	156	69.03
23	晋图学刊	3	159	70.35
24	图书与情报	3	162	71.68
25	新世纪图书馆	2	164	72.57
26	情报杂志	2	166	73.45
27	图书情报知识	2	168	74.34
28	中华医学图书情报杂志	2	170	75.22
29	医学信息学杂志	2	172	76.11
30	哈尔滨市委党校学报	2	174	76.99
31	图书馆界	2	176	77.88
32—81	其他 50 种期刊	50	226	100

从表 1 不难看出，载文 2 篇以上的期刊共有 31 种，载文量 176 篇，占总载文量的 77.88%。载文量最大的为《科技情报开发与经济》，共载文 34 篇，还有其他 50 种期刊，每种仅载文 1 篇。从整体来看，有 71.68% 的论文集中来自 24 种期刊，占全部期刊的 29.63%；而 28.32% 的论文则来自其他的 50 种期刊，占期刊总数的 60.37%。这说明此类论文在期刊中的分布具有明显的集中性和分散性。

2.3　作者分析

通过对发文作者分析，可以了解图书馆核心竞争力研究领域的核心作者和该领域的核心作者群，以及核心的机构分布和地区分布，体现了其关注度和研究方向，为读者了解图书馆核心竞争力研究的现状与未来发展提供依据。

(1)作者发文量分析

表 2 列出的都是独立做出或参与做出 2 篇或 2 篇以上该研究领域论文的作者，这说明这些作者比较注重对该领域的研究，且此研究一直都在持续着，并不断地深入，这对该领域未来研究的发展具有很大的影响力。

表 2　作者发文量及其单位

作　　者	发文量	单　　位
龙军	4	桂林理工大学图书馆
朱国萍	3	德州学院图书馆
李严	2	湖南工业大学图书馆
鲁秀红	2	潍坊学院图书馆
孟凡红	2	中国中医科学院中医药信息研究所
殷利艳	2	唐山师范学院图书馆
庄珍珠	2	泉州师范学院图书馆
赵东	2	中国国家博物馆图书资料部
彭燕	2	吉首大学图书馆
徐晰萍	2	甘肃行政学院图书馆
陈玉荣	2	湖北工业大学图书馆
刘莉	2	黑龙江省图书馆
刘宁	2	天津城市建设学院图书馆
王知津	2	南开大学商学院
何咏梅	2	中共郴州市委党校图书馆
赖辉荣	2	集美大学图书馆
杨冰	2	浙江财经学院文献信息研究所
杨广锋	2	中国科学院国家科学图书馆

在这226篇论文中，共有作者286人。发表2篇以上(包括2篇)的作者有18人，占作者总人数的6.29%，而这些作者发表的论文共有39篇，占论文总数的17.26%。可见，专注于此研究领域的学者并不多，在余下的93.71%的作者中，有一部分是为了追求热点而选择了该论题，还有一部分作者可能是因为刚刚涉足该研究领域，对该领域的研究还有待于继续深入和拓展。

(2)作者合作分析

图书馆核心竞争力研究论文的作者合作分析见表3。从表3中可以看出，在226篇论文中，有175篇是由独立作者完成的，占发文总量的77.43%，有2个作者合作完成的论文有38篇，占总发文量的16.81%，有3个作者合作完成的论文有11篇，占总发文量的4.87%，有4个及以上作者合作完成的论文有2篇，占总发文量的0.88%，合作率为22.57%。可见，学者对于我国图书馆核心竞争力的研究缺乏合作性，很多学者都是在独立研究该领域的各种问题，而忽视了合作可以使问题从不同的角度加以研究，或者通过探讨可以使问题研究得更加深入透彻。

表3　作者合作分析

作者人数	1	2	3	4	合计	合著率(%)
发文量(篇)	175	38	11	2	226	22.57

(3)作者地区分布(按第一作者统计)

将各省(市)的发文量逐一进行统计，发文10篇以上的有7个省，见表4，分别是山东、湖南、江苏、广东、湖北、河南和河北，共发文90篇，占总发文量的39.82%。其中发文量最多的省是山东省，共发表论文18篇。这说明，山东、湖南、江苏、广东、湖北、河南和河北在我国图书馆核心竞争力研究方面取得了较大的成就，关于图书馆核心竞争力的研究领域在这些省(市)已经成为了热点领域；而相比较而言，西藏等地区相关论文发文量为零，也就是说，这些地区在该领域的研究仍是空白，亟须相关学者对该领域加以拓展研究。

表4　作者的主要地区分布

省　份	发文篇数	比例(%)
山东	18	7.96
湖南	14	6.19
江苏	13	5.75
广东	13	5.75
湖北	11	4.87
河南	11	4.87
河北	10	4.42

(4)作者发文机构分析

按照作者机构发文量的降序排列，得出表5。由表5可知，发文在3篇以上的机构一共有6个，其中有3个来自高校院系，2个来自高校图书馆。这一数据表明，图书馆核心竞争力研究的主力还是来自于大学院校或大学图书馆，他们对于该领域的研究和拓展的贡献无疑是最大的。

表5　作者发文机构分析

机构名称	发文量
德州学院	5
桂林理工大学图书馆	4
湖北工业大学	4
西北第二民族学院图书馆	3
中国科技大学	3
中科院国家科学图书馆	3

另外,我们还把作者的发文机构进行了进一步的统计,得出发文量最多的是高校图书馆,共发文144篇,占总量的63.72%;排在第二位的是高校院系,共发文55篇,占总量的24.34%;再有就是来自公共图书馆的10篇和来自其他的17篇,共占总发文量的11.94%。由此可见,高校是我国图书馆核心竞争力研究的主要阵地(见图2)。

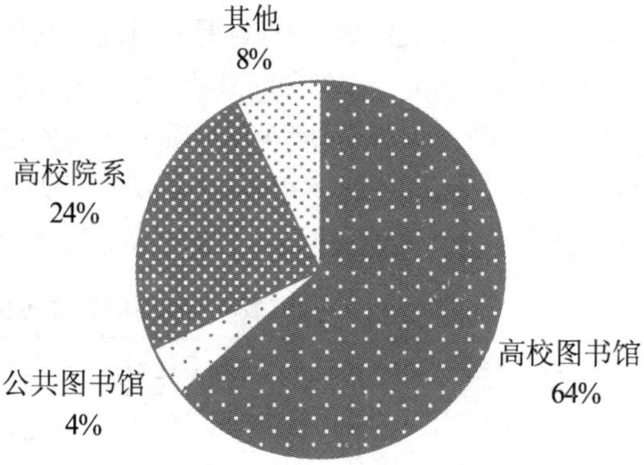

图2　作者机构发文量分析

2.4　关键词分析

关键词是一篇文章的核心内容的浓缩和体现,它是文章的灵魂。通过对关键词的阅读,读者可以对文章内容有个整体的了解,通过对关键词的分析,读者还可以进一步了解到该领域内研究的重点和热点问题。

我们通过对现有的226篇论文统计得出,有221篇标明了关键词,共有关键词765个,除去对此次分析出现频率较高且意义不大的词,诸如“图书馆”,其他出现频率较高的关键词见表6。

表6　排列前2位的关键词

排名	关键词	频率
1	核心竞争力	213
2	创新	22

核心竞争力(Core Competence)亦称核心能力,于1990年由加里·哈默尔(Gary Hamel)与普拉哈拉德(C. K. Prahalad)在《The Core Competence of the Corporation》一书中首次提到,其定义为“在一个组织内部经过整合了的知识和技能,尤其指关于怎样协调多种生产技能和整合不同技术的知识和技能”。图书馆的核心竞争力以图书馆的技术能力为核心,通过战略决策、文献资料组织与建设、提供优质特色服务、信息产品开发、人力资源开发以及组织管理等的整合,或通过其中某一要素的效用凸显而使图书馆获得持续竞争优势的能力。学界对其的定义大致可以概括为“图书馆作为一种社会机构、体制、行业所具备的核心能力,这一核心能力在社会中具有独特优势,能维持图书馆存在与发展,是不容易被外界所掌控的能力,是与其他信息机构竞争中应有的核心能力”。

“创新”有三层含义:第一,更新;第二,创造新的东西;第三,改变。一个民族的进步就是需要创新,它是这个时代永恒的话题。改革需要创新,科技需要创新,知识需要创新,服务需要创新,图书馆事业也需要创新。图书馆需要有创新的理念、创新的管理、创新的服务,才能在外界竞争力越来越大的今天站稳脚跟。

3 启示和建议

3.1 加强合作,共同探讨

目前,我国图书馆核心竞争力的研究尚处在发展阶段,多数作者以独立思考为主,缺乏合作性,共同探讨该领域问题的意识有待加强。各刊物上应开辟类似的论坛,或开设研讨会等形式,促进作者之间的交流与沟通,以增进该领域研究的进一步拓展和深入。

3.2 平衡地区间的差异

作者的地区分布存在差异性。西藏等边远地区的发文量为零,这说明这些地区对图书馆核心竞争力的研究较其他地区而言是落后的,也从另一个角度反映了该地区图书馆事业的不发达,这与我国蒸蒸日上的图书馆事业是极其不适应的。国家应加大对这些不发达地区图书馆事业的扶持力度,平衡边远地区与其他地区的图书馆事业的发展水平,促进这些地区图书馆事业的发展。

3.3 拓展图书馆核心竞争力的研究领域

目前我国图书馆核心竞争力的研究领域主要是从服务、信息资源、人力资源等方面来加以研究,理论研究虽然充足,但缺乏实证性。笔者认为应将实证性融入理论研究当中,用实例来证实理论的真实性和可靠性。应进一步拓展图书馆核心竞争力的研究领域，把服务、信息资源、人力资源以外的主题添加进去，融入创新的理念，使该领域的研究更加全面、深入、透彻。

3.4 在实际工作中体现核心竞争力

各种理论研究最终都是为实践而服务的。对于图书馆核心竞争力的研究成果，我们也应该让它为图书馆事业服务，为读者服务。我们应加强对图书馆的宣传力度，提高图书馆各界对图书馆核心竞争力的了解，提升学科馆员的自身素养，做好信息资源的创新和管理工作，以更好的服务满足于广大读者的求知需求。

参考文献

[1]赵娜. 基于图书馆员专业化的图书馆核心竞争力探讨. 图书馆建设,2010(4):36－41.
[2]张新兴,谈大军. 我国图书馆核心竞争力研究综述. 图书馆论坛,2008(3):18.
[3]鞠兰萍. 我国图书馆核心价值研究论文定量分析. 新世纪图书馆,2010(3):32－35.

从图书馆本质、法学视角解读图书馆社会责任

白君礼(西北农林科技大学图书馆)

我国图书馆社会责任(Library Social Responsibility,简称 LSR)研究刚刚开始，整体上对 LSR 认知不很清晰，[1]始终未解决什么是和为什么需要研究 LSR 问题，[2]争论很多。[3-4]许多同仁将 LSR 与图书馆的责任、图书馆功能相混淆，[5-8]将 LSR 看成是图书馆必须完成的本职工作，研究深度和广度不够，简单移植企业社会责任或国外研究经验，缺少本土体系研究。故 LSR 仍需要继续研究。本文拟从图书馆本质、法学角度对 LSR 的基本问题进行初步探讨，以期推动 LSR 的深入研究。

1 LSR 概念体系研究

1.1 LSR 要素

LSR 是一个体系，从过程来看，LSR 包括三个要素：①认知，图书馆思考的是与其利益相关者和更加广泛的世界之间的组织关系，以及与关键关系方开展具体活动的理性认识。主要是图书馆想什么，包括身份导向、合法性和正当性；②释

义,图书馆如何解释其参与这些具体活动的动机,以及如何与利益相关者分享这些动机,主要是图书馆说什么。包括解释性(图书馆根据自己宗旨和自己所处的社会环境,对社会需求和各种冲突等发出的总体反映)、透明度;③行为,图书馆所采取的行为方式,以及向利益相关者作出的承诺和展示的战略一致性或不一致性。主要是图书馆干什么,包括态度、LSR 行为与图书馆战略的一致性、承诺等。[9]

1.2 LSR 内涵研究

刘兹恒,朱荀认为:作为社会组成部分的图书馆在社会中需要承担的有助于解决关乎人类未来可持续发展的一系列“非图书馆问题”。[1]

范并思先生认为:它主要指一些传统图书馆服务之外的“分外之事”。[2]

于良芝先生认为:图书馆的社会责任包括图书馆对自身行为的社会效果的责任和图书馆通过自己的活动积极影响社会问题的责任。[10]

蒋永福,佟馨认为:①图书馆是制度性公益组织;②LSR 属于组织的社会责任范畴;③LSR 是一种义务性责任;④LSR 包含消极责任和积极责任内容;⑤LSR 是不做可能带来“负外部性”和做可能带来“正外部性”结果的行为的义务。[3]

宋显彪认为:LSR 是面向整个社会,顺应时代和社会的发展,图书馆分内应当完成的工作。[8]

笔者认为:

(1)不同的社会文化背景和制度安排下,个人和图书馆对 LSR 有着不同的概念认同和维度分类这是可以理解的。但我们应追求一种公认的科学概念,探讨 LSR 本质。虽然对 LSR 概念及性质争论较多,但真正反对 LSR 的却很少。

(2)于良芝先生的认识与 IFLA 和 ALA 基本一致,她从 LSR 内涵下定义,但没有指出 LSR 本质。文献[1-2]都只着眼 LSR 外延,且过于宽泛。

(3)LSR 核心是图书馆的社会属性,图书馆服务属性生来具有,但其社会性却是后天培育而形成的。图书馆是集信息服务和社会服务功能于一体的机构和制度安排。它在谋求图书馆利益的同时,对保护和增加整个社会所承担的义务,不仅影响他人,还可能影响中国社会系统。图书馆作为继承和传播人类文化的承担者,需要确立与新时代相适应的社会主体性。LSR 既是一种图书馆治理理念、一种制度安排,更是一种实践。它们之间有一定的内在逻辑关系,图书馆社会性——社会规范指导——治理理念——制度设计——自觉履行 LSR 实践。社会属性是 LSR 理论的基础和前提。判断图书馆是否尽到 LSR,有两个标准,一是图书馆机体能够健康的生存和发展,二是图书馆在信息传递或知识生产过程的行为为社会创造了价值。图书馆行为是否具有社会性,衡量标准是行为动机,而不是行为本身,若该动机是以社会服务为目的,那基于此的图书馆行为就具备了社会责任性。反之,亦然。图书馆的社会属性深层次涉及图书馆是什么、它为什么会存在、其本质是什么等问题。这里只强调理解图书馆本质应坚持社会价值视角的内在逻辑。图书馆之所以产生、存在是因为它能够为社会有效地创造价值。图书馆生存不只是为了自身的可持续发展,为他人、为社会创造价值才是图书馆生存根本之道。图书馆的价值从两个方面表现出来,一是依附着对象(社会),使社会获得更多的财富或福利;二是图书馆的价值与图书馆这一主体相联系,使图书馆这一主体收到良好的社会评价,促进图书馆的可持续发展。

(4)文献的论述有如下局限或不足,一是将 LSR 按"社会"+"责任"="社会责任"的认识模式进行的,实际上,LSR 是一个专有名词,[11]不能拆分。更大的问题是对"社会"一词的认识有误。社会有两层含义,一是指有一定的经济基础和上层建筑构成的整体,即通常所说的社会形态;二是指由共同物质条件而相互联系起来的人群。图书馆所讲的社会是指前者,所讲的社会性是指它作为人创造的社会机构,在其发展过程中能体现出不同的社会形态的特点。[12]它不同于经济学、管理学、社会学上"社会"一词的涵义。社会学上所讲的社会是在一个相对固定的地域范围内世世代代共同生存与活动的或大或小的人群的总称。这一定义是从个体层面上来界定的,它包括如下几层意思:①由一群人组成;②人群之间存在种种社会规定的关系;③按着社会规范发生交互行为,分工合作地进行必要的生产和其他活动;④有一个自然环境。[13]宋显彪移植了经济学、管理学上对企业社会责任的概念,在前提上出现了差错。这导致许多人混淆了图书馆责任和 LSR 边界,把属于图书馆责任的内容归于 LSR,无限扩大了 LSR 范围,表 1 分析了图书馆责任与图书馆社会责任的异同点。实际上,LSR 是图书馆对体现自己社会的价值,不应该包括所谓的"分内责任",故文献[14]对 LSR 的认识也是不正确的。二是对"分内应做的事"有两种不同的理解,一种是作为一个机构(组织)面向自己这个社会团体(图书馆)应做的事。显然,宋显彪是按照这种方式理解的,并将其理解为图书馆的职能;另一种是将"分内应做的事"中的"分"理解成角色。图书馆依据各种社会规范,要求图书馆人负担与自己的社会角色相适应的行为。这种理解是正确的。这是一种广义的理解。三是文献[8]认为"提供优质的信息资源"是图书社会责任的一个重要内容。阮冈纳赞认为:图书馆的职责集中在选书、挑选工作人员两个方面,[15]宋显彪所述实际上是图书馆为完成自己职能而尽的义务,是图书馆的基本职能,而不是 LSR;同样,他所提到的"开展继续教育,致力于构建学习型社会的工作"等三点均是图书馆的社会职能和使命。[8] LSR 与图书馆社会使命的区别,已有详细的论述,[16]在此不再繁述。因而,文献[8]出现了第二部分和第三部分结构上存在着逻辑矛盾的问题。虽然,英美等国所讲的 LSR,

我们不能照搬照抄,但我国图书馆界与他们所讲的精神应该是一致的,有些也适应我国,如环境保护、节约能源等,但第三部分论述的是图书馆职责,与第二部分没有内在逻辑联系,实质是将图书馆的职责与 LSR 相混淆。

表 1　图书馆责任与图书馆社会责任的异同点

	图书馆责任	图书馆社会责任
对象	读者、馆员、国家	利益相关者
受益人	国家、图书馆、读者、馆员	利益相关者
性质	作为一个社会机构必须尽相应的责任或义务	法律责任是底线
目的	促进图书馆更好地发展,实现可持续发展	帮助图书馆确立自己的价值、道德、治理
范围	包括分内和分外;它比 LSR 范围要广得多	分外之事
共同点	都强调通过图书馆尽责,体现自己的价值	

(5)LSR 中所讲的"责任"并非仅指违反法定义务所应承担的惩罚或不利后果,而是体现着图书馆作为社会期望的回应,是对一个良好社会公民促进社会福利的本分回应,反映了图书馆追求长远发展以及与社会和谐的价值回归,强调图书馆积极价值。图书馆对社会的回应重点回答"如何? 什么方法? 产生什么效应? 根据什么操作指南?"等问题。理解什么是 LSR,重点是责任主体(由谁负责)、责任内容(负什么责,图书馆责任设立或履行的类型和性质)、所要对之负责的权威(对谁负责,主要是指图书馆或其馆员、馆长应当对国家、政府、读者、一般公众、社会环境、社区等利益相关者承担责任)、责任依据(为什么负责,回答图书馆应当做什么、如何做,以及图书馆承担社会责任的基础和理由等)、责任的严格程度与限制。

(6)LSR(组织责任)与馆员(特别是馆长)、图书馆学家的社会责任是有联系与区别的。在笔者看来,图书馆学家最大的社会责任(个人责任),就是为中国的图书馆建设提供理论支持。包括对现有的制度规则提供正当性的依据,或者提供应当修订的意见,为图书馆发展献言献策,传播和宣传图书馆学原理、知识、理念,传播人类文化,弘扬先进的理念与精神,特别是传播权利的意识与观念等。由于图书馆学是一门实践性很强的学科,图书馆学家需要理论结合实践,需要对 LSR 实践有清晰准确的了解与把握,为此适当的参与实务工作很有必要。但图书馆学家参与 LSR 实务活动说到底都是为了更好地从事学术研究。他(们)的根本责任是为图书馆发展提供理论、思想和智慧,为图书馆发展提供正确的导向。二者共同点是人类社会的发展和社会的需求要求图书馆、图书馆学家将社会责任联系起来,造福人类,确保人类社会公正合理的持续生存和发展。

(7)不同国家因为社会问题不同,LSR是有差异的,具有特殊性。图书馆成功移植企业社会责任和国外图书馆成功经验,需要特定的经济、社会环境,包括合适的法律、政策、制度和图书馆的道德基础。我们应该以中国图书馆实际为依据,建立一个适合中国国情的图书馆社会责任体系,不能照搬照抄英美等国的结论,完成LSR本土化,目前,LSR本土化研究相对缺失。同时,中国图书馆各个历史时期LSR不同,不同类型的图书馆LSR也有一定的差别,国家图书馆、省级图书馆与县级公共图书馆相比具有特殊的地位和社会角色,因而这类图书馆要求承担更多或更为特殊的社会义务与责任。LSR是时空的产物。

笔者将其定义为:图书馆社会责任是一个以开放性、多层次、立体式为特征的责任体系。它是图书馆自身处在社会发展中,对社会所承担义务或责任,追求图书馆与利益相关者二者利益最大化的协调一致的回应行为,其外延则随着社会的发展动态变化的,不断增添新内容。

1.3 LSR的理论依据

主要回答LSR的正当性问题。讨论此问题应澄清一个误解:LSR是一种方向性宣示,承担社会责任是一种手段,而不是终极目的。要明白,图书馆可持续发展只是当前的阶段目的,促进社会各部分的和谐与公正、促进人的全面发展才是LSR的终极目标。目前,LSR正当性理论主要有两个:

(1)利益相关者理论。图书馆应对利益相关者承担责任,[5]利益相关者既包括能够影响图书馆目标实现的个人和组织(如馆员、读者、信息供应商、政府等),又包括能够使图书馆实现目标的过程影响的任何个人和组织(如社区、环境、媒体等)。此理论对LSR研究起到了重要的推进作用,它拓展了思维空间、提供了分析框架、提供了分析工具。[17]深层次又提出:尊重其他利益相关者究竟是工具,还是目的?若视为图书馆治理的工具,就意味着图书馆并不直接考虑尊重其他利益相关者的利益,而只是为了自身发展,不得不承担LSR,这不可取。其实,目的与工具是相对的。根本问题是将尊重其他利益相关者作为分内之事,还是分外之事。这深层次又遇到图书馆究竟属于谁、图书馆本质等问题。利益相关者理论还存在如下不足:①利益相关者的定义不统一,导致口径宽窄不一;②缩小了LSR应尽责任对象的范围;③难以对LSR作出合理一致的界定与评价;④难以解决利益相关者的优先顺序或主次问题,这有可能会造成图书馆对谁负责,对谁都不负责任的问题。

(2)图书馆公民理论。该理论是从企业公民理论移植而来,它认为,企业社会责任回答"应该是什么"的问题,企业社会回应回答"如何做"的问题,企业社会表现回答"做得怎么样"的问题。企业社会责任应当有两个维度:一个是以禁止损害和损害赔偿为原则的强制性社会责任维度,另一个是以福利增进为原则的选择性社会责任维度或自愿性社会责任维度。总之,企业社会责任的理论依据是一个仍需深入研究的课题。[18]蒋永福先生认为:图书馆也是社会的一个组成部分;图书馆也是国家的公民之一;图书馆有权利,也有责任;图书馆有责任为增进社会的公益作出贡献。[3]图书馆公民理论还不成熟,有两点不足:①图书馆社会公民的定义和理论基础还需要完善;②理论与实践脱节。这些都说明 LSR 正当性理论还需要继续深入研究。

上述两个理论,尽管其立足点存在差异,但在 LSR 问题上却存在着共同的核心要求,①目的同一性(为了敦促图书馆承担相应的社会责任);②LSR 的相关性(LSR 应该着力于尊重和保障与图书馆利益相关者的社会权利,强调图书馆实践中存在关联的社会问题),都建立在图书馆社会属性基础之上的。

1.4 LSR 的限度

图书馆只能承担有限的社会责任,而不能也不应该承担无限的社会责任。[3]文献[14]指出图书馆承担社会责任是有条件的,但没有指出具体条件。笔者认为:LSR 实施要同时满足四个条件:①图书馆应与其所处的历史时期相协调;②与图书馆的规模、实力(特别是经费)、能力相适应;③有一定制度、文化环境作保障;④在图书馆个体馆员认知的基础上形成责任感,有大家一致的 LSR 认同。不能把 LSR 理解成"图书馆办社会"。二者之间有如下区别:一是前者是只要图书馆产生就应该承担的,世界各国的图书馆都是如此,而后者只是中国传统计划经济下的特有现象和制度;二是前者以承认图书馆的服务性和价值为基础,而后者以否认图书馆服务性为基础;三是前者的受益者非常广泛,而后者的受益者仅限于本馆馆员。四是前者的目的是帮助图书馆确立自己的价值、道德、治理,从而实现其长远的更广义上的利益最大化,而后者仅是为馆员解决福利。

2 图书馆的本质

要理解追求图书馆与利益相关者二者利益最大化的协调一致的回应行为,就必须深入探讨图书馆的本质,只有把图书馆放置在社会系统中,它的本质才能显露。图书馆是社会发展到一定阶段的系统内部矛盾运动的产物。不同研究视角对图书馆本质有不同认知,不同知识背景的学者对图书馆本质的不同认知,导致了人们对图书馆行为增进利益相关者的机理的不同理解,产生不同的 LSR 观、对 LSR 性质认定和内容构成的根本原因。目前,图书馆界对 LSR 大致有三种观点。[14]本文在此不对三种观点进行评论。只提出自己对图书馆本质的一些不成熟的看法。

2.1 对图书馆本质的认知要立足中国现实、图书馆现实

当前学术界对图书馆本质的认知往往只是出于满足学科的特定研究目的而作出的理想化的理论假定，但理论假定在 LSR 研究中却演变成了推演图书馆行为的性质认定和 LSR 内容构成的真实起点。这易远离图书馆实践，难以对 LSR 管理实践发挥应有的理论指导作用。如在宋显彪看来，图书馆追求利益最大化与社会利益最大化是一致的，图书馆只要完成上述四大使命，社会利益也最大化，因而，LSR 就是实现上述四大使命。而按照德鲁克的管理思想，虽然图书馆利益与社会利益本质一致，但是并不能自动实现一致，必须要有效地管理，按照德鲁克思想理解 LSR，显然要比宋显彪更复杂。可见，若不立足现实，就难以对图书馆本质及其背后的行为与社会利益最大化的关系作出科学界定，难以指导 LSR 实践。

2.2 对图书馆本质的认知要着眼社会价值视角

关于图书馆本质科研成果较多，据熊伟不完全统计达 47 篇（部）之多。[19] 不管是认为图书馆社会记忆说、终身教育和文化娱乐中心、信息传播与交流中心说、知识集合说、[19] 公共知识资源说等，[20] 还是图书馆没有抽象的本质，只有具体的现实的本质，图书馆本质就其现实而言是其所有社会关系的总和说。[21] 虽然，上述关于图书馆本质表述多么不同，但都有共同的一点，都认为图书馆是创造社会价值或实现社会利益最大化的一个组织机构，无论是着眼哪一种理论逻辑，图书馆之所以产生都是因为能够为社会更有效地创造价值。认识图书馆一个更好的方式，就是把图书馆看做一个具有多元目的的组织（包括服务目的、社会目的和图书馆环境目的）。关键要认识到每个目的都具有天然的价值，以相互关联的方式与其他目的联系在一起。即对社会目的的追求，不仅仅是实现传承人类文化知识、思想服务目的的手段，而且对图书馆自身也有意义，是一种可持续发展。

由图书馆发展的历史可以得出，图书馆是社会发展的产物，是社会分工不断扩大和细化的产物，是自己越来越普遍承担社会功能上具有特定优势并发挥独特作用而不断发展壮大的社会组织。要全面理解图书馆本质，就要历史、辩证地理解图书馆社会价值的创造功能，从图书馆历史发展过程，形成一定的理论。

社会价值视角深层次涉及对人本质理解的问题。图书馆在尽社会责任时，不只是一种行动，着眼于图书馆社会价值的现实性上，它还体现在通过有效的 LSR 管理内嵌于文献信息资源和服务提供过程中的人与人的社会交往过程创造社会价值。这说明：①图书馆与社会是相融合的关系，二者不可分离，[16] 图书馆是社会的一部分。②LSR 在实现过程中，其行为让利益相关者利益最大化的途径是图

书馆向社会提供文献信息资源和服务；图书馆对内嵌于文献信息资源和服务提供过程中的人与人的关系的有效管理。③确保文献信息资源和服务提供过程价值创造的有效性和效率性，实质上是为了全面实现图书馆的核心社会职能，前者是实现职能的具体体现，后者是实现职能的全面保障。

2.3 基于图书馆本质的 LSR 模型

由上述分析，我们提出如下模式（见图 1）。

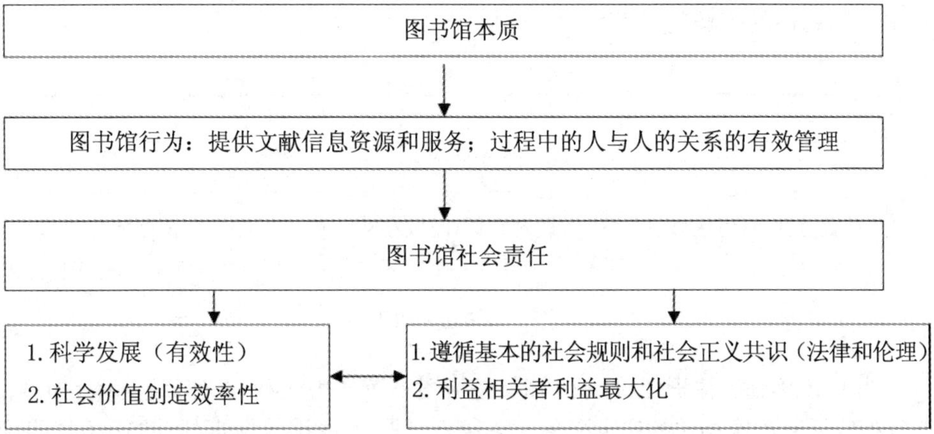

图 1　基于图书馆本质的 LSR 模型

在图 1 中，我们所讲的图书馆行为、科学发展（有效性）、社会价值创造效率性，均是针对图书馆在实现 LSR 时而言的，并不是指 LSR 要只实现图书馆的科学发展和社会价值创造效率性。

3　LSR 的法学解读

文献[3]将 LSR 划分为法律责任、伦理责任和纯义务性责任。笔者认为，这三个方面基本涵盖了 LSR，我们认同这一分类。纯义务性责任包括社会公共事业、慈善责任两个方面，应该说纯义务性责任代替慈善责任比较适合我国国情。如加强资源节约，环境保护；推进自主创新和技术进步；社会分配不公（城乡差距过大）；人口老龄化；社会保险；三农问题；反对信息污染；公民教育；生态环境建设；文化遗产保护；公民健康、就业福利；未成年人上网；参与社会公益事业（捐赠、陕西省图书馆界目前实行的高校图书馆与本省县级公共图书馆结对子等）；图书馆或学院设立奖学金等都是 LSR 内容。

LSR 到底是不尽也可以,尽了更好,还是图书馆作为社会组织必须要尽的?即 LSR 性质问题。目前,有四种不同的观点:一是认为是道德责任;二是认为慈善责任(可尽可不尽,尽了更好);三是有认为是法律责任(必须尽的责任);四是认为法律责任、道德责任、伦理责任的统一。笔者有如下观点。

3.1 LSR 包括法律、伦理和纯义务性三个责任内容

LSR 是一个复合性概念,它具有时代性。图书馆扮演的社会角色决定了 LSR 目标及其“自觉性”的程度。LSR 可划分为法律责任、伦理责任和纯义务性责任三个不同属性的范畴(见图 2)。

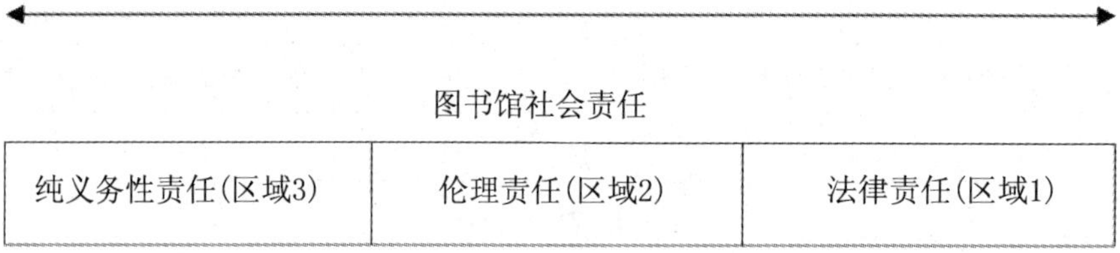

图 2　LSR 示意图

当 LSR 落到法律责任(区域 1)时,是指图书馆作为权利与义务统一体的组织,必须遵守所有国家相关的法定义务。法律责任是一种排他性责任,法律条款明确图书馆不能做的范围,这是图书馆的法定义务(本质在于强制),若责任人不履行义务,就靠国家强力来约束责任人守法。法律责任是对违法行为侵害利益的纠错机制。有些人认为,凡法律规范总是具有强制性的,就是惩罚,这是误解。实际上,从法律责任的条款内容看,它包括强制性、倡导性、任意性规范,[22]只有强制性才具有法律强制性,任意性规范不但没有强制性,而且是行为人自愿的,法律是不能有任何约束力的。从法律现象看,它包括价值要素(内容正当)、规范要素(有效性)与事实要素(社会实效)三个层面,具体表现为:责任根据与归责、救济权关系、强制三个层面,规范要素处于轴心地位,在规范意义上,法律责任的本质是因特定的法律事实侵犯权利而产生的特定救济权法律关系,[23]一般我们所讲的法律责任,有一大部分是权利救济,少数是强制层面的。同样,法律责任条款中所列也并不都是惩罚内容,如《北京市图书馆条例》第五条规定:“本市各级人民政府及其文化行政主管部门应当对为发展图书馆事业作出突出贡献或者成绩显著的单位和个人给予表彰或者奖励。”就是倡导性的,而不是惩罚。这又产生一个问题,对于法律并没有强制性要求的 LSR,法律如何进行规制?上文指出伦理、道德和纯义务层次的回应,无法通过国家强制力来保障实现。但 LSR 不具有法的强制力并不等于不能通过法来对其进行规制。上述行为虽是道义责任和自愿行

为，但并非仅属于伦理评判和道德教化的范畴。若失去法律的推动力量，这种自愿的行为也就失去了足够的动力；若没有法律作为行为指引和基准，就难以为LSR实施确立理想的行为模式。从法律的产生过程来看，立法者在创制法律时，均是以道德的基本原则和基本精神为指导，努力反映道德基本要求。

当LSR落到伦理责任（区域2）时，LSR指图书馆作为社会的基本成员，对其自身行为基于社会伦理的自我约束，这时LSR是一种选择性责任，是非强制性的责任，图书馆可以做也可以不做，做得好有利于图书馆的发展，不履行LSR不一定会影响图书馆的服务绩效。但不能因此就认为，尽LSR是图书馆的额外负担，要知道LSR既是图书馆服务理念的体现，又是图书馆自我评价和管理的标准体系，在这些区域LSR性质是图书馆自发的软约束，它是图书馆发展的重要影响变量。图书馆尽伦理责任是有前提条件的：①图书馆对自己的行为性质和可能产生的后果具有充分认识的，并能加以控制；②对社会产生较大影响；③社会对图书馆行为，有一定的标准要求。有人说，在区域2就没有法律责任了。笔者认为，这是不对的，一方面，仅靠道德责任力量是有限的，必须依靠法律的作用，是自律与他律统一；另一方面，不能只认为，法律是他律的，道德是自律的，法律和道德都既有自律的一面，又有他律的一面，法律、道德等社会规范的形成受制于人们的现实生活的客观需要而言。总之，区域2应该还有法律责任。不能将LSR理解成道德责任。若这种理解在实际落实过程中产生了诸多困境，如履行什么样的责任才算图书馆履行了LSR，即便图书馆不履行，也不用承担法律责任。LSR只有也必须实现法律化，才能实现社会责任的体系化和有法可依，才能保证这种社会提出更高要求的社会责任得到实际执行。故LSR的底线不是道德责任、纯义务性责任，而是法律责任。

当LSR落到纯义务性责任（区域3）时，图书馆按规定的价值观和社会所希望而采取的行为，这是图书馆完全可以不作为的行为。慈善捐赠应该是个体，还是整个图书馆界？这是值得研究的。在笔者看来，图书馆捐赠与个体（包括个人和某个图书馆）捐赠是不同层次的，前者支配的资源远远大于后者，由此产生的社会效益也大于后者。同样，也不能将LSR与慈善责任等同起来。慈善行为是个人或组织以捐赠、志愿服务等形式关爱他人、奉献社会的自愿行为，是自愿、不存在直接的利益交换和无直接利益关系。公众或图书馆纯义务性行为是对社会保障体系的有益补充。这又向我们提出了LSR与慈善关系的问题。

LSR性质问题涉及两个方面，一是LSR理论依据与其相对应的社会权利，二是法律与道德的关系问题。法律与道德具有非常密切关系，它们之间有许多一致的地方，也有着明显的区别。[24]但就责任而言，道德主要依据人们的内在信念、觉悟和社会舆论起作用并得以实现；法律具有确定性和可预见性，根据相应明确和具体的规定得以实现。因此,综合上述理论及其核心要求,不难得出,LSR 在相当大的程度上首先是法律责任,LSR 法律性质远远大于其道德性质。故蒋永福、佟馨认为 LSR 从法律责任到伦理责任再到纯义务性责任,其消极责任意涵逐渐减弱而积极责任意涵逐渐增强。[3] LSR 是强制性责任和自发性责任的统一。推进 LSR 应以强制性责任为主,以自发性责任为辅。如在公益讲座过程中,就不能违背国家的知识产权法。

有人说承担 LSR 是自愿行为,[25] 这是片面的,原因是图书馆在尽社会责任如公民讲座、公民空间等时都必须以遵守我国有关法律为前提,不能提供伪科学的文献信息资源。同样,对公众的平等服务则是道德要求必需的,若采取自愿行为,可做不可做,就违背了图书馆应平等对待每一位公众的原则。承担 LSR 不一定都是自愿行为,LSR 具有法律强制性和道德规范性,只有纯义务性责任才是自愿行为。

3.2 LSR 引入图书馆的正当性

所谓正当性就是指合理性和合法性两个方面。伯宁豪森认为,LSR 与知识自由理念相冲突,[26] 将 LSR 引入不合法;同时,还有些馆员认为,图书馆现有服务能力有限,难以胜任,对合理性产生质疑。笔者认为,伯宁豪森观点不正确,表现有两个方面,一是将 LSR 与知识自由完全对立,没有考虑到它们统一的方面。LSR 和知识自由这些行为只要发生在图书馆这一公众场所,就均具有涉他性,只有关涉他人的行为,才会引发对法律规则的阐释或制定,[27] 受到法律规范。可见,LSR 和知识自由都统一于法律规范中;二是伯宁豪森对知识自由和图书馆中立原则理解不准确,前提发生错误。法学上讲的任何自由都只有相对的意义,没有绝对的意义。伯宁豪森认为图书馆员必须对具体现实问题保持中立。表面上这话是对的,但实际上,任何中立是有前提条件的,最基本的一条,不应违背所在国的国家法律法规,也不能违背时代的道德。例如,若图书馆在选定图书时,发现张悟本的《把吃出来的病吃回去》是伪科学,还要将其挂在自己的网页上,进行新书报道,这是图书馆的失职,不是中立。同样,当某位读者侵犯另一个读者阅读权时,图书馆员仍保持中立,那么就不可能得到社会的支持。

3.3 LSR 实践彰显了图书馆对人的终极关怀

美国图书馆协会关于 LSR 的实践实际上是追求图书馆利益最大化和社会利益最大化。[28] 他们更重视社会的终极关怀。最早人们提出 LSR 可能是考虑到许多人享受不到与社会精英相同的权利,随后人们认识到对社会问题,图书馆应有所作为,图书馆利益若被置于极端的位置,就会和社会利益严重冲突,社会不存,图书馆自然不存。

在图书馆本质讨论中提到的,图书馆行为关涉人与人关系的管理,这已经涉及人的终极关怀。在关涉 LSR 的空间里,人权体现为不受歧视男女平等、族群平等等对图书馆重大事务的参与权;图书馆支持所有关心社会问题的个人以及组织所作的努力,并愿意为他们了解事实真相和进行研究提供资料帮助。陕西省高校图书馆与本省县级公共图书馆结对子蕴含了纯洁的人类终极关怀和博爱情怀。若我国图书馆能将 LSR 以图书馆法条款体现出来,这将会改变、丰富图书馆法和图书馆法理论,对 LSR 有很大推动作用。LSR 能否成为图书馆法和图书馆法理论的重要内容,关键是看 LSR 有无自我产生和发挥作用的基础和符合时代需求的持续发生作用的机制。

范并思教授、蒋永福教授为本文的写作提供了自己研究成果,谨此致谢!

参考文献

[1]刘兹恒,朱荀.关于图书馆社会责任的若干思考.图书馆论坛,2010(6):23-26.

[2]范并思.图书馆社会责任专栏导语.图书馆建设,2010(7):1.

[3]蒋永福,佟馨.图书馆社会责任研究.情报资料工作将刊登.

[4]蒋心独运.关于"图书馆社会责任"的几个疑问.[2011-07-30].http://blog.sina.com.cn/yongfu77.

[5]张晓晨.基于利益相关者的公共图书馆社会责任研究.图书馆建设,2011(4):11-15.

[6]潘咏怡.公共图书馆社会责任实证研究.图书馆建设,2010(7):14-16,20.

[7]沙景利.图书馆社会责任探讨.图书情报工作,2010增刊(2):15-17,66.

[8]宋显彪.试论图书馆的社会责任.图书馆理论与实践,2004(3):11-13.

[9]赵曙明.企业社会责任的要素、模式与战略最新研究述评.外国经济与管理,2009(1):2-8,49.

[10]于良芝,等.如何理解"图书馆社会责任研究".图书馆建设,2010(7):2.

[11]范并思.图书馆精神的理性拓展——图书馆社会责任研究.图书情报研究,2010(3):29-32.

[12]吴慰慈,董焱.图书馆学概论(修订二版).北京:国家图书馆出版社,2008:71.

[13]王中宪.试论社会与社群的概念界限.学习与探索,2000(5):90-94.

[14]洪伟达,王政.图书馆社会责任内涵及其限度研究.国家图书馆学刊,2011(2):51-55.

[15]阮冈纳赞.图书馆学五定律.北京:书目文献出版社,1988:227.

[16]邱五芳.内容重于传递:图书馆不应回避的社会责任.中国图书馆学报,2007(4):5-10.

[17]郑若娟.西方企业社会责任理论研究进展——基于概念演进的视角.国外社会科学,2006(2):34-39.

[18]张衔,肖斌.企业社会责任的依据与维度.四川大学学报(哲学社会科学版),2010(2):85-90.

[19]熊伟.追问图书馆的本质——近30年来国内图书馆本质问题研究代表性观点述评.图书

馆杂志,2008(6):5-9,80.
[20]龚蛟腾,侯经川,文庭孝.公共知识中心与公共知识管理——再论图书馆的本质和定义.中国图书馆学报,2003(6):14-18.
[21]徐跃权.论图书馆本质的哲学解构与建构.中国图书馆学报,2010(5):23-33.
[22]冯果,辛易龙.公用企业社会责任论纲——基于法学的维度.社会科学,2010(2):80-88.
[23]余军,朱新力.法律责任概念的形式构造.法学研究,2010(4):159-171.
[24]李龙.法理学.武汉:武汉大学出版社,1996:431-433.
[25]宋显彪.图书馆的社会责任研究综述.图书馆建设,2009(7):97-99.
[26]宋显彪.知识自由与社会责任的冲突——伯宁豪森论争及其产生背景.图书馆建设,2011(2):10-12,15.
[27]弗里德里希·冯·哈耶克.法律、立法与自由(第1卷).邓正来,译,北京:中国大百科全书出版社,2000:161.
[28]左平熙.美国图书馆协会开展的社会责任活动及启示.图书馆工作与研究,2010(9):105-109.

图书馆知识共享不平等表现及其原因

周九常　齐　岩(郑州航空工业管理学院)

1　引言

图书馆知识共享的平等性问题是一个重要的理论和实践问题,这一问题之所以产生,源于图书馆知识共享活动中存在诸多不平等现象。因发展水平(阶段)不同,国内和国外的情况存在一定差异。发达国家的图书馆在知识共享活动中,一直努力消除不平等现象,并且给了我们很多有益的经验和启示。在图书馆内部,强调合作、协同,鼓励馆员利用各种渠道,通过多种方式相互学习,并为他们建立畅通的交流网络,还对表现积极、成效显著者给予奖励,因而馆员乐于围绕业务进行知识交流;在读者服务方面,他们很早就追求开展平等服务,重点关注弱势群体的平等服务问题。例如安东尼·潘尼慈早在1856—1866年间担任不列颠博物院图书馆馆长时,就反对一些读者拥有使用英国博物馆藏书的特权,并提出要使贫苦的学生和最有钱的富翁在图书馆中享有同等的权利。[1]美国图书馆向盲人和身体有残疾的人提供了70多年的优质服务。[2]近10多年来,在数字化、网络化环境中,发达国家的图书馆适时开展新现实条件下的知识共享平等性问题研究和实践，为消除社会“数字鸿沟”作出了重要贡献。

在国内，知识共享平等性问题也得到了图书馆界的重视，一些图书馆开设了盲人专门借书通道，个别图书馆（如深圳图书馆）为残障读者提供了特殊的培训和借阅服务。理论界也开始对这一问题加以关注，陈誉曾指出：“在读者服务中是采取分流服务还是合流服务？对读者应当一视同仁还是区别对待？这在现代图书馆与传统图书馆间存在明显的差别。”[3]他还将图书馆平等服务原则作为现代图书馆的一个标志。王子舟教授近年来研究了图书馆对弱势群体知识援助的问题，实际上隐含了图书馆在弱势群体知识共享不平等的消除上可以有所作为的思想。总的来说，由于历史和现实各方面的原因，我国图书馆知识共享平等性问题研究集中在关于图书馆平等服务问题的研究中，许多议题尚没有涉及，知识共享不平等现象在我国图书馆领域还广泛存在，需要我们深入研究、持续改进，终至消除。

2　图书馆知识共享不平等的含义

不平等问题在当今社会普遍存在，它渗透到社会各行各业，影响人们的日常工作和生活。图书馆作为社会系统的一个重要组成部分，其知识共享活动自然也存在不平等问题。那么什么是图书馆知识共享不平等呢？在解释它之前，有必要先了解“平等”和“图书馆知识共享”的含义。美国学者萨托利认为，平等表明相同性概念，两个或更多的人或客体，只要在某些或所有方面处于同等的、相同的或相似的状态，那就可以说他们是平等的。[4]我国宪法对平等是这样定义的：在利益方面或无利益方面都没有差别，但并非绝对平等，而是禁止根据通常认为不合理的理由而进行区别对待。[5]从这两条解释可以看出，平等强调的是一种在合理范围内无差别的对等关系。

知识共享是建立在不同主体（知识的权利人、所有者、代理者和组织管理者等）意愿基础上的知识扩散、吸收、内化和利用的过程，是推进知识管理和知识创新的重要手段和核心环节，是提高个人、组织和社会竞争优势的一个法宝，[6]其本质是主体在自己不减少知识的情况下对外转移知识，使知识为他人或他方所享用。据此，可以认为“图书馆知识共享”是图书馆组织、馆员、用户之间的知识传递和扩散过程，通过知识共享，图书馆相关各主体的知识需求得到满足，知识水平得以提高，换言之，共享的内容通过在各主体间的 SECI（Socialization, Externalization, Combination, Internalization）螺旋转换过程，知识内容得到升华，新知识得以创造。[7]从范围上看，知识共享实现涉及图书馆内部与外部、馆员与读者这两对基本的关系。[8]

结合上述“平等”和“图书馆知识共享”两个概念,我们认为,“图书馆知识共享不平等”是指在图书馆知识共享活动中,不同参与主体在某些方面处于不对等状态或者因为不正当的理由而被区别对待,其中主要表现为图书馆服务上的不平等。依此理解,图书馆知识共享的平等并非绝对或纯粹的平等,而是一种相对的平等。也就是说即使有某种程度的“区别对待”,但只要是合理的,就不算是违反“平等”的法则,比如,图书馆在读者服务中,针对残障人士所提供的一些特别服务(送书上门、设立专门借阅窗口、提供无障碍通道,等等),针对个别为藏书建设作出特别贡献的人士所提供的特别服务,针对少数改善图书馆社会形象且成绩突出的人士所提供的特别服务,等等。

3 图书馆知识共享不平等的表现

下面我们分别从几个主体之间的关系方面来阐述图书馆知识共享不平等的表现。

3.1 馆员之间知识共享的不平等

馆员之间的知识共享是图书馆内部知识共享的一个主流,主要是一种隐性知识的共享。在这个过程中,通常会有以下不平等的表现:个别馆员因为个性方面的原因不能很好地参与到交流、学习中来,无法融入整个图书馆的知识共享氛围中;以焦点成员为核心形成了不同的兴趣小组或者学习沙龙(也包括网上的虚拟社区),其中焦点成员由于成为学习网络的结点或中心,在交流学习中最活跃,可以共享更多的知识,而一般成员则共享较少的知识;个别馆员因为与馆领导关系密切可以获得一些别人常常无法(及时)了解的“组织知识”,等等。

除了内部交流上存在不平等外,馆员之间知识共享的不平等还体现在跨越图书馆边界的活动中,比如获得培训机会上的不平等,参加学术交流机会上的不平等,参加访问考察机会上的不平等,了解涉及本部门或者自身的读者建设性意见和建议,以及及时获得来自社会的对图书馆整体评价意见上的不平等,等等。

3.2 读者知识共享的不平等

(1)向特殊人群提供特殊服务

图书馆对外服务的对象是读者,然而在读者与读者之间,往往更加偏向于一些特殊的读者,“读者至上”事实上变成了“特殊读者至上”。心中存有“特殊的读者”(本不应特殊,而对弱势群体读者本应特殊),于是提供“特殊的服务”。这主要表现在图书馆向地位高、身份高或者社会名望高的人变相提供方便,降低一般的借阅要求。例如有的高校图书馆不管既定的借阅制度，另行一套，让教师享受更长的借书时间或者更新颖更轻松的服务，额外为教师开设专门的阅览室，而学生无法获得相应、平等的待遇。又如一些公共图书馆，为了获得经费，获得行政领导的赏识，拿图书馆公共资源去讨好，向有关领导发放特殊的借书证；万一哪个领导到来（不管是借书还是考察或者视察），则早有通知下达，不用说既定的开馆时间不用遵守，而且连正常的工作秩序也不用讲求，馆里上下都要为此提早动员、准备；馆员热情相迎，周到服务，兢兢业业，小心伺候；结束后馆里的头头们毕恭毕敬，"依依不舍"地相送，如此等等，何其特殊！

（2）无差别甚至更恶劣地对待弱势群体读者

不管是生理性弱势群体读者，如城市贫困老人、儿童、残障者，还是社会性弱势群体读者，如城乡贫困人口、下岗失业人员、农民工等，都有如下共同特征：文化素质低、收入水平低、信息闭塞、信息素质低。他们先天地与一般正常人在知识共享能力上存在差别，表现在利用图书馆知识资源上存在一些明显的障碍。这些人应当是图书馆知识共享重点帮扶的对象。然而在现实中，很多情况下，弱势群体不但没有享受到特殊的关照（合理的差别服务），甚至连一般正常人同等的服务也没有。结果导致一些不正常的现象发生，比如，儿童和老年人经常在图书馆找不到适合他们的读物，农民工得不到图书馆有用的就业帮扶，农民因远离图书馆而享受不到图书馆的服务，残疾人因腿脚不方便或者相貌平庸而遭到图书馆馆员的歧视，[9]等等。

3.3 图书馆联盟知识共享的不平等

图书馆联盟是若干图书馆基于计算机网络技术，为共享资源、促进知识流动和知识创新，通过各种契约关系而形成的联合体。[10]多年来，我国图书馆联盟主要以高校联盟为主。馆际互借、合作虚拟参考咨询、业务培训、学术交流等知识共享活动很好地在联盟中开展起来。联盟的成立一方面使得知识资源得到了更大范围的共享，另一方面也使得各个图书馆能够更好地实现优势互补，取得更大的发展。然而这种联盟也导致了新的知识共享不平等现象：

一是指联盟成员（尤其是核心成员）出于保护特殊类型的文献资源（尤其是那些"镇馆之宝"之类的善本书），不愿意拿出来共享，换言之，此不在正常的文献传递和馆际互借之列；二是一些联盟成员对知识共享的诚意不够，担心因为充分的知识共享会损害本单位的利益，损害自身在整个联盟中的地位和影响，从而对某些知识进行某种变相的封锁，例如在一些高校图书馆联盟内部，常常进行学术交流，开展一些讲座活动，以提高联盟成员的知识水平。出于对本校利益的考虑，当涉及一些比较敏感的话题或者内容时，讲座专家们往往欲言又止，加以忽略或回避;三是新加入的图书馆在共享联盟经验上可能一时摸不着头脑,存在着适应和学习的问题,在这个刚入门的初始时期,其与先前加入的图书馆在知识共享的水平和效果上有一定的差异。

4 图书馆知识共享不平等产生的原因

针对上述图书馆知识共享不平等现象,这里分别对其产生的原因进行分析。

4.1 馆员之间知识共享不平等的原因

(1)按照劳动分工思想划分部门,知识获取条件有差别

劳动分工思想源于管理大师法约尔的一般管理思想,它有利于提高整个社会的劳动生产率,因而在现代企业组织结构设置中广泛应用。[11]然而,在图书馆,这种分工思想一定程度上固化了不同部门馆员之间在最初业务水平(知识)上的差异,而且由于部门的特点不同,馆员与馆员之间提高自身业务水平的条件也不对等,这对他们的知识共享的平等性造成了负面影响。流通阅览、参考咨询部门的馆员能容易获得来自读者的建设性意见和建议,容易获得来自临近行业(档案部门、情报部门)的管理经验,以及来自社会的评价意见,采编部门的馆员则次之,而典藏部门的馆员相对来说比较封闭,最不易获得、共享这种来自外部的知识。

从知识主体上看,初始知识拥有和业务水平上的差别导致吸收、理解、消化新知识上的不同,那些在初始知识(包括专业知识水平、知识结构等方面)上水平高的人具有良好的共享知识"准备态",反之亦然。而初始知识拥有和业务水平上的差别由于图书馆部门的划分和长时间固定而得以延续,先天地对馆员之间知识共享的平等性构成了挑战,当然随着时间的推移,馆员工作岗位的不断轮换和调整,情况会逐渐得以好转。

(2)处于不同的管理层级,导致知识共享的条件存在差异

馆员由于从事的具体工作不一样,知识需求不一样,接触的人员不同,视野也有大小,导致知识共享上的差别。此外,还存在知识、信息在不同层级的上传下达问题,这种不同层级之间的知识传播与共享,其效率和效果、数量与质量与具体图书馆的组织传播系统的优化和完善状况密切相关,与领导层和部主任的责任感和领导艺术有关,当然也与基层馆员对工作的热爱和对领导层和部主任的认可度和信任度有关。总体而言,图书馆组织结构还说不上是一个金字塔结构,管理层级不多,传播中内容缺失或者失真的情况并不严重,这在一定程度上弱化了既定类型知识因为不同管理层级而导致的共享上的不平等。

(3)馆员之间知识交流存在一定困难

造成馆员之间知识共享不平等的原因很多,比如图书馆自身的问题,没有提供畅通的内部知识共享渠道,没有培育出有利于知识共享的良好氛围和环境,馆员自身多一事不如少一事的怕麻烦心理,等等。但这里笔者着重提出两个方面的原因。

一是动力不足,也可以说是激励不足的原因。就知识供方来说,知识作为一种资源,其获得是需要成本的,具体表现为时间、精力和金钱等的消耗。[12]由于独特、带有专有色彩的知识(技能)获得成本高,因此知识供方一般不会将这类知识与其他人共享,或者不愿意花时间与精力来推进知识共享。知识共享往往建立在期望收益的基础上,在馆员之间的相互关系中,特别是在具有一定竞争关系(表现为职称评定、职务升迁、曝光率、知名度以及受重视上的较劲和攀比)的情况下,知识共享意味着优势地位的丧失和影响力的下降,于是一些馆员会控制他们所拥有的某些独特、专有知识(技能),除非有预期的结果显示那是值得的。

二是对"知识就是力量"观念(类似的还有"知识就是财富,知识就是权利"等)的过度解读。以为要想在单位受到同事的尊重和领导的赏识,就必须依靠自己的知识,尤其是依靠那些独特的知识(技能),因为独特的知识(技能)具有更大的力量。对于馆员个人而言,他的价值取决于自身所掌握的而其他人没有掌握的知识,这种独特的知识(技能)能够使其改进工作效率,提高其在图书馆中的地位,而一旦共享之后,知识就不再为个人独有,其分量就会降低。因而出于这样的顾虑,就不会轻易进行共享。于是,馆员一般不会在工作所必需的交流之外主动进行知识共享,即使有,也只是表面的敷衍。这在客观上造成了知识共享的不平等。

(4)知识囤积、知识孤岛的影响

个别馆员、小组、部门因为日常工作、临时项目等原因,在解决问题、完成任务的过程中掌握、积累了很好的经验和知识,但是由于主客观多方面的原因,他们并没有把这些经验和知识及时以一定的方式上交,造成需要这种经验和知识的他人、其他小组和部门无法共享,或者无法让别人在解决类似问题、完成类似任务时多快好省地依照"惯例"行事。这事实上是一种知识囤积、知识孤岛的现象,如果听之任之,或者在图书馆中普遍存在,就会造成如下不良结果:一是管理失控,核心信息(知识)被中层或基层控制,高层被架空或者有"被绑架"的感觉;二是知识不能利用,白白流失,无法发挥其效能;三是导致沟通、协调困难,图书馆管理效率下降。

4.2 读者之间知识共享不平等的原因

(1)社会传统观念影响

我国社会民主化思想虽然已经推行很长时间了,但仍然有不少人头脑中存在等级观念。这种观念在图书馆界也广泛存在,一定程度上迎合了少数读者内心深处存在的特权思想。一些馆员潜意识里认为那些地位较高者、身份特殊者比别人高人一等,自然也应该获得"高人一等"的服务,因而给予特别关照或对待是正常的或者正当的。从利己主义的角度来看,获得这些知名人士和领导的好感,对自己以后的发展可能会有一定好处。担心如果仅仅提供一般的服务,可能会让知名人士和领导不悦,其结果不会有什么好处,故曲意巴结逢迎。而对待一般的读者,脸孔可就不一样了,不仅正常的脸色没有,而且还可能"冷下来"或者"板起来"。因为一般读者手中没有权力,从而在服务中对他们"不客气"。显然,事实上存在着对两类不同读者服务的明显区别,这实际上也造成了知识共享的不平等。

(2)对弱势群体服务投入力度不够

①对弱势群体存在偏见。由于受到传统观念的束缚,弱势群体在人们心目中往往是脏、乱、差的代名词,人们普遍认为社会中的不文明行为大多都是因他们而生,这种观念在图书馆领域也有程度不同地存在着。有的馆员认为弱势群体读者的到来会带来负面影响,比如会造成图书馆形象的下降,会对一般正常的读者以不良的观感,或者认为弱势群体读者与图书馆堂皇漂亮的环境不相称不协调,有时甚至妨碍和影响自己的好心情,因而在服务中草草成章,敷衍了事。就弱势群体读者而言,许多情况下,不仅特殊的关照不可得,而且连正常的服务也得不到,有时还要遭受个别馆员的白眼,这和国外为弱势群体建立专门的图书馆,提供体贴周到的服务,显示图书馆的人文关怀的做法形成了鲜明的反差。就笔者的理解,在一个追求公平合理的现代社会里,在图书馆领域,最大最严重的读者之间的知识共享不平等莫过于弱势群体知识共享的不平等。

②满足特殊人群的需求比较困难。弱势群体读者的信息素质比较低,需要给他们以额外的关照,为他们提供一些特殊的帮助,以体现图书馆服务的爱心和公平,实质是采取特殊办法尽量使他们在知识共享上获得与正常人一样平等的机会和条件。而要做到这一点往往是比较困难的,它需要图书馆界具有公平意识,具有扶弱帮困的社会责任意识,需要爱心加耐心,不怕辛苦和麻烦,没有条件创造条件也要加以实施。而要提供这样的特殊服务,就需要具有特殊的条件,拥有特殊的资源,付出特殊的代价,具体来说,需要在正常的服务之外,在设施上提前准备,在人手上专人负责,在时间上灵活、充分保证。显然,这种特殊服务,加上面向一般读者的常规服务,使图书馆服务变得复杂起来,从而给图书馆造成了较多的困难和更大的压力。

③对图书馆社会教育职能的理解片面化。图书馆是为社会服务的文化机构。1975 年在法国里昂召开的图书馆职能科学研讨会上,国际图联将图书馆社会职能总结为四个方面:一是保存人类文化遗产,二是开展社会教育,三是传递科学情

报,四是开发智力资源。后来我国图书馆界将其归纳为教育与传递情报两大职能。[13]可以看出,教育职能是图书馆社会职能的一个重要组成部分。图书馆是人们学习知识的一个重要场所,是广大群众共享知识的重要渠道。它已成为社会文教系统中的一个子系统,在提高全民族素质和科学文化水平方面,肩负着社会教育的职能。它以丰富的藏书,使人们终身受益,并且不受学历、年龄、专业限制,发挥了无可替代的作用。

但长期以来,图书馆界在理解社会教育职能上却存在片面化,认为其教育的对象是一般的正常人,而不是以残障人士为代表的弱势群体,尽管他们在各种规章制度和对外宣传中从来没有(也不敢)明确把弱势群体排除在外,但是从我国图书馆界的服务实践来看,确实在很大程度上忽略了他们,只是近年来才有所改变。一个明显的事实是,我国图书馆界在落实社会教育职能的过程中,并没有为弱势群体读者降低门槛或标准,相反却经常为一些更加"强势"的官员、名人而降低门槛或标准。实际上这种片面化也可以理解为图书馆社会教育对象重点的错位化——应当以弱势群体为主要对象而实际上却不是,其合理性和正当性是站不住脚的,因为弱势群体的"弱"根本原因就是他们当中很多人文化水平比较低,更加需要图书馆的社会教育,比起正常人来他们利用图书馆的机会毕竟比较少,难度比较大,需要图书馆的特别帮扶。以弱势群体读者作为图书馆社会教育重点的意义在于:弱势群体的社会教育搞好了,效果明显了,则图书馆总体社会教育的质量、水平就上去了,因此,一定程度上看,对弱势群体社会教育的结果可以看做是图书馆社会教育总体结果搞得如何的一个重要指针,从这个意义上说,图书馆在社会教育对象的安排上应当拨乱反正,把弱势群体作为其社会教育的重点对象。

4.3 造成联盟成员之间知识共享不平等的主要原因——绝对对等思想的负面影响

高校图书馆联盟建立的一个主要目的是通过强强联合,进行优势互补,实现共同发展。由于各个学校的专长有所不同,实力不一,其特色知识资源往往也不一样,这为联盟内的图书馆之间互通有无、无障碍共享提供了有利的条件。但事实上却不尽然,因各个高校在特色知识资源的占有上有先天的差别,加上上述竞争意识的影响,加盟的图书馆在提供特色资源进行共享时总是不自觉地追求"绝对对等",即你拿出多少特色资源出来共享,我也拿出多少,我拿出了多少,你也要如数拿出,反正自己就是不愿意多拿出来,否则就是吃了亏。这种绝对对等思想在许多图书馆联盟中都或多或少地存在着,形成了各成员之间充分的知识共享的一个障碍,同时也造成了加盟成员馆之间知识共享的不平等:先天占有特色资源多的图书馆在知识共享上处于优势地位,而先天占有特色资源少的则处于不利地位，前者可以根据后者的底牌来出牌，而后者则只能仰赖或希冀前者无私地多奉献。

至于像经济、科技、文化、社会发展的不均衡，导致不同地区之间、城乡之间、系统之间的知识资源配置不均等，从而造成读者利用图书馆服务、共享知识的不平等现象，属于图书馆知识共享不平等产生的非直接原因，由于涉及更大的层面，不是本文考虑的重点，这里略去不论。

5 结语

本文提出了图书馆知识共享不平等现象的表现，并分析了产生的原因，接下来，就可以根据这些原因，有针对性地提出相应的解决方案了。有关这方面的内容，限于篇幅，笔者将另文给出。

参考文献

[1]肖雪，王子舟. 国外图书馆对弱势群体知识援助的历史与现状. 图书情报知识，2006(3)：21－29.

[2] Mona M. Werner and Alfred D. Hagle. Library services to blind and physically handicapped individuals. *Publishing Research Quarterly*,1989(9):60－65.

[3]赵奇钊，王庆前. 论图书馆平等原则与区分服务. 图书馆，2004(3):38－41,94.

[4]董春宇. 平等与不平等的再思考——一种政治哲学解析的新维度. 广西社会科学，2004(11):59－61.

[5]李俊娜."平等"的内涵. 信阳农业高等专科学校学报，2009(4):1－5.

[6]周九常. 论知识分享. 图书情报知识，2005(2):28－32,42.

[7] I. Nonaka, R. Toyama and N. Konno. SECI, Ba and Leadership: a Unified Model of Dynamic Knowledge Creation. *Long Range Planning*,2000(33):5－34.

[8]周九常. 图书馆知识共享体系的基本架构和实现模式. 图书情报工作，2007(6):62－66.

[9]肖雪，王子舟. 国外图书馆对弱势群体知识援助的历史与现状. 图书情报知识，2006(3)：21－29.

[10]陆地，郭秦茂. 我国高校图书馆联盟建设现状与发展思考. 江西图书馆学刊，2009(3):18－19,22.

[11]周健临. 管理学教程. 上海财经大学出版社，2007:37.

[12] Von Krogh, G. Care in knowledge creation. *California Management Review*, 1998, 40(3): 133－152.

[13]欧阳翠云. 浅论图书馆社会职能再认识. [2011－02－07]. http://www.lunwentianxia.com/produc t.free.10009870.1/.

我国公共图书馆免费开放的历史必然性探讨及展望

李怡梅(长沙市图书馆)

2011年2月10日,文化部公布了《我国美术馆、公共图书馆、文化馆将实现全面免费开放》的决定,决定指出"2011年年底之前,全国所有公共图书馆、文化馆(站)实现无障碍、零门槛进入,公共空间设施场地全部免费开放,所提供的基本服务项目全部免费",[1]政策的春风吹响了我国"十二五"文化发展规划的号角令,国家对公共文化事业改革的决心和推进力度之大跃然纸上。

政策支持、公众拥护、时代呼唤下的公共图书馆免费开放,代表着民众对图书馆责任的价值诉求,不仅将推动我国公共图书馆等机构产生一次转折性变革,还将给公共文化服务带来一次全新的挑战和契机。作为图书馆事业重要组成部分的学术界,也正在业内激起一股巨大的冲力,以一种激烈探讨、积极参与的方式,来迎接这一轮图书馆平等、免费公共精神的本色回归。在有识之士及各大图书馆馆长们的南北呼应、群策群力下,图书馆职业的人文精神得以提升,免费开放、服务全民的图书馆运动,犹如势不可挡的浪潮,澎湃在我们面前。身为一名图书工作者,我们感叹着图书馆人职业觉醒、思想解放的曲折历程,探讨着每一次图书馆理念发展的历史必然规律。同时也在思考如何顺应理念发展与时代进步的浪潮,在全民关注公共文化服务的契机中将我国图书馆事业推上又一个新的高峰。

1　我国公共图书馆免费服务的历程回顾

不论是古代藏书楼,还是1904年后逐步建立的我国近代公共图书馆,或是新中国成立后直至"文化大革命"时期,我国图书馆界一直没有明确为所有公众提供平等、免费服务的宗旨。

1.1　"以文养文"的有偿服务阻碍着图书馆平等理念的发展

尤其从20世纪80年代末开始,由于书刊价格上涨和市场经济对文化的冲击,公共图书馆普遍实行"以文养文"的有偿服务,对借书证收取押金、年费,对超过借阅期限的读者处以罚款;接下来的十几年,公共图书馆收费名目繁多,年费收取现象日趋严重，一些政府部门认为图书馆创收有方，于是将图书馆经费削减，用于其他的文化事业。在政府拨款不足、经费普遍短缺的情况下，图书馆收费服务便形成了一种恶性循环：图书馆加大有偿服务力度→政府减少拨款→图书馆进一步增加创收项目，[2]服务对象也偏重为领导机关、科研单位和企业，将弱势群体挡在了图书馆的大门之外。

这样一来，既违背了公共图书馆的公益特征、职业精神，也由于图书馆收费名目繁杂和不合理，使人们不愿走进图书馆，读者到馆率逐年减少。自2002年开始，我国大多数公共图书馆的读者人数呈现每年下降的趋势，至2006年更是达到低谷，比往年下降了10%—20%左右。虽然这其中有公众阅读方式改变的因素，由于受网络、电视等传播媒介快速发展的影响，看书的人比过去有所减少。但据中国出版科学研究所2010年4月20日公布的第七次国民阅读调查结果显示，在文字媒体中，报纸以58.3%的阅读率位于首位，图书阅读率为50.1%，排第二位，期刊阅读率为45.6%，仅有7.4%的国民经常在网上阅读书籍和报刊。[3]

这说明以报刊、图书为主的纸本文字阅读在读者中还是占有大部分比例，从各地新华书店经常人满为患，报刊亭生意火爆等现象来对比图书馆的门庭冷落，究其根源是由于图书馆借阅手续繁杂、收费不合理，使人们不愿走进图书馆。对于一些低收入群体来说，设置成本费、年费“门槛”，会使他们在图书馆的门前望而却步，由此也引起了公众舆论与图书馆的对立，2004年有读者与图书馆因为收费问题所引发的矛盾成为当时社会关注的焦点。

1.2 我国公共图书馆平等免费理念在新世纪的快速发展

20世纪以来，图书馆读者人数的减少，社会舆论的不满及带来的一系列负面影响，引起了图书馆学者和工作者的认真思考：如今，图书馆的管理系统不断升级换代，图书设备投入经费逐年增加，在为读者提供更优质的服务方面，我们是否也应改变观念、解放思想？我们离联合国社科文《公共图书馆宣言》中倡导的向所有人提供免费服务的目标还有多远？

民间的期盼与呼声，图书馆学人的呼吁与争辩，引出了一场图书馆界声势浩大的新世纪图书馆运动。世纪交替之际，吴晞在《图书馆》上发表《图书馆与人文关怀》一文，拉开了图书馆对读者高举人文关怀大旗的序幕；2000年，韩继章的《中国图书馆发展的人文化趋势》、范并思的《论加强公共图书馆研究》，就图书馆的人文化趋势、公共图书馆精神等理论展开了探讨；2001年程焕文的《文华精神》，2002年李国新对图书馆权利的思想基础与职业价值的系统研究，[4]范并思在《图书馆杂志》发表的《维护公共图书馆的基础体制与核心能力——纪念曼彻斯特公共图书馆创建150周年》等系列文章，就公共图书馆精神、制度等方面阐述了全新观点,代表了我国图书馆学基础理念开始走上变革。专家们从总结我国百年图书馆史出发,检讨图书馆当前存在的不足,大力弘扬免费、平等的图书馆理念,呼唤图书馆人文精神的回归。[5]

2004 年中国图书馆事业发展百年之际,在具有里程碑意义的中图学会苏州年会上,围绕"百年的图书馆精神"这一年会主题,图书馆人沉寂多年的激情被这种精神所点燃,他们设想着理想中"天堂般的图书馆"之模样,探讨了中国图书馆百年经验,寻找着失落的公共图书馆精神,由范并思先生《图书馆精神的历史缺失》《公共图书馆精神的时代辩护》到梁灿兴的《重续图书馆精神的历史链条》等学者的呐喊;从《图书馆》"21 世纪新图书馆运动"、《图书情报知识》"弱势群体与知识公平"到《图书馆建设》"走向权利时代"等专栏的倡导;[6]由 2006 年高校图书馆界《图书馆合作与信息资源武汉宣言》中张扬的图书馆公共精神和崭新的共享开放时代[7],到 2008 中国图书馆学会《图书馆服务宣言》中对现代图书馆理念在百年探索后的清晰表述;[8]从之初的图书馆人文精神,其后的公共图书馆精神、公共图书馆制度、图书馆权利和读者权益、图书馆自由到图书馆核心价值等,无不以宣扬自由、平等、免费、开放等图书馆公共精神为主题,新理念的感召逐渐汇合成一股波澜壮阔的强大力量推动着我国图书馆事业的发展。不论是 20 世纪 20 年代,抑或是 80 年代,都不及 21 世纪十年间观念变革的如此深刻和精彩,这短短十年可称为中国图书馆发展史上新理念发展的重要时期,中国图书馆百年历程中任何一个阶段都不能与之比肩。[9]

随着公民社会意识的加强,民众的权利得到唤醒,图书馆人的职业道德也逐步觉醒,改革创新、普遍均等、惠及全民的公共图书馆理念从理论探讨和媒体呼吁转向社会实践。

2 全民探讨下图书馆公共精神的历史性回归

2.1 全新的起航:免费、平等的图书馆理念在实践中前行

2004 年"苏州年会"之后,图书馆平等、免费等理念的普及进入快速发展阶段,2006 年杭州、深圳等地公共图书馆率先冲破收费的禁锢,令人欣喜地走出了免费的第一步,成为我国公共图书馆服务的转折点。人文精神在图书馆领域迅速复苏后,众多省、市公共图书馆相继宣布加入免费的行列。一个全民平等、公平的图书馆服务体系,正在由众多先行者的宣扬和实践而变为现实。2007 年,上海图书馆、浙江图书馆宣布免费;2008 年初,继南京图书馆新馆免费开放后,国家图书馆宣布于 2 月 7 日(大年初一)起全面减免收费项目,读者凭身份证便可直接入馆阅读。至此我国公共图书馆界一场自上而下的,以提供免费、平等服务为宗旨的

新世纪图书馆运动热潮,以轰轰烈烈的形式全面展开。

图书馆实行免费开放举措后,立即带来了好评如潮的舆论反响和立竿见影的社会效益。国家图书馆在大年初一实行免费开放后的当天,接待读者 2249 人,创 3 年来同日接待量新高。春节长假期间,新办读者卡数量比去年同期增加了 1 倍多,到馆读者量达25 628人次,平均每天新增读者 275 人;浙江省图书馆在免费开放前几天出现了读者排长龙办证的现象;南京图书馆在双休日期间前来免费办证的市民达到两千多人;深圳图书馆新馆在免费开放的第一天,面积 4.9 万多平方米的新馆内人满为患,进馆人数竟高达 5 万,连楼梯过道上都坐满了读者,起源于特区这片热土的一场惠及全民的“图书馆之城”建设,成功地诠释了“当为天下之公器”的现代公共图书馆精神之精髓。[10] 放眼当前,图书馆免费服务已在神州大地上开展得如火如荼,所至之处无不热闹纷呈、深入民心,用门庭若市来形容读者重回图书馆的现象毫不为过。在公平的环境中,所有的公众可以自由地进出图书馆,平等地享受阅读的机会;在和谐的社会中,读者的阅读权利正在受到尊重,中国公共图书馆的大众权利时代正在来临。

2.2 职业的信念:让正义与公平在民众的呼唤中回归

回顾 21 世纪以来我国公共图书馆不平常的发展道路,在理念创新与服务实践的有效结合下,从深圳“图书馆之城”、佛山“联合图书馆”、东莞“图书馆之城”,到上海的“一卡通借阅”、杭州的“平民图书馆,市民大书房”、苏州的“总分馆建设”、天津图书馆的延伸服务及“嘉兴模式”,一大批正阔步前行的图书馆以开放、免费、平等的公共图书馆理念,使图书馆人文精神得到质的升华和崭新飞跃。

当杭州图书馆坚持面向所有读者开放,有乞丐入馆以至引起其他读者投诉时,褚树青馆长的“我无权拒绝他们入内读书,但您有权选择离开”(经记者加工)一段话,2011 年年初在微博上被16 000多人转发,4000 多人评论,由此拉开了一场全民探讨图书馆公益性和社会平等、公正性的大讨论。这是国人长期以来在熟视“闲杂人等不得入内”、“衣冠不整不得入内”等不平等待遇后,将众生平等、天下大同等理念在公共图书馆的阵地上找到一扇透射阳光的窗口,将长久以来未被重视的权利平等观念得以淋漓表达。

这一轮轰轰烈烈的全民平等大讨论,引起了社会各阶层、公民及媒体对图书馆事业的关注和重视。中央电视台著名主持人白岩松评论说:“全社会都在通过这样一种关注方式,期待着社会的公平一步一步建立起来……捍卫每一个人拥有平等的权利,难道不是捍卫我们每一个人的权利吗?”人民日报评论杭图为“最温暖的图书馆”。新华网评论:“有多少乞丐梦想进入图书馆?”新民晚报及众多权威媒体的“图书馆公益属性何必乞丐来验证”、“图书馆里的乞丐是一道美丽风景”、“乞丐进图书馆的权利不需要乞讨”等一系列重磅评论的推出，使中国图书馆平等权利思想的传播真正进入了社会主流媒体，成为我国图书馆领域自21世纪以来在维护读者权益、推行图书馆权利、更新公共图书馆服务理念等方面，理论研究与实践应用相结合的一次标志性事件，对推动公共图书馆“平等”理念的实践产生了深远的意义。

与此同时，图书馆界众多知名专家、学者、馆长们纷纷表态，探讨民众的图书馆权利。一时间“山鸣谷应，风起云涌”，图林学术界激情四涌、火光闪耀，如璀璨的星火闪耀在图书馆精神之征途。

北京大学李国新教授说：“杭州图书馆的举动，说明新世纪以来图书馆界大力倡导的现代图书馆理念结出了实践果实，公共图书馆服务‘平等、开放、零门槛、无障碍’正在国内变为现实。”[11]

首都图书馆馆长倪晓建如是说：“儒者丐者一概欢迎！在书面前人人平等，乞丐进馆，一视同仁。”将民众最为底线的弱势群体的图书馆服务视为常态，忠实履行着读者至上的服务宗旨。[12]

深圳图书馆吴晞馆长表示：“目前我们的社会还不可能做到人人都平等，但公共图书馆则应是首先实现这一理想的地方。不管你衣着是否鲜亮，囊中是否羞涩，不管你是否有户口、职位、头衔、证件，都会受到图书馆一视同仁的热情服务”。[13]

苏州图书馆邱冠华馆长向媒体宣称：“公共图书馆不拒绝任何人，为所有人提供一视同仁的服务，而所有人中就包括了乞丐这样的社会弱势人群。”[14]

广东中山大学程焕文馆长指出：“乞丐入馆案是中国图书馆权利思想传播的一个里程碑，是新世纪第二个十年图书馆权利思想传播新起点的标志。”[15]

为了维护公共图书馆权利思想，众多高等学府的教授也正在通过教学积极传播图书馆公共精神及理念，树立和宣传现代公共图书馆的服务宗旨。

至此，杭州图书馆以“无论是一个儒者，或者是一个丐者，只要走进来都是读者！”的理念将读者至上的服务宗旨落到了实处，并以“我无权拒绝他们入内读书，但您有权选择离开”的坚定捍卫着民众的图书馆权利，引领公共图书馆在民众的呼唤中坚守职业的信念及正义与公平的道德底线。正如吴晞馆长在《中国文化报》对这一事件专栏中描绘的那样：“杭州图书馆的火花，点燃了公众对公共图书馆的热情，也让公共图书馆步履维艰地推行多年的价值观得到机会向全社会作一亮丽展示。我们期待社会上有更多这样的公共图书馆，更期待在众多‘春风不度’的领域里能够早日沐浴到人文关怀的阳光。”

3 公共图书馆应对免费开放的新举措、新思路

政府决策、公众拥护、时代呼唤下的公共图书馆免费开放、服务全民是我国文化事业在新时期的转变和发展，是图书馆公共精神的本色回归，也是一种质的提升、量的强化，发展的提速，更是一个图书馆工作新的挑战和契机。面对免费开放全面实施后的新形势、新任务，图书馆人应思考如何以更具创造性的管理理论与创新实践，来推动事业的发展，开创图书工作的全新局面。

3.1 加强图书馆的制度建设

以往，图书馆的收费或免费问题是业内的一种学术或服务方式之争，那么这次的杭图乞丐事件，借助于各种新闻媒体尤其是网络的传播，其范围之广、影响之大可谓是前所未有，以至引起了一次全民关注的众生平等观念的裂变。公平获取信息是每个公民应该享受的权利，许多国家和组织已经通过了保护读者的合法权益的法案和规范，以维护读者公平、平等获得文献和阅读的权利，这是公共图书馆制度最重要的价值取向。

图书馆的制度建设可理解为两方面的内容：

一是自上而下由国家统一制定完善的图书馆法规与制度。

世界许多国家和组织已经通过了保护读者合法权益的法案和规范。早在1948年，美国图书馆协会在《图书馆权利宣言》中就表示：图书馆不能因为利用者的出身、年龄、经历、思想观点的不同而拒绝或限制其利用图书馆的权利。[16]《英国图书馆协会专业行为守则》指出："保护每位公民自由与平等利用图书馆的权利，不得有不同的待遇和受法律的限制。"

在我国，读者作为公民已经由法律赋予了一般权利，但由于至今没有一部专门的图书馆法来对这些读者作为公民的法定权利进一步调节与救济，读者在图书馆应该享受的一些法定权利如：求知权、平等获取权、免费使用权、无差别享用权、参与权等也就大打折扣，有必要用法律的形式固化下来并贯彻实施。[17]而在我国图书馆事业发展中走在前列的上海、杭州、深圳等地公共图书馆，当地政府已高度认识到建设与完善公共图书馆服务体系是关系到民生的重大问题，出台了地方性的图书馆管理条例和规章，将图书馆每年的购书经费列入当地的财政预算之中，根据政府财政收入及人口数量制定出法定的额度及增长比率。各级政府的法制保障和经费支持，才能确保图书馆在为公众提供平等免费的公共文化服务时无后顾之忧。

2011年2月的媒体报道，我国图书馆界期盼已久的"公共图书馆法"初稿已

经成形，据"公共图书馆法"课题组的一项调查统计，读者认为在图书馆应享有的权利按重要程度分别是：平等获取知识和信息的权利（86.44%）；免费使用图书馆设施、资源、服务的权利（73.44%）；批评建议监督权（56.29%）；关爱尊重权（53.67%）及个人隐私权（50.54%）等方面（见图1）。

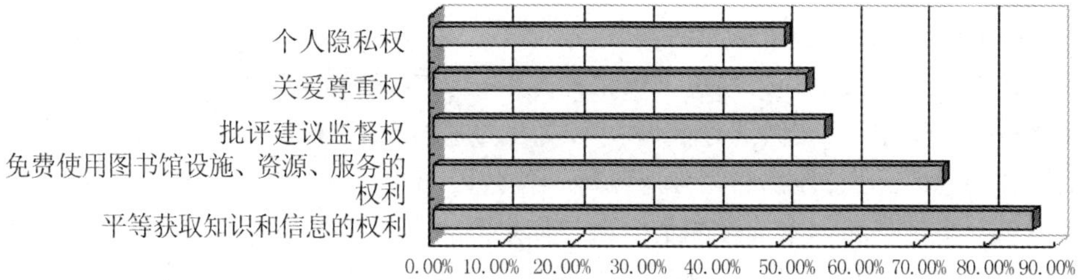

图1　读者享有图书馆权利建议表

这说明目前读者普遍关注、迫切渴望的是免费、均等地获得图书馆基本服务。[18]让我们期待这个体现权利与平等的中国图书馆法制的早日面世。

二是各图书馆根据实际情况制定的读者服务制度。

免费开放带来乞丐和社会流动人员进入图书馆后，必然出现一些新的情况，如读者数量急剧增加，导致人满为患；各方流动人员来源复杂，以至鱼目混珠、难于管理，甚至会引起其他读者的不满和投诉；书籍和设备出现丢失、损坏等现象也将不可避免。所有这些均是对公共图书馆服务能力与管理水平的新考验，读者有权利选择图书馆，但图书馆却没有权利选择读者，免费服务中出现的读者不文明现象不能成为图书馆拒绝开放、免费服务的理由，也不能期待大众的文明素养提高了再实施免费开放。[19]

在欧美一些国家，每到异常天气都会有无家可归者到公共图书馆，欧美民众对此早已习以为常。他们认为到图书馆看书、听音乐或打盹睡觉都是应该的，因为公共图书馆的空间资源，任何人民众都可以享用。因此，免费开放后协调不同知识层次的读者关系，满足大众阅读需求同时保证各群体的阅读权利应成为图书馆制度建设的内容。只有进一步创新服务体系，从优化管理、维持良好的阅读环境入手，从尊重读者的需要、权利和人格出发，制定相应的管理措施和可执行方案，不是为了限制读者的合法权限，而是更人性化地体现读者的权利，将图书馆的制度建设贯穿于科学的管理与服务过程中，以全面应对免费开放后出现的各种问题。

3.2　强化图书馆员的职业理念

在公众和媒体对"乞丐入馆事件"的热议和围观中，一片褒扬之声中也夹杂着一些质疑。甚至有图书馆业内人士提出:“假如乞丐随便进出,随便乞讨,图书馆将是怎样的景象?”平等免费服务作为一种先进的服务理念需要通过实践及科学的管理来实现,作为其中重要环节之一的图书馆工作人员,必须进一步强化图书馆职业理念,形成职业的共同信念和道德规范,来矫正职业行为或理念的偏差,以崭新的风姿投身这场图书工作的大变革。

(1)升华为读者服务的精神境界

在充分发扬民主的公共图书馆精神发展历程中,作为最能表达图书馆形象的个体——图书馆人,应做到尊重每一个读者的基本权利,树立尊重每一位公民法定权利的思想意识,强化和充分保障每一位公民的文化基本权利。尊重他人包含了尊重图书馆员和尊重读者两个方面。如果图书馆员得不到应有的尊重,容易产生职业疲倦感,使工作热情下降,最终损害的还是读者利益。[20]免费开放、平等服务,崇尚的是职业奉献,不计索取,它同时也提升了图书馆工作者的地位,增强了图书馆工作者的崇高感、荣誉感、职责感。我们应该自豪地认识到,作为上层建筑领域的文化公仆,图书馆工作是一个多么重要的岗位,我们要让自己的思想提升到一种高尚的境界,敞开胸怀,以满腔的豪情迎接时代赋予图书工作者的新使命。

(2)强化以人为本、服务全民的服务理念

图书馆免费开放政策得到民众的期待和拥护,这一切有力地说明了政策的号召力,新理念的感召力。而理念绝不是一种装饰,一句空头口号,它不只是方式的转变,更是一种服务宗旨的完善,服务理念的提升。当今,免费服务已经获得大家理性上的认同,我们要把这种认同,迅速化为一种行动,要牢固树立“以人为本,服务全民”的图书馆工作者行为理念。

强化这种理念,将使我们更加明确中国公共图书馆的发展方向,明确图书馆工作者肩负的职责使命。将理念转化为为读者服务的指南,作为工作措施的出发点和落脚点。只有一切从这样的信念出发,才能让公共图书馆真正成为民众的“精神家园”,在全民共享的文化事业中发挥显著作用,让政策的春风迎来我国图书馆事业的百花盛开。

(3)发扬敬业奉献的服务精神

图书馆免费开放是我国图书馆事业转变和发展的新挑战、新契机。应战要成功,好事要办好,其根本还决定于人。面对新形势、新任务,作为迎接挑战的图书馆人,将经历一场新的磨炼。

我们应强化敬业奉献的职业精神。

实行平等免费开放后,随着读者层面的扩大,引起的纠纷和投诉,无疑会加大工作人员的劳动强度和难度。加之图书馆的大部分工作岗位是相对封闭的,每天在同样的环境中重复着同样的工作程序,单调而繁琐,容易使工作人员产生岗位疲劳,出现萎靡不振的精神状态,以至难以保持饱满的热情和优质的服务。

这一切都对我们的事业心、责任感提出了新的挑战。敬业奉献首先要源于一个“爱”字,这就是爱自己的事业,爱平凡的工作,爱所有的读者,通过我们的不懈追求,体现图书馆公平、公正原则,真正落实普遍均等、惠及全民的精神。这是一个我们必须长期面对和磨炼的问题,需要我们图书馆人对所有读者本着一视同仁,胸怀“海纳百川,有容乃大”的包容精神;需要我们及时调整自己的心态,用充满激情的生活态度,为工作注入新的动力,为读者提供更多的人性化管理,微笑服务。

3.3 升级图书馆服务创新思路

随着数字化、信息化和网络化的深度发展,图书馆服务体系也在不断转型、变化、创新和提升。信息技术日新月异的发展,使图书馆服务面临严峻的挑战。这一次不是经费的匮乏和设施的老化,而是以互联网为代表的新技术夺走了用户。网络从根本上改变了人们获取知识、信息的渠道与方式,图书馆、博物馆等作为知识中心的地位已经被极大削弱了。如果图书馆不调整服务内容,改进服务方式,增强吸引力,那么即便免费开放,也很可能遭遇乏人问津的尴尬。[21]

对此,国家图书馆首席专家、北京大学李国新教授在面对记者采访时指出:“免费开放不仅仅是简单的开门迎客,它的真正涵义是指图书馆免费提供基本服务。图书馆向社会公众提供的服务包括三类,提供文献信息资源的检索、借阅、浏览;提供活动,展览、讲座、读书会等活动;提供设施,把一些公共设施提供给公众自由使用,如自习室、报告厅等设施。”同时他也指明了图书馆今后的发展方向,即免费之后,应该提高服务质量,改善服务效益。逐步缩小我国图书馆服务质量不高,服务项目不齐全,服务质量和服务效益跟发达国家相比有很大差距的现状。因此,图书馆人应认真思考在新形势下如何升级图书馆服务与读者需求,来增强图书馆与读者在网络信息新时代的知识互动和交流转型。

(1)升级图书馆服务水准

图书馆的升级换代不仅仅表现在技术和设备层面上,更表现在服务理念和方式上,我们不能把物质条件的匮乏和不足当成事业停滞不前的理由。读者利用图书馆的目的除了学习、研究之外,更有休闲、满足业余文化生活等方面,他们需要图书馆提供的服务可归纳为三个方面:文献资源、阅读环境、专业支持。这就要求图书馆承担起以下责任:收集、保存图书,并且进行有效的管理;营造“书香”浓郁的环境;提供高水平的咨询辅导人员和相应设施的支持。这说明图书馆工作的目的不仅仅是借书还书、完成文献搜索和下载,而是应当借助丰富的馆藏传承文化,开展以文献资源、社会服务和文化氛围为重心的文化建设,满足读者的文化需求,让读者通过阅读获得最大的内心满足、精神愉悦和幸福感。[22]

随着经济、社会和文化的发展,读者的阅读需求也在日益增长。网络、手机、手持阅读器、自助设施、多重触控演示屏、电子报栏、现代物流、云计算、Web2.0 等新技术正在改变图书馆服务的形态和流程。[23]但所有新技术的应用都是服务而产生的。免费开放后,所有公众将对图书馆的服务职能和水准提出更高的要求。因此,比免费更重要的是创新人性化的服务手段,我们要充分地分析和论证用户真正的需求是什么,积极主动地去解决用户使用图书馆时遇到的问题,以实际情况为依据不断进行服务创新。如面对免费开放后读者人数增多的现象,以读者至上,服务第一的理念规划图书馆空间,开辟新的藏阅区改善与优化阅读环境;主动激发和破译读者的隐性需求,通过服务方式和设施的改进,在图书馆和用户之间形成不间断的良性互动;在增加馆藏时充分考虑读者需求,满足读者阅读多样化的趋势,提供适合不同读者阅读的纸质与电子图书;借鉴国外图书馆的工作经验,有读者来借书时主动询问读者的阅读或研究意向,为不同读者推荐适合的延伸读物,尽最大的努力让读者对图书馆的资源及服务感到满意;同时通过举办讲座、展览、对话等多种有意义的免费活动,提高公众对图书馆的参与意识;加大文献开放力度,对之前手续繁杂的古籍、家谱等珍贵文献加快数字化步伐,实现馆藏文献零门槛查阅;加强高素质人才引进,培养精准娴熟的专业知识素养,为读者提供优质的参考咨询服务和课题服务。

(2)升级为读者服务的思路

如果说,图书馆服务的永恒理念是“以人为本”,那么图书馆工作的思路创新则是持续更新的。我们应将以人为本的理念深入到每一个服务细节,借鉴国内外先进图书馆的发展经验,思考与探讨工作中值得改进的细节。

国外如哈佛大学图书馆,读者借阅图书不限数量,借阅时间可长达一学期,如果读者只需要一本书的其中几页,图书馆可提供复印和邮寄服务。

在美国和世界各地的部分研究型大学,正在兴起一种全新的图书采访模式“基于读者决策的图书馆藏书采购”。做法是由书商提供图书记录并导入图书馆自动化系统,读者通过 OPAC 查到书目记录后,可以点击链接直接阅读电子书,或者要求图书馆购买印刷本。图书馆根据读者的实际需求与馆藏情况统一付费购买,并由书商为读者提供邮寄送书上门服务。[24]

当初引领免费大潮的深圳图书馆今天正一步步向便民亲民迈进。从自行车只提供停车位到自行车免费保管,从寄存柜的东西随意扔弃到宽容拾荒者寄存过夜,从统一闭馆整理内务到错时闭馆,满足更多读者学习的需求,从自行其是采购到不断征询读者意见有的放矢,到新书几乎同步上架……[25]种种措施换来了深圳“图书馆之城”建设的瞩目成就及有目共睹的读者人气。

杭州图书馆在硬件和环境上居国内领先水平的同时,为打造“平民图书馆,市民大书房”这一建设目标，在全国率先实行凭市民卡免押金办证的人性化服务，给我们同行以极大的启示。

上海图书馆的免费开放也走在了全国前列，他们正在规划更进一步提升硬件设施和服务效能，力推顺应网络阅读潮流的“公共电子阅览室”，把免费开放和提升公共图书馆的服务效能做深、做细、做实，积极探索各种免费惠民服务措施，让市民阅读更方便、更快乐、更有质量。[26]

在总分馆建设上取得瞩目成绩的苏州图书馆，2010 年 26 个分馆共接待到馆读者 314.82 万人次，外借图书 80.08 万册次，读者活动 300 多场次，媒体报道 60 多篇。以经济高效的总分馆办馆模式，走出了一条增加图书馆服务范围和读者人数的新思路。[27]

与笔者所在同一城市的湖南图书馆，自 2009 年建造了集借、阅、自学、休闲于一体的免费公共书房——综合图书借阅处后，通过制定新的“流通图书采购原则”，以图书销售排行榜为导向，以读者借阅率为中心，由借阅部自采自编加快新书流通速度，大幅度提高畅销书复本量，编制不同于中图法的“流通图书分类简表”，展开以读者习惯思维为基础的一系列新服务后，一个月内读者数量较去年同期增长 56.3%，借阅量增长 39%，以制度改进和服务创新等措施满足了公众日益增长的文化需求。

在我国所有公共图书馆面向全体公众免费开放，展现国家和城市的人文精神与气度之时，免费开放只是我们朝文化的公共领地大步迈进的第一步，免费之后的转型更值得期待。在图书馆硬件越来越先进的同时，我们不能将免费开放简单地理解为“政府补贴、开门迎客”，[28]也不能因为免费开放而偏离图书馆的专业水准，降低服务质量；而是要在图书馆“软实力”建设上满足广大读者的需求，不断改善阅读环境，提高馆员素质和读者服务能力。最后，让我用范并思先生的一段话作为此文的结语：“公共图书馆的免费服务已经没有回头路。我们不但要展开双臂拥抱它，更要以更具创造性的管理理论与实践创新，来迎接中国公共图书馆史上最伟大的免费服务新时代！”[29]

参考文献

[1]我国美术馆、公共图书馆、文化馆将实现全面免费开放. 新华网，(2011 - 02 - 10)[2011 - 05 - 07]. http://news. xinhuanet. com/society/2011-02/10/c_121062605. htm.

[2]任群. 为“第一个喝彩”. 图书馆，2006(4)：33 - 34.

[3]第 7 次全国国民阅读调查发布. 网易，(2010 - 04 - 20)[2011 - 03 - 17]. http://news. 163. com/10/0420/08/64MUILLQ000146BD. html.

[4][8]范并思. 新世纪十年我国图书馆学基础理论的光荣与梦想. 高校图书馆工作，2010(4)：13 - 16.

[5]韩继章.图书馆精神研究.深图通讯,2006(1):7－12.
[6]韩继章.新一代图书馆学家及其时代使命.图书馆论坛,2005(12):106－111.
[7]张勇.张扬的图书馆公共精神——读《图书馆合作与信息资源共享武汉宣言》有感.大学图书馆学报,2006(2):22－23.
[9]梁艳萍.时代的节奏和历史的选择.图书馆,2010(5):17－19.
[10]余子牛.图书馆无特区——深圳图书馆之城建设侧记.高校图书馆工作,2010(4):17－23.
[11]李国新.利用图书馆是公众的权利.中国文化报,(2011－02－10)[2011－03－17].http://epaper.ccdy.cn/html/2011-02/10/content_45028.htm.
[12]倪晓建.儒者丐者 一概欢迎.中国文化报,(2011－02－10)[2011－03－17].http://epaper.ccdy.cn/html/2011-02/10/content_45028.htm.
[13]吴晞.从旧闻翻新看公共图书馆的价值观.中国文化报,(2011－02－10)[2011－03－17].http://epaper.ccdy.cn/html/2011-02/10/content_45028.htm.
[14]邱冠华."无权拒绝"与"有权离开"的风吹到苏州.(2011－01－23)[2011－03－17].http://blog.sina.com.cn/s/blog_5e07a04f0100o4in.html.
[15]程焕文."乞丐入馆案"是图书馆权利思想传播的里程碑.(2011－01－25)[2011－03－17].http://blog.sina.com.cn/s/blog_4978019f01017gp5.html.
[16]李国新.对"图书馆自由"的理论思考//百年文萃——空谷余音.北京:中国城市出版社,2005:323－328.
[17]陈有志.图书馆读者权利主张的法理研究(上).图书馆,2010(5):9－13.
[18][20]李东来,蒋永福,程亚男等.以制度保障公共图书馆的读者权益.中国图书馆学报,2010(4):17－23.
[19]张勇,余子牛,郑章飞等.继承与弘扬公共图书馆精神推进公共图书馆事业的可持续发展.图书馆,2005(1):2－6.
[21]免费之后还要直面挑战.人民日报,(2011－02－18)[2011－03－17].http://paper.people.com.cn/rmrb/html/2011-02/18/nw.D110000renmrb_20110218_2-19.htm.
[22]马晓声.图书馆忘却了什么?——兼论图书馆宗旨.图书馆杂志,2009(11):7－10.
[23]王世伟.我国公共图书馆"十二五"发展战略重点.国家图书馆学刊,2010(3):10－12.
[24]胡小菁.PDA—读者决策采购.中国图书馆学报,2011(2):50.
[25]公共图书馆"零门槛",我们比杭州更给力.深圳论坛,(2011－01－25)[2011－03－17].http://bbs.sznews.com/viewthread.php?tid=1006003&highlight.
[26]上海图书馆已全部免费开放,推动快乐阅读.新华网,(2011－02－12)[2011－03－17].http://www.sh.xinhuanet.com/2011-02/12/content_22042057.htm.
[27]邱冠华.沧浪水的博客:苏州图书馆2010年条目式小结.(2011－01－01)[2011－03－17].http://blog.sina.com.cn/s/blog_5e07a04f0100nnos.html.
[28]"三馆"免费开放不等于"开门迎客 政府补贴".光明网,(2011－02－16)[2011－03－17].http://culture.gmw.cn/2011-02/16/content_1616179_2.htm.
[29]范并思.老槐也博客:公共图书馆:免费没有回头路.(2008－02－02)[2011－03－17].http://oldhuai.bokee.com/6619322.html.

以杭州图书馆为例谈图书馆服务泛在化的实现路径

吴庆珍(杭州图书馆)

1 引言

国内外图书馆界开始致力于泛在知识环境下数字图书馆知识共享空间的构建,提出旨在实现图书馆服务泛在化的"泛在图书馆(Ubiquitous Library)"的概念,重构以用户及需求为中心的图书馆服务模式。[1]泛在图书馆的名称最早出现在20世纪末,1999年,美国斯坦福大学图书馆馆长Michael Keller设想未来图书馆时,提出要创立泛在图书馆。2003年,美国马里兰大学图书馆馆长Charless B. Lowry博士将泛在图书馆作为马里兰大学图书馆未来五年的发展目标,他认为相对于虚拟图书馆、数字图书馆、电子图书馆等名称,泛在图书馆是一个用以定义未来图书馆的专业术语。2006年8月,第72届国际图联大会在首尔举行,泛在图书馆成为国际图联与技术图书馆委员会征文的主题,泛在图书馆理论以及泛在技术在图书馆的应用成为国际图书馆学、信息学界研究的热点。

2 泛在图书馆的概念及其特点

泛在图书馆是指无所不在的图书馆,服务泛在化是泛在图书馆的核心理念和实现基础,以人为中心、高度智能化、无所不在是泛在图书馆的重要特征,包含即时获取图书馆服务、按需获取图书馆服务、任何人都能获取图书馆服务三个层面的含义。[2]泛在图书馆的概念揭示了图书馆存在的本质和发展前景,突破了现有物理图书馆和数字图书馆的观念,真正从读者及其需求出发,为读者提供一种到身边、到桌面、随时随地的服务。[3]2006年,美国佐治亚州立南方大学的LiliLi提出泛在图书馆的六个特点:以网络为基础、全天候的连续服务、开放存取、使用多种格式、多语种支持和全球化。泛在图书馆融入人们的日常行为,将服务的范围延伸到一切有读者存在的地方。[4]

3 图书馆服务的泛在化是大势所趋

构建图书馆服务泛在化体系，要求图书馆不断改进运行机制和管理体制，在服务理念、方式和手段上进行变革，充分整合各种资源和技术，扩展服务辐射范围，将图书馆服务融入读者触手可及的载体与环境中。这些年，随着图书馆事业的迅猛发展，泛在图书馆的内涵已从图书馆内部信息提供延伸到泛在知识环境下知识的提供，图书馆服务本质和社会使命得到应有的重视，信息资源共享的目标成为现实，这是图书馆生存和发展的必然选择、大势所趋。

4 图书馆服务的泛在化的实践探索

图书馆界不断地探索服务泛在化的实现方式，泛在图书馆正逐渐从概念走向现实。2002 年，时任国务院副总理李岚清到浙江考察，在萧山红山农场图书室亲身感受了杭州图书馆"文澜在线"远程服务的便捷，他对杭州图书馆的文化信息共享工程及数字化建设工作给予了高度评价。2003 年，杭州图书馆联合县(区、市)公共图书馆 11 家、专业图书分馆 6 家、近 2000 个基层服务点，建立起一个以杭州图书馆为中心的四级图书信息服务网络，采用统一的技术平台和服务标准，文献通借通还，数字资源共建共享。杭州图书馆一直关注国内外数字图书馆研究的最新进展，不断地进行理论追踪与实践调研，在服务理念、资源保障和技术支持的探索实践中寻求突破，2010 年 12 月 29 日，杭州数字图书馆开通运行，通过宽带城域网、数字电视网、移动多媒体网"三网融合"的服务平台，实现资源均等化的泛在服务。

4.1 理念先导

泛在图书馆既体现实体图书馆的基本服务，又要超越传统的图书馆网站，以服务泛在化的发展理念，使市民可以随时随地利用多终端途径获取信息资源，促使现代图书馆服务理念进一步提升，拓展成为"读者在哪里，服务就延伸到哪里"，营造"无处不在，触手可及"的全新服务环境，这是图书馆服务的重大创新。

4.2 资源保障

集结社会各界的力量共同建设具有研究价值和收藏价值的数据资源，合力推进持续发展，实现资源共建共享。杭州数字图书馆网站平台提供用户数字资源 48.42T，华数宽频提供最新的影视资源约 8T，手机平台提供最新近 3000 种在线杂志，电视图书馆提供视频资源共约 1.79T。杭州图书馆是国内首家 OCLC 管理级成员馆，可以利用 171 个国家和地区，超过72 000个图书馆近 14 亿条书目记录为用户提供各种书目查询和馆际互借服务。

4.3 技术支持

近年来，互联网与新媒体发展迅速，为泛在图书馆的发展创造了良好的条件。泛在图书馆从理念走向现实，是建立在最先进的科学技术基础之上的信息技术的应用，利用计算机技术、通信技术、网络技术和数字化技术从根本上改变图书馆服务模式，构建起一个智能化的图书馆服务体系，这是图书馆实现服务泛在化的有效捷径。便捷、高速的泛在技术已经渗透到人们社会生活的方方面面，正是通过“无所不在”的全媒体高科技将图书馆服务延伸到世界的各个角落。借助电视机、电脑、手机等人人拥有、时时可获取的工具或设备，读者可以不受时空限制，获取需要的信息和服务。

4.4 实现泛在化服务的终端路径

泛在图书馆通过多种载体形态、多种动态渠道为用户提供信息服务，图书馆服务获取终端可以是一切存在于人们日常生活中的装置或设备，只要能够即时最大限度地体现用户信息获取途径的泛在性。杭州图书馆将数字电视平台、智能移动终端平台与网站平台整合成综合性的“文澜在线”数字信息之窗，市民可以随时随地利用电脑、有线电视、手机等路径享受图书馆的服务。

(1)“文澜在线”网站

“文澜在线”网站是实体图书馆的网上延伸，涵盖超越实体馆的服务模式，凸显数字资源模糊时空界限的传播优势。杭州地区的 IP 地址用户，除高校系统外，无需注册信息，即可通过“文澜在线”网站免费获取数字图书馆各种资源。电脑直接登录“文澜在线”网站(http://www.hzlib.net)，进入网站版数字图书馆界面，主要设有文化资讯、资源检索、参考咨询、心随阅动、视听专区、在线图展、培训教育等九个栏目，可以进行书目查询、预约续借等图书馆服务，浏览馆内活动信息、国内外文化资讯查询服务以及涵盖多学科的数据库资源，在线看连环画、期刊等，还可以通过华数宽频窗口在线看影视剧。

(2)手机数字图书馆

所有杭州图书馆的注册用户可以通过手机数字图书馆平台享用图书馆服务，手机上网直接登录“文澜在线”移动图书馆(http://www.hzlib.net/wapopac)。只要手机能上网，就可以通过登录移动图书馆获得图书检索、预约续借、借阅查询等借阅服务，及时播报图书馆活动等动态信息，还提供3000 多种大众期刊的在线阅读，将图书馆的资源与服务带到用户的身边。

(3)电视数字图书馆

所有杭州有线电视用户可以24小时点击电视数字图书馆服务，数字电视登录“文澜在线”电视图书馆，华数数字电视首页→全媒体→文澜在线。结合电视信息传播与受众的特点，电视图书馆页面开设图书检索、个人空间、心随阅动、数字杂志、视听专区、活动预告等栏目，提供书目查询、预约续借、借阅信息、视听欣赏、数字杂志阅览等服务，定期更新借阅排行、新书推荐、活动预告等，让读者足不出户即可了解图书馆动态信息，利用图书馆资源，享用图书馆服务。

5 实现图书馆泛在化服务的努力方向

图书馆服务泛在化有赖于实体图书馆的泛在化，建设覆盖全社会的公共图书馆服务体系，实现普遍均等服务，实体图书馆泛在化和网络服务泛在化为未来泛在图书馆的形成与完善提供了很好的实现模式，为实现图书馆泛在化服务指明了方向。

5.1 拓展用户终端，打造基于现代新技术的全媒体公共文化服务新模式，形成以网络为基础的全天候连续服务态势

以往的数字图书馆用户大多基于Internet服务模式，用户终端主要是电脑，新媒体则使信息的传播方式进一步扩展，手机、数字电视、电子阅读器、新兴智能移动终端等媒介成为信息传播工具，全媒体、多终端的服务方式满足用户随时、随身使用数字图书馆的需求，极大地提高便利性，实现读者服务泛在化。杭州数字图书馆“三网融合”的实践以网络为基础，通过多媒体传播渠道突破时空限制，实现全天候连续服务。

5.2 运用高科技手段，保障城乡居民平等获得文化信息的权利，提供均等化的信息开放存取

国内已建的数字图书馆一般都局限于物理馆内使用或图书馆注册用户使用，使用范围上有较多的限制。全媒体能够超越时空限制，实现服务的免费、无限制和无障碍，为市民提供多样、立体、专业、便捷的信息服务。通过数字化服务平台看杂志、续借图书、书目查询，市民阅览到比馆藏图书多得多的各种信息，免费获取涵盖多学科的数据库资源服务，彰显信息公平和均等化服务，实现信息开放自由存取。

5.3 整合优势资源，打造多元化的综合性信息服务平台，实现效益的最大化

图书馆服务的泛在化，并不意味着图书馆服务的泛化，通过需求拉动图书馆的服务，将需求作为图书馆服务不断创新的动力源泉。图书馆要发挥资源优势，运用图书馆学、情报学、信息组织与信息管理等专业手段，着眼本地特色文化资源，关注最新国内外文化动态，力求打造多样化的综合性文化平台。图书馆服务泛在化对信息的均等化获取、保障市民基本文化权益、建设和谐文化等方面有着重要意义，通过城乡均享、互动的资源获取方式，为城乡一体化的公共文化体系的形成打下基础，为市民提供多平台、随处可得的信息服务，降低获取信息的成本，提高公共财政投入的有效性，充分体现公共文化服务的公益性、均等性和便利性。

5.4 创新运作方式，以社会化合作的形式推进图书馆服务泛在化，达到信息互惠共享

图书馆服务的泛在化需要遵循公共图书馆事业发展规律，创新文化发展机制，联合科研院所、高校、文化机构、民间社团等多方力量，通过共享技术、资源和传播平台，共同打造互惠双赢，增强了文化发展活力与动力。以社会化合作的形式有序推进服务泛在化，既丰富资源，又提升服务能力，多层次分类导航服务促进用户之间的交流沟通、信息聚合、资源共享，满足社会各阶层不断提升的对知识的需求，最终建立泛在化的共享服务体系。

6 结语

泛在图书馆是一种图书馆形态，就是将图书馆服务直接送到用户家庭，到达用户桌面。图书馆的服务具有广泛的需求和无限的发展空间，图书馆服务的泛在化是大势所趋，但是实现完整意义上的泛在图书馆，还有很长的路要走。没有人规定泛在图书馆一定得怎样做，或一定不能做什么，现代图书馆要发展就不能将办馆理念局限在有限的空间和范围里，而要勇于拓展发展空间，敢为天下先，延伸服务能力所及的范围，彰显在网络时代、信息和知识社会中的价值和作用，促进公共文化服务跨越式地发展。

参考文献

[1]潘登. 浅论泛在图书馆. 中国校外教育，2009(12)：31 转 34.
[2]林辉. 泛在图书馆的特征. 图书馆杂志，2008(3)：12－13.
[3]谢珍，杨九龙. 泛在知识下图书馆服务泛在化研究. 江西图书馆学刊，2010(1)：7－8.
[4]初景利，吴冬曼. 论图书馆服务的泛在化——以用户为中心重构图书馆服务模式. 图书馆建

设,2008(4):62-65.

我国公共图书馆管理体制改革与创新研究

于艳波(长春图书馆)

当今的中国正处在一个机遇和挑战并存的时期,知识经济的蓬勃发展,20世纪信息大爆炸的影响,给我国的各行各业都带来了很大冲击,尤其是给在提升国民素质、维护社会和谐发展、开发国民智力潜能、保护非物质文化遗产方面起着不可估量作用的公共图书馆带来了严峻的考验,公共图书馆如何面对困难迎接挑战使自身得到更好更快的发展,其根本出路在于寻找出现有管理体制的问题,研究出变革公共图书馆管理体制的途径及目标,为公共图书馆寻求出更好的发展道路。

1 我国目前公共图书馆管理体制及存在问题

我国的公共图书馆是提高人口素质、促进社会文化发展的重要组成部分,长期以来为广大人民群众提供了一个知识再获取的场所,可是随着社会经济的发展,文化知识传播方式的不断多样化,我国的公共图书馆事业的前进步伐有所滞缓,究其原因,主要在于传统的管理体制在当今风云变化的环境中出现了裂痕。现代管理学把管理这个过程分为规划、组织、用人、领导与控制五个环节,而目前我国公共图书馆管理体制在这五项功能上都或多或少的存在着这样那样的问题。本文试把这五个环节中出现的问题归纳为所有制、管理制度以及管理思想这三大方面来进行论述。

1.1 设置主体与管理主体的问题

我国的公共图书馆设置主体与管理主体皆为政府,公共图书馆属于国有化,资金统一由国家财政拨款,其本意是能够更好地服务大众,可是这也是一种变相的计划经济,在过去的的确确给老百姓带来了福音,可是,在市场经济下的今天,在既是设置主体又是管理主体的政府统一管理下暴露出了多方面问题,因为毕竟我国地区经济发展水平相差较为悬殊,人民的生活水平以及对精神文化的需求也不尽相同,同时由于多方面原因,国家财政对公共图书馆的资金投入还是欠缺的,无差别式管理有碍公共图书馆事业的发展。虽然在社会主义经济体制的冲击下，很多图书馆在信息有偿服务方面作了许多有益的探索和尝试，但与知识经济时代图书馆信息产业化相比较还有很大距离。正是这样的国家所有制和管理方式导致公共图书馆的运营机制、投资体制等方面都存在难以逾越的障碍。

1.2 管理制度建设存在缺陷

首先制度内容上不够严谨，存在着大量模糊性边界，责任人不清或者是管辖交叉的问题。比如罚款制度，其因为没有一个明确的依据使得许多读者觉得不公平，产生不满情绪；读者对有些问题有批评和建议时，往往没有一个合理、完善的投诉机制，使得读者反映的情况不能得到很好的处理。其次制度建设上具有随意性和不完整性，图书馆的规章制度要符合科学原理和发展规律，但是目前公共图书馆的制度上不注重民主，过度简化使得制度与馆员、读者产生隔阂，缺乏信服力。第三，公共图书馆的制度规章死板，没能做到“以人为本”。公共图书馆强调“公共”二字，因此“人”在公共图书馆事业中扮演着举足轻重的地位，“人”包括馆员和读者两个角色。在制度建设过程中，图书馆要在注意保障读者的权利——阅读权、知情权、安全保障权、人格权、隐私权、参与管理权和监督权等的同时，也要注意对馆员的管理，因为馆员是图书馆发展的关键，所以图书馆的制度建设要建立在对馆员的管理上，应该把规章制度公布在图书馆的网页上，同时要阶段性的进行馆员的思想建设。

1.3 图书馆管理思想和建设规划上未能与时俱进

公共图书馆是公共性、公益性、服务性、群众性的文化教育机构之一。但是，这并不意味着公共图书馆只要服从法律法规和政府部门制定的规章就能够完成其使命。公共图书馆发展的好坏充分体现在其设备的更新程度、文献资源的丰富程度、读者人次的增长程度等多方面，因此，在其管理思想上要不断跟进，创建公共图书馆的品牌，扩大其影响力以吸引更多读者。图书馆管理手段要从手工管理转变为利用自动化集成管理系统进行管理。只有不断开拓新的服务方式，适应时代的发展和读者的需求才能更好地体现图书馆的服务宗旨，同时图书馆的建设规划也是影响其服务职能的重要因素，但是在图书馆的建设规划上常常陷入“执著”保持传统和一味追求创新的误区，未能够把传统藏书的借阅和电子图书的信息共享结合起来，因而导致公共图书馆服务大众这一最高宗旨难以达到。

2 新型管理体制的目标定位

公共图书馆是社会公共事业，由国家财政统一拨款，它无需直面市场，虽然本意是能够更好地为社会大众服务,不为盈亏所累,但是在市场经济条件下,各种文化事业单位的功能价值的体现往往在于其效益的实现,公共图书馆究竟是否在为广大社会人民提供高品质服务,是否能够满足人民日益增长的精神文明需要,这才是社会公共事业的最终发展目标。但是当前公共图书馆由于没有市场压力,长期一成不变的僵化管理体制使得公共图书馆在信息收集处理上不够及时;在人事管理上还是传统的“铁饭碗”,导致人员缺少进取心,人浮于事,这与市场经济体制要求极不适合;领导体制虽说在几年前开始讲求民主,但是却始终没能够真正实施起来,同样是上级提名选举,而且只要不出现大的问题,一馆之长可以在位几年,十几年,几十年,使得公共图书馆在管理上始终走老路子。新型管理体制实际上就是要改革现有图书馆完全依赖国家财政拨款,将政府部门的直接管辖变为与现行经济体制相适应的管理方式:引进产业管理方式,运用各种经济手段管理相关的部门(如图书采编、文献复制等),引进其他社会资源,采取“外包”政策;改革人事管理体制,对人员的任用进行严格把关,防止出现资源闲置、人员工作素质不足等问题的出现;在领导管理中,要避免“行政化”、“公式化”,落实馆员的主体地位,完善行政监督体系,杜绝“公器私用”现象,同时要科学制定对于领导的评估体系,防止“假大空”、“不作为”以及“胡作为”。

3 变革公共图书馆管理体制的途径

3.1 实现“一馆两制”

公共图书馆面向的是全社会各个阶层的不同人群,读者结构相对比较复杂,这也就要求公共图书馆馆藏资料一定要包罗万象,文献书籍要涉及不同学科、不同年龄结构、不同知识构成的读者。但是公共图书馆是国家财政拨款,受各地政府部门的直接领导,由于区域经济发展不平衡,书价不断上涨等原因,现有经费严重不足,导致文献书籍储备以及信息更新速度上难于满足读者日益增长的文化需求,同时图书馆的硬件设备也远远满足不了读者们对学习环境的要求。如何能够扩充经费,根据不同地区的特殊性来满足不同区域的人民的不同需求成为公共图书馆更好实现自身价值的当务之急。在此首先我们肯定公共图书馆是社会公益事业这一前提,同时根据社会经济的发展,只有把“公益”和“效益”结合起来才能达到最终服务于人民的目的。因此,“一馆两制”已经慢慢趋于必然,已为大多数学者所认可,其中的“两制”分别指的就是“公益性运营机制”和“产业化运营机制”两种。就是说一方面听从中央文化教育的相关规定政策,同时公共图书馆也应该有一部分的自主权,吸引外资投入来解决馆内资金不足的问题。只有这样才能够做到具体问题具体分析,用不同的管理方式来发展公共图书馆事业,有效解决区域经济发展不平衡对公共图书馆事业的影响。在此目标下,我国公共图书馆不妨借鉴西方国家的管理经验,那就是“设置主体唯一,管理主体多元”的方式。在大方向上紧跟中共中央的思想发展轨道,坚守国家相关政策法律法规,同时在管理上面,首先建立一个较为完善的行业系统,成立全国性的“图书馆协会”组织,其中协会要在政策上给予一定的权限,制定较为科学严谨的一套政策制度,保证其作为一种独立的行政性管理机构的存在,公共图书馆的管理大的主体就由国家图书馆和全国性图书馆协会共同管理。

3.2 改良制度建设

(1)建立较为完善的评估机制

我国公共图书馆现行的评估方式是管理绩效评估和服务绩效评估的一种综合方式,但是事实上把管理绩效和服务效果放在一起考核往往造成图书馆在工作中一味追求零投诉,完全按照死规则去办事,反而难以满足读者们的需求,对工作人员更是怕投诉,因为有效投诉与奖金、绩效评价相挂钩,使得他们不愿意主动帮助读者,而对于领导来说更是觉得投诉多了就说明图书馆的建设管理工作没做好,却没想过,读者的建议意见提得越多,图书馆事业就越会得到长足的发展。我国图书馆界虽然已经认识到了读者投诉对图书馆发展的作用,但同时在工作实践中却把读者的少投诉少说话作为服务成效的考核标准,这是十分不妥当的评估方式,要树立正确认识,以“读者满意度”取代“零投诉”作为评价图书馆服务质量的标尺才能够真正体现一切为了读者,一切为了读者满意的宗旨。对我国来说,独立进行公共图书馆管理评价的政策条件和实际经验大体已具备,我国先后颁布了公共图书馆建设标准、评估标准等政策,也前后组织了四次全国性公共图书馆评估的实践活动,我们还需要的是一个明确的关于公共图书馆服务标准政策出台,并积累相关的经验以便更好地指导工作。同时对于公共图书馆的绩效管理要坚持公平原则,一切只以员工的工作表现为依据,不得添加其他任何“潜规则”,才能做到服人,实现结果公平,才能激励员工更加努力工作;要坚持公开原则,使得一切信息能够公开透明的展现在全体工作人员中,能够更加团结集体,一个充满凝聚力的团队才能够心往一处想,劲儿往一处使。还要坚持实事求是的原则,不能提出过高过大的目标要求,要根据实际情况才能够激发馆员的主观能动性。

(2)制定严谨的人事制度

公共图书馆是公益性的事业单位,相对于其他行业有其自身的稳定性,在人员的聘用上面同样如此,被人戏称“铁饭碗”,但是现今的人事制度已经成为制约图书馆事业发展的瓶颈,一方面,公共图书馆要想改革发展首先要吸纳大量的人才,但是由于受编制、干部来源的限制难以入馆;而另一方面,一些多余的人员也由于制度原因出不去，造成图书馆冗员现象越来越严重。因此要对人事制度加以改革，形成人员进出、职位升降、待遇涨落较为灵活的机制，用以网罗、留住人才，体现真正有识之士的能力。这要求公共图书馆实行岗位工资，按照人员聘用和岗位聘任相结合原则，全馆职工签约上岗，其收入分配以岗位和业绩为主要依据，实施岗变薪变、绩优薪优的激励机制，使各部门人员配置更加合理。人事制度改革和分配制度在观念上、制度上、模式上的一次大变革，是管理体制的改革和运行机制改革的延续和深化，其目的是在思想层面、观念层面、制度层面、管理和行政能力层面进行一场创新性的变革，极大地提高全馆干部职工的积极性和创造性。

(3)完善法律法规，实现以法治馆

公共图书馆要想从根本上对制度方面进行变革就一定要有相应的法律法规作保障，横观世界上公共图书馆事业较为发达的地区都有较为严谨、完整的法律作为后盾，如较为发达的西方国家英、美等，亚洲唯一的发达国家日本也为了保证公共图书馆的经费来源固定、充足，促进公共图书馆事业平稳而快速的发展，采取了立法的手段，并且制定的法规包含了方方面面。在当今信息膨胀愈演愈烈的情况下，我国就更要根据建立图书馆网络体系和当代公共图书馆工作要求日益复杂化的情况对法律法规、相关的政策进行更加相关的整理和完善。而如今我国目前还缺少一个成型的、科学的、完善的图书馆法，“已经颁布实施的多数是行政规章，一般是由图书馆各系统的主管部门制定的，用于规范各自系统图书馆的行为维护本系统内部的正常秩序”。这些规章制度由于受到其立法主体等权利限制，权威性不高，约束力也不强，因此一个具有权威性、科学性的法律的出台迫在眉睫。同时，“我国的公共图书馆馆内的管理制度上也存在着诸多问题，如权责不明、惩罚制度模糊等问题，这就需要公共图书馆在国家大的法律法规下根据实际情况制定较为严谨、完整，同时充满人性化的规章制度，这些都是公共图书馆作为公益事业发展的必要因素，也是保证全体社会成员享受其正当权利的必要保障”。

3.3 解放思想、更新观念

要想真正达到公共图书馆的革新，思想上的建设是重中之重，只有革除陈旧的办馆理念，逐步实现自主创新，树立公共图书馆的品牌和口碑，才能够带领全馆上下齐心协力，与时俱进，才能够从根本上建立一个新型的满足人们精神文化需要的公共图书馆事业。在更新管理方式方法上，不妨多借鉴西方发达国家的公共图书馆管理事业，同时结合我国现阶段社会发展的实际情况、我国广大人民最根本的文化需求，还要结合不同地区公共图书馆的特殊性进行相关观念的创新。在管理馆藏书籍信息的方面更是要具体问题具体分析，不能一味追求“大而面”、“小而全”，要根据读者们所需确定重点藏书，建设具有公共图书馆这一公益性事业的特色,同时加强各馆之间的联系,实行馆际互借、资源共享。在对于人员的思想更新上,要不断地加强学习,聘请相关领域的专家进行思想上的冲击,不断激发其工作热情。值得强调的一点是,无论是在制度上的思想更新,还是在管理上的思想更新,都要遵循"人本思想",突出读者和馆员这两种角色。首先要挖掘和发挥馆员的潜力和特长智慧,把知识化为力量,然后提高其工作素养以应对每日巨大的读者群,最后还要定期对馆员进行工作能力的培训和考核。

总之,改革和创新是当今这一飞速发展的社会和我国总体素质不断提高的人民对公共图书馆事业提出的必然要求,也是在此形势下公共图书馆发展的必然前提,公共图书馆事业的发展绝不是一蹴而就的,它一定是一项需要长期实践积累经验的过程。要使我国公共图书馆充满活力,就要不断地进行多方面的自我改造,在管理制度上,在管理思想上都要发扬与时俱进的良好作风,始终保持一个清晰的头脑以应对不断变化的局势,只要我们热爱自己的工作岗位,积极地开拓进取,我国终将会拥有为群众肯定,为社会文化的传播作出应有贡献的公共图书馆事业。

参考文献

[1]万群华.发展是要务 改革是动力——湖北省图书馆人事制度改革实践与思考.图书情报论坛,2006(2):3-7.
[2]赵容.公共图书馆运营机制创新的路径分析.内蒙古科技与经济,2007(11):187-189.
[3]周轩.论图书馆的体制改革与机制创新.扬州大学税务学院学报,2009(4):78-80.
[4]黄天助.谈公共图书馆评估的体系缺陷与改进建议.图书情报工作,2011(1):130-133.
[5]南爱峰.图书馆管理误区谈——对我国图书馆盲目追求"零投诉"的反思及对应策略的探讨.图书馆论坛,2010(4):94-96.
[6]李春海.图书馆管理中的潜规则现象研究.图书馆理论与实践,2011(2):28-30.

公民社会视角下美国公共图书馆发展的阐释及对中国民间力量办馆的思考

朱 荀(北京大学信息管理系)

19世纪中后期,美国现代公共图书馆建立。一百多年以来,美国公共图书馆事业的高速发展,成为中国以及其他国家效仿的对象。除了雄厚的经济实力作为公共图书馆发展的物质基础,还有其独特的文化建构与历史传统作为其社会基础,这就是美国的公民社会。2000 年,丹尼尔·贝尔(Daniel Bell)提出,"美国例外论"的核心不仅在于法治,而且在于美国历史发展中逐渐形成了一个完整的公民社会,这是美国成功的关键因素之一。[1]本文从美国公民社会发展的角度来探讨美国公共图书馆产生发展、公共图书馆制度的建立以及当代美国公共图书馆管理体制中的公民社会因素。可以说,美国公民社会建立的过程也是美国公共图书馆从无到有,从收费会员图书馆到免费税收支持的现代公共图书馆制度形成的过程。

1 美国公民社会及其特征

公民社会(Civil Society)这一概念来源于西方,其他类似的提法还有"市民社会"与"民间社会"。在美国,公民社会指的是在个人和国家、政府之间存在着的众多的自愿结合的社会组织,它们构成了一个巨大的社会网络,成为国家与个人相联系的中介。这些社会组织将单个公民动员起来,结成利益共同体,既阻止国家权力的过分扩张和对个人权利的侵犯,又在政府功能薄弱的公共领域起到补充和协调的作用,其行为体包括社区组织、慈善团体、社交俱乐部、民权游说集团、家长——教师协会、工会、教会、贸易商会,以及许多其他非政府组织。[2]虽然美国公民社会在《五月花号公约》(The Mayflower Compact)中开始萌芽,公民社会的最终形成是在逐渐满足以下条件的过程中完成的:大量存在的、建立在自治和自愿基础上的自愿组织,公民权、结社自由权、管理民间组织的相关立法的确立与不断完善,以及从个人到社团领袖等社会精英们对社会问题的介入及其所带来的变革,[3]这些构成了美国公民社会发展框架的五大要素。美国公民社会形成的这一过程也是美国公共图书馆从无到有,从私人办馆到慈善捐赠再到政府税收支持,公共图书馆制度建立的发展过程,公民社会形成中的各个要素都渗透到图书馆的建立过程中,一直到今天。美国图书馆学家巴特勒(Pierce Butler)在其 1933 年的经典作品《图书馆学导论》中,就提出美国公共图书馆的发展与社会环境有密切的关系进一步来说,[4]美国的公民社会是公共图书馆形成建立的基础。下面将按照美国公民社会形成确立的时间顺序(从殖民地开拓时期到 20 世纪初期)来剖析美国公共图书馆的建立与公共图书馆制度的确立过程。

2 美国公民社会的形成和公共图书馆的发展

2.1 殖民地开拓时期:民众互助

1620 年 9 月,"五月花号"船载着 102 名清教徒向北美进发。两个月后,抵达科德角，建立普利茅斯殖民地。那时候那里还没有政府，再加上自然条件的艰苦，环境险恶，为了生存，移民们必须互相帮助，组织起来共渡难关。“一个喜好结社者的国度”由此开始形成。[5]在早期的北美殖民地，最重要和最直接的志愿活动是慈善和互助。在当时恶劣的生存环境下，如果没有互相帮助，移民们是很难生存下来的。互助与慈善对于当时书籍的传播和图书馆的兴起产生的很大影响。当时的欧洲移民非常珍视书籍。他们从欧洲带到北美数量有限的书籍被广泛阅读。这些藏书以宗教书籍为主，同时还包括了少量的文学、历史类的书籍。当时的人们渴求知识，“私人藏书如同流言蜚语一样在邻里间流传”。[6]当时许多私人将自己的藏书开放给民众使用，不少藏书家在去世时把自己收集的书籍捐赠出去，很多的藏书最后去向是公共图书馆。

殖民地时期，公民社会的另一个特征是乡镇自治，这是移民从英格兰带来的传统，这些乡镇的自主性强，成为近乎独立的居民共同体。殖民地时期最初建立的许多私人图书馆也是出现在乡镇上。托克维尔在美国考察时，注意到了殖民地地区乡镇政权和乡镇精神，当时的居民对乡镇有很强的依赖，关心其发展，参与管理，他们把自己的抱负和未来都投身到乡镇上。[7]当时乡镇上的很多公共设施都是由居民们投票决定兴建的，这些也成为慈善捐赠的对象。如1656年，波士顿商人罗伯特·凯恩（Robert Keayne）上尉，在遗嘱中将他的藏书捐给所在城镇作为图书馆使用，并要求向公众开放。这类的志愿行动为维系殖民地社会民众的教育生活起了至关重要的作用。

2.2 美国独立战争前夕到美国内战前：结社与自愿组织

到美国独立战争前夕，自愿形式的结社已经形成风气，自愿组织大量增加。据统计，到19世纪20年代，波士顿和马萨诸塞州与图书馆有关的自愿组织已经有36个。[8]随着当时社会经济条件的改善，人们对知识的渴求越来越强烈。当时社会的许多知识分子采用结社的方式来获取知识。1728年，本杰明·富兰克林与友人在费城合伙成立“共读社”（Junto），社员们将自己的书籍贡献出大家一起阅读。在此基础上，1731年富兰克林组建费城图书公司（Library Company of Philadelphia）实际上就是一座对公众开放的图书馆。[9]在创建之初，没有足够的钱购买书籍，很多藏书来自富兰克林及其友人的捐赠，社会公众付费加入成为会员便可借阅到图书。这类行动开启了北美殖民地个人捐书办图书馆的先河，很快在13个殖民地流行起来，“人们聚在一起，募捐、付费、买书，享受在阅览室阅读他们个人买不起的书籍的快乐”，美国历史学家Theodore C. Blegen如是描述当时的场景。[10]

美国独立战争胜利后，殖民地与英国之间纽带被切断，宪法颁布，人们对政治和生活充满更大的热情,自愿组织进一步向前推进,在社会公共事务上发挥了重要作用,当时美国在宗教、经济、政治、教育和慈善领域都出现了一些较大规模全国性的组织。在图书馆发展方面,社会上公民自组织建立了各种类型的图书馆,如流通图书馆(Circulating Library)、会员图书馆(Social Library)以及富裕的商人和工厂主在美国各大工业城市支持建立商业和机械(Mercantile and Mechanics)图书馆。这些图书馆由公民组织自建自治,与政府无关,虽然他们存在诸多弊端并且未能长久发展,但是他们对美国现代公共图书馆的建立奠定了基础。

2.3 美国内战前夕到19世纪末期20世纪初期:慈善捐赠

慈善意识是公民社会不可或缺的重要组成部分。从美国内战前夕到19世纪末期20世纪初期由于社会经济的迅猛发展,出现了财富在个人手中的大量聚集,出现了一批慈善家,其活动范围覆盖社会服务、医疗、教育研究等领域。由于经济力量推动而产生的大慈善家的捐赠成为促使公共图书馆建立的重要影响因素。[11]1848年,美国第一个免费公共图书馆波士顿公共图书馆得益于社会精英捐赠而成立,波士顿政府立法通过利用税收来支持公共图书馆的运行。但是现代公共图书馆的大规模建立主要得益于安德鲁·卡内基的慈善捐赠,他在19世纪末期20世纪初期依靠私人慈善基金在全美和世界英语国家捐建了2000多个公共图书馆建筑,捐赠的附加条件就是当地政府用税收支持图书馆的日常运行。至此公共图书馆才上升为一种制度,由政府财政来支持。这就是公民社会中,社会行为体不受国家支配,反过来有效影响国家的政策制定,整个社会得以建构的体现。到这一时期美国公民社会最终形成。

3 当代美国公共图书馆管理体制的公民社会特征分析

当代美国公民社会已经建构的非常完善了,美国的公共图书馆在管理体制上,也更多地体现了公民自治的特点,比如成立有支持图书馆事业发展的基金会、决定图书馆发展方向的董事会由对社会具有影响力的用户组成等。[12]下面将对美国当代公共图书馆管理体制中的公民社会的特征进行分析。

3.1 图书馆事业的间接管理体制

长期以来形成的公民社会传统,美国人常常以自己的“小政府,大社会”传统为自豪,他们怀疑政府的作用。在美国的社会公共服务体系中,联邦政府更多是以资金提供者和监管者的角色,而不是以服务者的角色来出现的,政府大量求助于第三方机构——大学、医院、各类行业协会等非营利组织进行服务提供,从这一点来看，公民社会是政府在处理社会问题方面的伙伴和补充。在图书馆、博物馆等文化事业的管理上，政府不直接对文化机构拨款，地方也没有相对口的文化部门，而是通过国家艺术基金会、国家人文基金会和国家博物馆图书馆学会等社会中介组织对图书馆等文化实施赞助。

3.2 理事会制度

1848 年，马萨诸塞州议会通过决定在波士顿市建立公共图书馆的法案，波士顿公共图书馆在管理方式上开创了由理事会来掌握办馆方针的典范。当时理事会由 7 人组成，其中，市民代表 5 名，议会代表 2 名。从此后，理事会制度在美国公共图书馆中推广开来，一直到今天。目前波士顿公共图书馆理事会设主席副主席 1 名，理事会成员 6 名，这些成员由那些有能力为公共图书馆的建设、发展献计献策，且在经济、文化、教育等领域较有成就的地方知名人士代表组成。波士顿公共图书馆理事会下设 6 个职能部门，分别是：资产项目委员会、馆藏委员会、财政与审查委员会、社区服务委员会、市场推广与资金募集小组以及技术小组。[13] 这些部门涉及图书馆管理的各个方面，其中最重要的任务就是资金募集。这种管理机制在美国的公共图书馆中非常常见，它是图书馆自治的重要管理机构，在公共图书馆管理上具有重要权力，为图书馆制定政策、募集资金、进行重大事件审议、监管等；另外，理事会成员由波士顿市长任命，并为市长提出管理图书馆的意见与建议，也就是所谓的实权市长制。可以说，公共图书馆理事会制度真正体现了政府推动全社会参与公共图书馆的管理。[14]

3.3 图书馆基金会制度

这里的图书馆基金会制度指的是公共图书馆依靠自身力量建立的社区基金会，向社会募集资金用于发展本地区的公共图书馆事业。这种社区基金会规模小，目标明确，透明高效，与城市社区紧密合作，是政府税收以外支持本地区公共图书馆发展的重要力量。这些公共图书馆基金会在成立之初是由个人发起，如成立于 1980 年的西雅图公共图书馆基金会，是由当时一位很有远见的女性 Virginia Burnside 发起的一个非营利组织。当时西雅图公共图书馆的运行缺乏资金，政府的经费经常短缺。Burnside 发动她所参加的读书会的其他成员进行捐赠，用于支持补充图书馆的公共经费。[15] 在基金会成立迄今的 30 余年中，募集的资金资助西雅图公共图书馆购买流动图书车、在分馆中举办课外活动、为移民和难民举办各类的文化活动等，目前基金会已成为图书馆的“创新动力”(innovation engine)。

这就是美国公民社会的重要力量，把单个的个人组织起来，结成利益共同体，为了同一个目标努力，甚至影响政府的相关政策的制定和实施。如芝加哥公共图书馆基金会最初开展的一些服务，如新技术的引进，后来被逐渐被纳入政府的拨款预算中去。类似图书馆基金会这种制度化、非营利的、自治的、追求公共利益的组织在美国社会中大量存在，介入与参与被政府所忽略的领域，实现对社会的改造。

3.4 "图书馆之友"与志愿者活动

在美国，公共图书馆的发展主要是由纳税人的税收支持，社区与公民对图书馆的发展有很大的影响力。这种影响体现在两个方面：一是图书馆之友支持图书馆发展；二是志愿者的贡献。

美国图书馆界，"图书馆之友"是对图书馆给予全方位的支持与肯定的友好团体，他们由一群重视图书馆、关心图书馆，以及回馈图书馆的人士所组成，成员包括热心的读者、离职的专业馆员、图书馆理事会的卸任人员等，通过募款等各项活动，赞助图书馆额外的经费，以充实馆藏并提升服务品质与形象。他们也代表民众向图书馆提出服务诉求，以提高图书馆的服务水平，并督促图书馆实现其应尽的社会义务。由公民参与的"图书馆之友"组织对美国公共图书馆事业的发展起着不可低估的支持与监督作用。

另外，志愿者在公共生活中的巨大贡献以及不可替代性，志愿精神已成为建构公民精神以及公民社会不可或缺的因素。美国社会活动家约翰·加德纳曾经声称，"美国社会几乎所有的重大突破都植根于志愿事业。如果志愿者和志愿组织从我们的国民生活中消失，我们美国人的特征就不那么明显了"。美国公共图书馆中工作人员除了专业馆员、助理人员外，还有大量的志愿者。这些志愿者中有在职人员、退休人员，也有为了完成学校布置的社区服务课外活动的中学生；有拥有博士学位的学者，也有懂电脑技术、拥有双语种或多语种等一技之长的专业人员；还有一些能够为图书馆读者提供特殊服务的专业人员。这些志愿者为美国公共图书馆服务的开展发挥了重要作用。

简而言之，美国公民社会就是把单个的个人组织起来，结成利益共同体，在社会的各个领域发挥重要作用。这样一个自我管理、自我服务的公民社会，是美国近代公共图书馆勃兴的社会基础。可以很清楚地看到，18 至 19 世纪在美国出现的多种形式的图书馆验证了公共图书馆的出现实际上是一场脱胎于公民社会的草根的运动，这并不是某些思想家、理论家或者某个政客所提出的理念或思想，它是无数民众从不同团体中探索出的一种体制或制度，并最后成为法律保护的税收支持的官方机构。[16] 从更深层次看，这是不断强大的美国社会、民主化的社区以及为所有人提供教育、促进所有人的发展与繁荣的因素所影响产生的。

4 公民社会视角下对中国民间力量办馆的一些思考

从美国公共图书馆的产生,公民社会的力量是图书馆产生的原动力,催生出了公共图书馆的出现,在公共图书馆发展的关键时期掀起一场公共图书馆运动,使支持公共图书馆最终成为政府的责任,一直到今天,这就是美国公共图书馆"自下而上"的发展模式。这就是美国公民社会的对政府的反作用。公民社会独立于政府存在,多数情况下,它所推动的社会改革是通过社会动员,促使政府适时调整政策而实现的。美国公共图书馆事业发展到现代,已经形成一套由政府税收支持为主、公民社会辅助发展的持续性模式,强大的公民社会美国公共图书馆健康发展的保障,从宏观与微观层面影响着政府的决策。

中国公共图书馆产生的模式是自上而下,依靠政府行政命令而设立的,与美国公共图书馆从草根中发展起来的模式有着本质的不同。公共图书馆发展的责任主体是各级政府部门。目前来看,中国公共图书馆事业的发展面临众多的问题,主要集中在服务和收费问题上。作为主要依赖政府拨款的机构,公共图书馆离开了公民社会的支持,无法产出社会效益以及获得民众的满意与支持,就丧失了在政治经济生活中的博弈能力,表现为在政府财政的项目支出中,图书馆经费往往成为优先考虑压缩的对象。[17]但是在中国,公民社会发展面临着与美国截然不同的制度环境。类似于基金会的非政府组织能否发展,发展的空间能有多大,在很大程度上是取决于政府的"能力"和"意愿"。这是因为中国是由一个权力中心决定制度安排的基本框架,并且遵循自上而下制度变迁原则的国家,制度变革在很大程度上受制于权力中心在既定的政治经济秩序下提供新的制度安排的能力和意愿。[18]对中国而言,笔者认为民间力量的作用在于采用各种方式是调动政府的意愿,反作用于政府。美国公共图书馆发展中,民间大慈善家、基金会在对实施资助时,采取最有效的措施就是配套性拨款(matching program),以此来调动政府的积极性。更重要的是,中国公共图书馆事业的未来发展要把公民参与、社会需要统一起来,依靠公民社会这一重要力量,实现公共图书馆事业的健康发展,营造出"自下而上"的模式。目前来看,这种趋势已初见端倪,并出现星火燎原的趋势,公民个人、机构支持图书馆建设发展迅速,如何利用好公民社会这一力量?图书馆业界的精英们与学院的图书馆学研究者们如何介入这一问题,在发挥效力的同时,将这种力量反作用于公共图书馆事业的责任主体——各级政府?这应是中国公共图书馆发展亟须考虑的问题。

参考文献

[1]Daniel Bell. "American Exceptionalism" Revisited:The Role of Civil Society. [2011-05-24].

http://www.nationalaffairs.com/doclib/20060406_issue_095_article_4.pdf.
[2] L. David Brown, Sanjeev Khagram, Mark H. Moore & Peter Frumki. Globalization, NGOs and Multi-Sectoral Relation. [2011-05-23]. http://www.hks.harvard.edu/hauser/PDF_XLS/workingpapers/workingpaper_1.pdf.
[3]赵梅.美国公民社会的构建.北京:中国社会科学出版社,2010:215.
[4] Pierce Butler. *An Introduction to Library Science*. Chicago: University of Chicago Press, 1933:81.
[5] Arthur M. Schlesinger. Biography of a Nation of a Joiners. *The American Historical Review*, 1994, 50(1):1-25.
[6] Curtis P. Nettels. *The Roots of American Civilization: a history of American colonial life*. New York: Crofts, 1947:54.
[7]托克维尔.论美国的民主(上).董果良,译.上海:商务印书馆,1993:76.
[8] Richard D. Brown. The Emergence of Voluntary Association in Massachusetts, 1760—1830. *Nonprofit and Voluntary Sector Quarterly*, 1973, 2:71-72.
[9] Library Company of Philadelphia. [2010-05-23]. http://www.librarycompany.org/about/index.htm.
[10] Theodore C. Blegen. *Grass Roots History*. Minneapolis: University of Minnesota Press, 1947:182.
[11] Jesses Shera. *Foundation of the Public Library*. Chicago: The University of Chicago Press, 1949: 200-201.
[12]梁兴灿.寻回图书馆失落的脊骨公民社会:近代图书馆发生和发展的基石.图书馆,2005(2):16-18.
[13] Committee and Task Force Charters. [2011-05-25]. http://www.bpl.org/general/trustees/charters.htm.
[14]冯佳.国外公共图书馆理事会制度及启示——以美国波士顿公共图书馆理事会制度为例.图书馆建设,2010(6):93-97.
[15] The Foundation reaches a mileston. [2011-05-25]. http://foundation.spl.org/initiatives/initiatives.htm.
[16] Lowell A. Martin. *Enrichment: a history of the public library in the United States in the Twentieth Century*. Lanham, Maryland & Oxford, the Scarecrow Press, Inc. 1998:4.
[17]梁灿兴.寻回图书馆失落的脊骨——公民社会:近代图书馆发生和发展的基石.图书馆,2005(2):16-18.
[18]田凯.机会与约束:中国福利制度转型中非营利部门发展的条件分析.社会学研究,2003(3):92-100.

以实施总分馆制为突破口探索新时期公共图书馆管理体制改革与创新

——以青岛市图书馆为例

孙建丽　翟新宁(青岛市图书馆)

总分馆建设是国家“十一五”文化发展纲要中明确规定的未来中国图书馆事业发展的一个基本方向。图书馆事业发展的现实表明,以“统一布局、统一采购、统一编目、统一配送”为主要特点的总分馆制,是构建公共图书馆服务体系的较好形式。这种形式有利于实现资源共享,有利于实现普遍均等的公共图书馆服务,也是一种最有可能实现以最小的投入获得最大的效益的形式。

近年来,青岛市政府不断加大对公共图书馆的投入,统筹发展城乡公共图书馆事业,以实施总分馆制为突破口,逐步构建起公共图书馆服务体系。在此基础上,及时总结,提炼成功经验,剖析存留问题,引导事业逐步走上良性有序的科学发展之路,对于实现文化部“嘉兴会议”提出的“政府主导、多级投入、集中管理、资源共享”总分馆模式,进一步保障人民群众基本文化权益,推进城乡公共图书馆服务网络建设具有重要意义。

1　青岛市图书馆事业概况

青岛市现下辖市南、市北、四方、李沧、崂山、城阳、经济开发区七区和即墨、莱西、平度、胶州、胶南五市。截至 2008 年年末,青岛市常住人口 838.67 万人,城镇人口 535.91 万人。全市有市级公共图书馆 1 处、区(市)级图书馆 12 处,乡镇、街道(社区)图书室 2239 处。除市图书馆经费、藏书、人员、设备等条件较好外,各区、市图书馆藏书较少,平均在 19.31 万册左右,年经费平均在 20.75 万元,平均持证读者为 5700 人,平均拥有阅览坐席 300 个。各馆不仅存在读者少、经费少、资源少等问题,同时,各自采用独立的管理系统,文献资源相对独立不能共享,不能满足读者跨馆借阅的需要和日益增长的文化信息需求。为此,必须建立由政府主导、政府投入、统一规划、集中管理、分级负责的体制与管理机制,逐步构建城乡一体的图书馆服务网络。

2 青岛市图书馆实施总分馆制的措施方法

2.1 政府主导,多级投入,加强基础设施和资源建设

“政府主导、多级投入”,明确了图书馆建设的主体责任,强调了每一级政府相应的责任,适应了现行财政体制,分散了基层图书馆建设的财政压力,促进了分馆的建设。自2008年起,市政府将各社区、乡镇图书室建设纳入规划,列入政府为群众要办的实事之一,采取市、区政府多级投入、区别对待的政策,将经济实力较弱的市南、市北、四方、李沧四区448处街道社区图书室纳入市政府扶持范围,连续两年由市、区两级财政按1:1的比例,每年为各图书室配备2万元图书报刊,实行市政府统一采购,由各区图书馆统一进行加工、整理、配送。两年来,市区两级财政共投入资金1800万元,为市内四区449个社区图书室每处配送了上千册图书和40余种报刊,让市民足不出社区就能享受到基本的阅读服务。而在农村,政府则投资1.02亿元,建成79个乡镇综合文化站,村文化活动室5203个。对于经济条件较好的崂山、城阳、经济技术开发区乡镇、社区(村)图书室,则完全由该区政府出资建设,建设标准与前述四区一致。村文化活动室的平均面积由改扩建前的不足50平方米增加到130平方米,配备了图书、设备等,基本形成建设、使用、管理、更新等一整套长效机制,基本实现了中央提出的“一村一室”的目标。

在实施过程中,各区市文化主管部门专门成立了“总分馆实施工作小组”,由主要领导亲自抓,分管社区文化和图书馆工作的领导靠上抓,区图书馆根据工作要求分步组织实施。为使配送图书收到良好效果,各区图书馆组织人员深入到街道社区进行调研,广泛听取各方面的意见,并根据各街道社区实际,不断对设备配备和文献配送方案进行重新调整,做到“物尽其用”。以城阳区为例,在分馆建设过程中,他们根据自身的特点,形成了由政府、企业、街道、社区共同投入,区图书馆馆集中管理的有效模式。在建设过程中,以独立的街道、社区、企业文化中心为平台,在全区选取42处街道、社区、企业图书馆作为分馆。根据街道、社区、企业的经济基础、人口密度和读者需求等因素确定图书品种和数量。分馆建设标准为:馆舍面积不少于100平方米,具备图书外借、报刊阅览等功能,计算机不少于2台,计算机网络宽带不低于2兆,报纸杂志不低于30种,阅览坐席不少于50个。为加强分馆的规范化管理,该区制定了《城阳区图书馆总分馆协议书》《城阳区图书馆分馆管理办法》,明确分馆的管理职责、人员管理、设备管理、分馆服务与读者权益、绩效考评等,约定和明确图书馆总分馆建设的主体和管理责任,建立了区、街道、社企业合作共建机制和长效管理机制。

近年来,四方区先后投入1893万元,通过改扩建、租赁置换、资源共享等方

式，对全区社区文化中心进行了改扩建。社区文化中心由2831平方米增加到19421.5平方米。2008年区政府又投资142.3万元对全区7处街道文化活动中心进行改扩建工作，使街道文化活动中心平均面积达到434.3平方米，达到了《全国"十一五"乡镇综合文化站建设规划》规定的建设标准和功能要求。目前，全区100%的社区建有图书室，较好地满足了居民群众的阅读需求。

政府主导，多级投入，保障了基层文化设施和资源建设，为实施总分馆制奠定了基础，创造了条件。

2.2 统一规划，搭建平台，构建四级总分馆网络

2008年下半年，在市文化局的指导下，青岛市图书馆开始筹划总分馆制实施方案。整个方案计划分三步实施：第一步，2010年10月前，由市馆作为总馆牵头引进Interlib图书馆集群管理系统搭建应用平台，将市内7区图书馆纳入分馆管理，采用第二代身份证作为统一借阅证，为实现通借通还、资源共享打下基础。同时，在市内有条件的社区图书室试点，将其纳入区馆—社区总分馆管理。第二步，2011年，将五个市图书馆纳入总分馆范畴。同时，在有条件的乡镇图书室试点，将其纳入区（市）馆—乡镇总分馆管理。第三步，2012年，在试点的基础上，进一步扩大区（市）—社区（乡镇）总分馆管理，形成了多方共赢、社区居民受益的建设模式。

目前，由市政府统一出资，市图书馆引进了Interlib图书馆集群管理系统，完成了在市内6区图书馆搭建技术平台工作；统一制定了《青岛市公共图书馆总分馆借阅规则》和《青岛市公共图书馆总分馆文献保管与物流管理规定》；完成了对各馆馆藏文献条码号和临时读者证号码统一分配、统一使用二代身份证作为借书证的更换以及各馆藏书目资源的整合工作，实现了在统一平台上揭示各馆馆藏、读者和借阅信息，开展通借通还的目标。2009年，分馆借阅人次达50 331人，外借册次50 908册，进一步满足广大读者阅读及信息需求，提高了馆藏利用率。

2010年，市图书馆又将书目资源建设、馆藏数据库共享等业务纳入总分馆业务，并建立了总分馆讲座展览联盟，开展讲座展览资源的共建共享，进一步推动总分馆业务工作向纵深发展。

2.3 注重特色，分类指导，构建行业和流动分馆体系

在分馆建设过程中，我们十分注重特色分馆建设，改变以往"千馆一面"的做法，结合当地经济文化建设，打造特色分馆，收到较好效果。如，在市北区建立了养生保健分馆，市南区图书馆设立艺术分馆等。社区图书室建设也呈现主题鲜明的特色，如在崂山区统一规划指导下，建设了枯桃花卉图书室、北头林果图书室、

晓望茶业图书室、南姜渔业图书室等，密切结合当地经济发展，主题鲜明，特色突出，收到较好的服务效果。

在总分馆建设规划指导下，市图书馆进一步加强流动分馆建设。2009 年争取财政支持，投入 50 余万元增加流动服务车一部，使流动服务车总数达到两部，为建设流动分馆创造条件。流动分馆建设，由双方签订流动分馆协议书，由需方提供场地、服务人员、设备，由市图书馆提供文献和业务指导，并定期将书批量送到各流动分馆。目前，已建成流动分馆 42 个，遍布岛城各行业，如青岛武警支队、青岛海关、机场边检站、劳教所、社会福利院、市北区规划局、市史志馆等分馆。2009 年实现了流动送 8 万余册，服务读者达 5 万人次。

3 青岛市图书馆实施总分馆制有待完善的方面

按照“政府主导、多级投入、集中管理、资源共享”总分馆制建设指导思想，下一步，我们将加强市、区、街道（社区）总分馆资源建设，特别在统一采购、统一编目、统一配送和基层图书馆业务开展的专业性和规范性上下工夫。

3.1 加大政府投入，建立市—区总分馆管理新机制

以政府投入为导向，建立政府投入、总分馆分工协作、百姓受益的新型总分馆管理模式。在资金投入方面，区馆的运行费用、设备和人员费用仍由区里承担，购书费由市、区两级财政共同负担，分别按1:1的比例向总分馆拨付购书经费。在资产管理方面，本着谁投入归谁所有的原则，总馆重点负责各分馆图书保障，各分馆重点负责各自报刊、数字资源等采购。在业务管理方面，实现一体化管理，统一平台，统一采编，统一服务标准，通借通还，达到资源共享，服务互动。在人员方面，每整合一个分馆，市人事局给总馆增加两名编制，用于分馆管理与服务等工作。

具体实施方法：（1）建立地区文献采编中心，负责采访、加工、配送；（2）将各馆现有流通率较高的图书纳入通借通还，做好图书财产标记；（3）在各馆开辟通借通还书库（或专架），对各馆纳入通借通还的图书进行专门管理；（4）由市馆负责各馆物流管理；（5）建立青岛地区储存书库，主要用于集中存放各馆流通率较低的文献，以提高现有馆舍利用率；（6）为加强人员培训与交流，各分馆之间、总馆与分馆之间开展业务人员交流，以提高整体服务水平。

在试点基础上，2011 年，将其余 5 所市（县）馆整合为分馆，采取流动配送、批量借阅、上门服务的做法，由市馆统一采购、编目，每月配送一次，每半年各馆交换一次。通过上述方法，进一步统筹城乡图书馆事业协调发展，提高公共图书馆的整体服务能力。

3.2　结合城市规划,合理布局,建立直属分馆

结合城市发展规划及现有区馆分布,在原市南区(中山路、西镇、小港、大港)、浮山后(辽阳东路、海尔路、合肥路)、老沧口区(振华路、下街、国棉九厂)、楼山后(辐射308国道以西李村以北区域)等地区规划建设分馆,面积应在5000平方米以上。分馆馆舍可采取新建、资产置换或旧厂房改造等方式解决,相关费用应由市财政解决。分馆人、财、物、资源由总馆统一管理,产权归总馆所有。总分馆采用统一技术平台,统一文献配送,统一服务时间与服务标准,通借通还,资源共享。

3.3　进一步加强社区分馆建设

从各地实施总分馆制的经验来看,大城市、中心城市公共图书馆服务体系建设的难点在社区,这是目前的薄弱环节。针对这一问题,我们计划继续加大社区分馆建设力度。

(1)制定社区分馆建设标准

具体要求为:街道图书室面积应不低于70平方米,藏书8000册以上,报、刊30种以上,电子音像制品不少于100(种)张,阅览坐席不少于20座。社区图书室面积应不低于25平方米,藏书3000册以上,报、刊20种以上,电子音像制品不少于80(种)张,阅览坐席不少于10座;要有相应能满足图书、期刊放置需求的图书架、期刊架、报架;有1至2名图书管理人员,并参加过正规的图书管理培训;有醒目的、统一的图书室标牌,有科学、合理的借阅制度,借阅制度、管理制度等规章制度健全,并上墙;设有"读者园地"、"新书介绍"专栏;室内环境整洁美观,有书香氛围;有规范的读者活动档案、借阅档案。

(2)落实分馆开办和运行经费

对新增分馆核定为20万元开办费,由市、区财政各负担10万元,建成验收合格后由市财政拨到街道;每建一个社区分馆,由市财政给市馆一次性增加5万元购书经费,进入正常运营后,每个分馆每年拨付2万元购书费;区财政每年为每个分馆提供3万元补助经费,由市馆专款专用,主要用于分馆设备的添置更新和日常业务活动的开支,多余部分根据考核补助给街道;街道财政负责分馆运营的水电费、房屋维修费,以及街道配备的管理员工资(一般是1至2人)。

(3)加强对社区分馆的管理

由各区分馆统一负责所辖社区分馆的文献资源建设,包括:采购、分编、配送,产权归区分馆所有;将社区分馆纳入统一的网络平台,实行完全意义上的通借通还服务;各区图书馆负责所辖社区分管的日常业务指导,包括统一开放时间,统一

服务标准,统一招聘、培训、考核管理人员。

总之,青岛市公共图书馆总分馆制建设尚处在探索阶段,其投入机制、运行模式与服务方式有待于实践的进一步检验。我们相信,在各级政府的大力支持与帮助下,经过图书馆界的共同努力,随着体制改革的整体推进,实现"政府主导、多级投入、集中管理、资源共享"总分馆制建设的目标,已经为期不远。届时,公共图书馆的总分馆制建设,将在保障人民群众基本文化权益,推进公共图书馆服务体系建设等方面发挥更重要的作用。

参考文献

[1]文化部副部长:2010 年文化共享工程将覆盖全国.[2007 - 09 - 19]. http://www.rednet.cn.

[2]崂山区特色图书室建设卓有成效.文化崂山网,[2009 - 04 - 27].

[3]市南区街道社区图书室建设"四落实".[2009 - 03 - 30]. http://www.qdsn.gov.cn.

[4]青岛农家书屋 2012 年全覆盖.政府采购信息报,2009 - 01 - 05.

[5]青岛市财政安排专项资金为社区配送资金.新华网,[2008 - 10 - 01].

[6]高迪.投千万建设社区图书室,448 个图书室免费看书.青岛早报,2008 - 02 - 22.